DIEDERICHS MÄRCHEN DER WELTLITERATUR

Begründet von Friedrich von der Leyen
Herausgegeben von Hans-Jörg Uther

PROVENZALISCHE MÄRCHEN

Herausgegeben und übersetzt
von Felix Karlinger
und Gertrude Gréciano

rororo

ROWOHLT

Veröffentlicht im Rowohlt Taschenbuch Verlag GmbH,
Reinbek bei Hamburg, April 1993

Umschlaggestaltung Hanke / Lembke / Rothfos
(Illustration Walter Werner)
Gesetzt aus der Bembo (Linotronic 500)
Gesamtherstellung Clausen & Bosse, Leck
Printed in Germany
1290-ISBN 3 499 35072 6

TIERMÄRCHEN
UND TIERSCHWÄNKE

1
Die neun Wölfe

Es waren einmal ein Kater und ein Hammel, die wollten sich die Welt ansehen. Sie machten sich also auf die Reise, und der Kater nahm einen Brotbeutel mit.

Als sie so dahinwanderten, fanden sie den abgeschnittenen Kopf eines Wolfes. Der Kater hob den Wolfskopf auf, steckte ihn in seinen Brotbeutel und sagte zum Schafbock: «Du wirst sehen, dieser Kopf da wird uns noch einmal nützlich sein.»

Und damit griffen sie ihren Weg wieder auf. Als es Nacht wurde, kamen sie durch einen großen Wald. Der Schafbock hatte Angst vor den Wölfen und sagte zu seinem Gefährten: «Wir werden gefressen werden!»

Aber der Kater beruhigte immer wieder den Schafbock. Und wie sie so dahinwanderten, sahen sie ein Licht. Sie gingen darauf zu und kamen zu einem Haus. Der Kater, der sehr schlau war, spitzte durch das Schlüsselloch hinein und sah, wie sich gerade neun Wölfe zu Tisch setzten, um zu Abend zu essen. Der Schafbock, der vor Angst zitterte, wollte nicht eintreten; aber der Kater beruhigte ihn abermals und klopfte an die Türe. Die Wölfe erhoben sich, um aufzumachen, und sie rochen gleich den Duft von frischem Fleisch.

Man führte den Kater und den Hammel ins Haus und bot ihnen ein gutes Nachtmahl an. Unterm Essen zog der Kater den abgeschnittenen Wolfskopf aus seinem Brotbeutel, steckte ihn wieder hinein und tat so, als ob er nacheinander neun Wolfsköpfe aus dem Beutel zöge. Und zum neunten Wolfskopf sagte er: «Das war wirklich ein großer Wolf! Aber ich bin ihm schon Herr geworden!»

Als die Stunde kam, um sich schlafen zu legen, führte man den Kater auf den Speicher, während der Schafbock in der Küche schlafen sollte. Aber der Kater sagte: «Mein Gefährte wird bei mir schlafen!» Und so bereitete man ihnen auf dem Speicher ein Lager.

Mitten in der Nacht mußte der Schafbock scheißen. Da sagte der Kater zu ihm: «Du brauchst dich nur oben an die Stiege zu stellen und den Kot auf die Treppe fallen lassen.»

Und der Bock stellte sich hin und machte es so. Und die Kotkugeln rollten die Stufen hinunter und machten eine wunderliche Musik: plim, plum, plim, plum. Und die Wölfe, die das Geräusch hörten, hatten Angst und sprachen bei sich: «Sie gießen Kugeln, um uns zu töten!»

Und nach einer Weile sagte der Bock: «Ich muß pissen.» – «Hier kann man nicht pissen», antwortete der Kater, «du würdest doch diesen Herrn hier das Haus beschmutzen! Lege dich auf den Rücken, strecke die Füße in die Luft und piß in dein Fell!» Als sich der Bock oben an der Treppe auf den Rücken legte, rollte er die Treppe hinunter bis zur letzten Stufe. Als die Wölfe das laute Gerumpel auf der Stiege hörten, ergriff sie Angst, und sie glaubten, sie würden von den beiden angegriffen. Sie flüchteten aus dem Hause, und liefen und liefen... und sie laufen noch heute.

Der Kater und der Hammel wurden Eigentümer des Hauses der Wölfe.

2

Karneval für vier kleine Tiere und vier große

Es war einmal, vor Faschingsdienstag, eine Runde von Leuten, die zusammen feierten. Sie sprachen von dem, was sie an Karneval unternehmen könnten.

Die einen sagten:

«Wir haben ein schönes Schaf, wir werden es schlachten!»

Die anderen antworteten:

«Wir werden unseren Gänserich essen.»

Andere wieder meinten:

«Wir haben unseren Hahn, wir werden ihn verspeisen.»

Die letzten sagten:

«Meiner Treu, was sollen wir tun! Wir haben nichts. Wir werden also unseren Kater essen, er ist schön fett.»

Der Kater lag da und tat, als ob er schliefe. Er hörte das ganze Gespräch.

«Es hole euch der Teufel!» sagte er zu sich. «Ich gehe lieber!»

Durch das Katzenloch stieg er hinaus und ging zum Gänserich. «Was machst du da, Gänserich?» sagt er zu ihm, «schläfst du?»

«Ich weiß nicht, was ich tue», sagte der Gänserich. «Ich schlafe doch nicht, ich bin eben hier mit meinen Gänsen.»

«Wenn du nur wüßtest, was ich weiß», sagte der Kater zu ihm, «würdest du nicht schlafen. Du sollst nämlich zu Karneval aufgefressen werden.»

«Verflucht!» sagte der Gänserich. «Wenn das so ist, will ich fortgehen! Warte, ich will mir meine Socken holen, und wir werden laufen!» Und so zogen sie fort, den Hahn aufzusuchen.

«Was machst du, Hahn?» sagten sie zu ihm. «Schläfst du?»

«Ich weiß nicht, was ich mache», sagte der Hahn, «ich

schlafe und schlafe doch nicht und bin hier bei meinen Hennen.»

«Geh weg, wenn du am Leben bleiben willst!» sagten sie zu ihm. «Du sollst zu Karneval aufgegessen werden!»

«Oh!» sagte der Hahn. «Wenn das so ist, werde ich fortgehen. Wartet nur, ich will mir die Schuhe anziehen und euch folgen!»

Sie gingen fort, das Schaf holen.

«Was machst du da, Schaf?» sagten sie. «Schläfst du?»

«Ich weiß nicht, was ich tue», sagte das Schaf, «ich bin hier auf meinem Misthaufen mit meinen Schäflein.»

«Komm mit uns!» sagten sie zu ihm. «Wenn du am Leben bleiben willst. Wenn du hier bleibst, wirst du zu Karneval gebraten werden.»

«Wenn das so ist», sagte es, «dann los! Ich will mir nur meine Stiefel holen und mit euch gehen.»

Und so ziehen sie alle vier los. Sie laufen und laufen und bleiben dann wieder stehen. Auf ihrem Weg verhungerten sie fast. Sie fanden nichts zum Fressen. In den Straßengräben fand das Schaf ein wenig Gras. Der Hahn und der Gänserich taten das gleiche, der arme Kater jedoch fand gar nichts.

«Horch!» sagten ihm die anderen. «Du kletterst doch so gut auf Bäume, steig hinauf auf die Eiche und schau, ob du irgendwo ein Licht bemerkst.»

Der Kater stieg auf einen Baum und sagte:

«Ich sehe ein kleines Licht, aber wir sind noch weit weg, sehr weit.»

Sie zogen los und kamen beim Haus an, wo das Licht her war. Das Haus war hell erleuchtet. Dort vernahm man Lachen und Singen. Ein Höllenlärm, ein tolles Treiben. Es waren welche, die Karneval feierten.

Der Kater steckte seine Nase unter die Tür und schaute. Er sah den Löwen, den Wolf, den Fuchs und den Bären. Letzterer zerkleinerte Fleisch in einer Pfanne und ließ es prasseln.

«Ach!» sagt er, «da geht's uns schlecht! Ich sehe den Löwen, den Wolf, den Fuchs und den Bären, die Karneval feiern.»

Die vier großen Tiere hatten getrunken. Sie waren lustig und rühmten sich.

Der Bär sagt: «Hier haben wir uns versammelt und sind die vier stärksten Tiere der Welt!»

Der Löwe fügt hinzu: «Wenn der Teufel jetzt käme, so fräßen wir ihn auf.»

Der Kater sagte zu seinen Gefährten:

«Wenn wir hineingehen, fressen sie uns gleich alle vier auf. Wir müssen versuchen, ihnen Angst zu machen. Versteckt euch. Ich werde auf das Haus hinaufsteigen und durch den Kamin mit Geräuschen herunterkriechen. Vielleicht werden sie Angst haben und davonlaufen. Wir sind ausgehungert und könnten dann essen, was sie dort haben.»

Er stieg auf das Dach, kratzte mit seinen Krallen und kroch durch den Kamin herunter, wobei er Ruß in die Pfanne warf.

«Leise», sagte der Bär, «wer kommt denn da?»

Und jetzt erschrecken die vier stärksten Tiere der Welt!

«Da sind welche, die uns Böses antun wollen!» sagte der Löwe. «Aber Tier, du hast doch gesagt, daß wir den Teufel fressen würden, wenn er käme.»

«Jetzt kommt er wirklich», sagte der Wolf, «wir wollen lieber davonlaufen!» Sie machten die Tür auf, und schon waren sie davon.

Inzwischen hatte der Kater schon rasch ein Stück Fleisch genommen, und das gab ihm etwas Kraft, um den anderen zuzuschreien:

«Weg sind sie, kommt schnell!»

Die anderen kamen rasch ins Haus herein. Der Löwe, der Wolf, der Fuchs und der Bär hatten ein tolles Festmahl gehalten und waren gerade beim Salat.

Jeder nahm, was er gerade brauchte. Der Gänserich machte sich an den Salat im Wasserbecken heran, der Kater hielt sich ans Fleisch, das Schaf fand Heu, der Hahn fraß Brot. Als sie gut gespeist hatten, sagte der Kater zu ihnen:

«Das ist noch nicht alles, wir müssen uns verstecken. Die anderen Tiere werden uns hier nicht lange flott leben lassen. Sie werden zurückkommen und sehen wollen, wer ihnen Angst gemacht hat. Sie dürfen uns nicht alle zusammen finden.»

Gesagt, getan.

Der Kater versteckte sich in der Asche. Der Gänserich blieb zusammengekauert im Wasserbecken. Das Schaf im Holzschuppen, und der Hahn setzte sich auf eine Stange hoch über der Tür.

Plötzlich hörten die vier Tiere, wie die anderen ins Haus zurückkamen und zueinander sagten, indem das eine das andere stieß:

«Geh du hinein! Nein du!»

Aber keines wollte eintreten.

Zum Schluß gelang es ihnen, den Wolf hineinzustoßen.

«Du bist kein Hasenfuß, geh bis zum Herd und blase ins Feuer und zünde das Licht an. Dann können wir sehen, wer uns so Angst gemacht hat.»

Der Wolf trat ein, zählte dabei aber seine Schritte, solche Angst hatte er. Da der Kater ihn kommen sah, riß er den Mund auf und zeigte seine vier Pfotenkrallen. Als der Wolf sich an den Herd heranwagte, sprang er ihm ins Gesicht und zerkratzte es ihm anständig. Der Wolf lief davon.

«Ihr Räuber habt mich jetzt schön hergerichtet! Wer uns so erschreckt hat? Einen Wollkämmer habe ich dort im Haus angetroffen, und der hat mir mit seinem Wollkrempel zwei schöne Schläge auf beide Seiten ins Gesicht versetzt.»

Da sagten die anderen zum Bären:

«Du verstehst es mit dem Stock zu spielen, was macht es dir aus, hineinzugehen. Hol dir einen Prügel beim Holzschuppen, lauf damit durchs Haus und jage hinaus, wer drinnen ist!»

Und da zog der Bär los.

Das Schaf sah ihn herankommen und machte ein paar Schritte zurück. Als der Bär in seiner Nähe war, stürzte es auf ihn los, warf ihn mitten im Haus auf den Boden, brach ihm dabei zwei Rippen.

Der Bär machte sich auf die Beine, wie er eben konnte.

«Ihr Teufel habt mich schön hergerichtet. Im Schuppen war ein Holzfäller, der hat mir zwei Schläge mit dem Knüppel versetzt und mir vier oder fünf Rippen eingeschlagen.»

Danach sagten die Tiere zum Fuchs:

«Du bist geschickt, komm leise herein und hol den Weinkrug, der beim Abwasch steht, und wir könnten wenigstens etwas trinken. Das würde uns Mut machen.»

Sachte geht der Fuchs vor, ganz leise.

Der Gänserich sah ihn kommen und fing zu fauchen an: ch, ch, ch, und der Fuchs sprang schleunigst davon.

«Meine lieben Freunde, hier bin ich wieder! Nur gut, daß ich so geschickt war! Im Haus war nämlich ein Jäger, der wahrscheinlich zehn Hunde auf mich hetzte.»

Dann sagten die drei anderen Tiere zum Löwen:

«Großes Faultier, du hast noch nichts getan, schließ zumindest die Tür!»

Der Löwe wollte sich nähern. Der Hahn jedoch, der auf seinem Ausguck saß, machte ihm einen Haufen auf den Kopf. Der Löwe zuckte sofort zurück.

«Ihr Teufel habt mich schön sauber hergerichtet. Im Hause war gerade ein Arzt, der mir ein Pflaster auf den Kopf geschmiert hat, und das riecht, du liebe Güte, gar nicht gut!»

Als die vier Tiere sahen, wie man sie behandelt hatte, rannten sie davon und ließen Platz für die anderen. Und so verjagten die vier kleinen Tiere die großen.

3

Die Beichte der Tiere

Es war einmal ein Hahn, der fand die Tür der Vorratskammer offen, dachte nicht lange nach, sondern lief hinein und stopfte sich den Bauch voll Brot und anderen Sachen. Aber als er dann wieder herauskam, schlug ihm ganz gewaltig das Gewissen, und er sprach bei sich: «Wenn ich so weitermache, erwischt mich der Teufel. Ich muß nach Rocamadour wallfahrten und meine Sünde beichten.»

Und so machte er sich auf und wanderte nach Rocamadour. Unterwegs begegnete ihm eine Ente, die fragte ihn: «Gevatter Hahn, wo gehst du hin?» – «Ich habe Brot gestohlen und wallfahrte nach Rocamadour, um meine Sünde zu beichten.» – «So warte und nimm auch mich mit, denn ich habe im Garten Salat gefressen und muß auch meine Sünde beichten, sonst holt mich der Teufel.»

Als der Hahn mit der Ente so dahinwanderte, begegnete ihm ein Kater. Der Kater fragte: «Gevatter Hahn und Gevatterin Ente, wo geht ihr hin?» – «Ich habe Brot gestohlen.» – «Und ich habe Salat gefressen, und da wallfahrten wir nach Rocamadour, um unsere Sünden zu beichten, sonst holt uns der Teufel.» – «So wartet und nehmt auch mich mit, denn ich habe ein Stück Speck gemaust und muß auch meine Sünde beichten.»

Wie der Hahn mit der Ente und dem Kater weiterwanderte, begegnete ihnen ein Fuchs, der fragte: «Gevatter Hahn, Gevatter Kater und Gevatterin Ente, wo wandert ihr hin?» – «Wir sind arme Sünder», erwiderte der Hahn, «und haben Brot, Salat und Speck gestohlen; und nun wallfahrten wir nach Rocamadour, um unsere Sünden zu beichten, denn sonst holt uns der Teufel.» – «So wartet und nehmt auch mich mit, denn ich habe einer Gans die Kehle durchgebissen und muß auch meine Sünde beichten.»

Der Hahn wanderte mit der Ente, dem Kater und dem Fuchs weiter, da begegnete ihnen ein Bär und fragte: «He, Freunde, wo geht ihr hin?» – «Wir sind arme Sünder», sagte der Hahn, «und haben Brot, Salat und Speck gestohlen und einer Gans die Kehle durchgebissen, und nun wallfahrten wir nach Rocamadour, um unsere Sünden zu beichten, denn sonst holt uns der Teufel.» – «So wartet und nehmt auch mich mit!» sagte der Bär, «denn ich habe ein Lamm gerissen und muß auch meine Sünde beichten.»

Der Hahn, die Ente, der Kater, der Fuchs und der Bär wanderten weiter ihre Straße, da begegnete ihnen ein Wolf und fragte: «He, Freunde, wo geht ihr hin?» – «Wir sind arme Sünder», sagte der Hahn, «und haben Brot, Salat und Speck gestohlen, einer Gans die Kehle durchgebissen und ein Lamm gerissen; nun wallfahrten wir nach Rocamadour, um unsere Sünden zu beichten, denn sonst holt uns der Teufel.» – «So wartet und nehmt auch mich mit, denn ich habe ein Kalb gefressen und muß auch meine Sünde beichten.»

Der Hahn, die Ente, der Kater, der Fuchs, der Bär und der Wolf wanderten weiter die Straße entlang, da begegnete ihnen eine Ratte und fragte: «He, ihr Freunde, wo geht ihr hin?» – «Wir sind arme Sünder», entgegnete der Hahn, «und haben Brot, Salat und Speck gestohlen, einer Gans die Kehle durchgebissen, ein Lamm gerissen und ein Kalb gefressen; nun wallfahrten wir nach Rocamadour, um unsere Sünden zu beichten, denn sonst holt uns der Teufel.» – «So wartet und nehmt mich mit», sagte die Ratte, «denn ich habe einer armen Familie die letzten Maiskörner weggenommen, so daß sie verhungert sind. Nun muß ich auch meine Sünde beichten.»

Nach einiger Zeit kamen der Hahn, die Ente, der Kater, der Fuchs, der Bär, der Wolf und die Ratte in den Wald zu der Klause des Bruders Hieronymus, der gerade zum Fenster herausschaute. «Gevattern und Gevatterinnen, wo geht ihr hin?» – «Wir sind arme Sünder», entgegnete der Hahn, «und haben Brot, Salat und Speck gestohlen, einer Gans die Kehle durchgebissen, ein Lamm gerissen, ein Kalb gefressen und einer armen Familie die letzten Maiskörner weggenommen, so daß sie verhungert sind. Und nun wallfahrten wir nach Rocamadour, um unsere Sünden zu beichten, denn sonst holt uns der Teufel.» – «Wer war das, der einer armen Familie die letzten Maiskörner weggenommen hat, so daß sie verhungert sind?» fragte der Bruder Hieronymus streng. «Das habe ich getan», sagte die Ratte. – «Du brauchst gleich gar nicht nach Rocamadour zu wallfahrten», sagte der Bruder Hieronymus, «denn so eine Sünde wird nie vergeben. Ihr andern aber könnt getrost nach Hause gehen, euch ist verziehen.»

Da gingen der Hahn, die Ente, der Fuchs, der Bär, der Wolf und der Kater nach Hause, die Ratte aber holte der Teufel. Es gibt freilich Leute, die sagen, der Teufel habe wie ein Kater ausgesehen.

4

Die Geißlein und der Wolf

Es war einmal eine Ziege, und die lebte mit fünf Geißlein auf einem kleinen Hof weit draußen in der Heide. Eines schönen Tages brach sich diese Ziege ein Bein. Sie wollte zum Heiligen Jakob (einer der bekanntesten Wallfahrtswege nach Saint Jean de Compostelle führte durch die Grande-Lande, und dieser Name ist lange verbreitet gewesen), er möge das Bein ihr wieder heilen, und sammelte ihre ganze Milch, bereitete für ihre Geißlein einen Trog voll Käse, damit sie bis zu ihrer Rückkehr zu essen hätten. Dann sprach sie:

«Kinder, ich mache mich auf den Weg nach Sankt Jakob, auf daß mein Bein wieder heile. Es ist sehr weit von hier, deshalb verriegelt euch gut im Hof, solang ich abwesend sein werde. Öffnet niemandem die Tür, sonst wird man euch fressen, und bei meiner Rückkehr werde ich an der Tür singen:

«Zicklein, Geißlein
Öffnet mir die Tür,
Ich komme von Sankt Jakob
Der mir mein Bein geheilt.
Ich trage Milch
In meiner Brust
Und Laub auf meinen Hörnern.»

Die Geißlein versprachen gerne alles und schlossen sich im Hofe ein. Und die Ziege machte sich auf den Weg.

Aber der Fuchs schlich gerade durch die Gegend, während die Ziege zu ihren Geißlein sprach. Er hörte alles, und als die Ziege schon weit war, klopfte er an die Türe des Hofes.

«Bumm! Bumm!»

«Wer ist da?»

«Zicklein, Geißlein
Öffnet mir die Tür!»

«Das ist unsere Mutter! Das ist unsere Mutter!» schrieen die Geißlein und liefen rasch die Türe aufmachen.

Welcher Schrecken fuhr in sie, als sie sahen, wer da war! Alle ergriffen eiligst die Flucht, versteckten sich hinten im Hof und sprangen in eine kleine Hütte.

Aber der Fuchs ging auf den Backtrog zu. Er wollte nichts außer dem Käs und verzehrte ihn vergnügten Herzens. Als er schön satt war, nahm er sich noch dazu so viel mit, wie er tragen konnte, und ging aus dem Hof hinaus, ohne den Geißlein etwas zuleide zu tun.

Aber auf dem Weg sah er den Wolf daherkommen. Was tun? Er hob einen großen Stein auf, kletterte auf eine Eiche, die in der Nähe stand. Der Wolf hatte den Käse gerochen und näherte sich dem Baum. Er sah den Fuchs in den Zweigen und bat ihn um ein Stück. Der Fuchs warf ihm nur ein Stück herunter.

«Das schmeckt!» sagte der Wolf. «Aber daran habe ich nicht lange zu verdauen! Ich möchte noch etwas mehr!»

«Mach die Augen zu und das Maul auf», sagt der andere.

Der Wolf schloß die Augen und riß das Maul weit auf. Er nahm sich nicht in acht. Der Fuchs nahm seinen Stein und warf ihn ihm in den Rachen mit aller Kraft.

Der Wolf war schön gefangen. Es wollte ihn fast erwürgen. Nur schwer brachte er den Stein wieder herauf, aber sein Maul war voller Blut. Er war sehr erzürnt:

«Komm nur herunter, komm nur herunter, dich will ich schön versohlen! Und wenn du dich noch rühmst, so mach gleich ein Kreuz!»

Der Fuchs lachte.

«Wenn du bös wirst, wirst du nie erfahren, wo es diesen guten Käse gibt.»

Der Wolf wird sofort zahm und sagt, daß er nicht böse sei. Es wäre nur so zum Lachen, aber er wolle wissen, wo der Käse zu finden sei. Der Fuchs sagt:

«Dort drüben, die Ziege hat den ganzen Trog voll. Jetzt ist sie auf Reisen, geh hin und klopf an die Tür, singe das Lied, und die Geißlein werden dir auftun.»

Und er lehrte den Wolf das Lied der Ziege, und der Wolf lief zur Tür des Hofes:

«Bumm! Bumm!»

«Wer ist da?»

«Zicklein, Geißlein
Öffnet mir die Tür!»

«Das ist nicht unsere Mutter! Das ist sie nicht!» schrieen die Geißlein. «Das ist wieder so ein Käsestehler.»

Und sie machten sich über ihn lustig, ohne daß sie ihm die Tür aufmachen wollten. Der Wolf machte kehrt, so wie er gekommen, unzufrieden und mit leerem Bauch. Der Fuchs sagte:

«Deine Stimme ist zu rauh, sie haben dich erkannt. Aber wir werden sie dennoch daranbekommen. Geh zum Schmied und laß dir die Zunge verschmälern.»

Der Wolf geht sofort weg. Er geht zum Schmied, sich die Zunge verschmälern zu lassen. Kurz danach kommt er zurückgelaufen. «Singe», sagte der Fuchs.

«Zicklein, Geißlein»

«Das stimmt noch nicht ganz! Die Ziege hat eine hellere Stimme!» Und noch einmal schickte er ihn zum Schmied. Als der Wolf zurückkam, hatte er nur mehr ein kleines Stück Zunge.

«Zicklein, Geißlein»

«Jetzt stimmt es», sagte der Fuchs. «Jetzt werden dir die Geißlein öffnen.» Und der Wolf geht wieder zurück zum Hof.

«Bumm!Bumm!»

«Wer ist da?»

«Zicklein, Geißlein
Öffnet mir die Tür,
Ich komme von Sankt Jakob
Der mir mein Bein geheilt.
Ich bringe Milch in meiner Brust
Und Laub auf meinen Hörnern.»

«Das ist nicht unsere Mutter! Das ist sie nicht!» sagten die Großen.

«Ja, das ist sie, das ist sie,» sagten die Kleinen und machten sofort die Tür auf. Was für Angst, als sie dieses häßliche Tier sahen! Nur gut, daß der Wolf zuerst den Trog fand und sich auf den Käse stürzte, während sie übereinander in die Hütte liefen und sich dort versteckten. Der Vielfraß verzehrte alles und ließ kein Krümchen zurück. Als er schön voll war, fing er an zu gähnen und sich der Länge nach im Trog auszustrekken und einzuschlafen.

Da er bereits eine gute Weile schon schlief, hörten ihn die Geißlein wie ein Ferkel schnarchen. Die Angst war ihnen etwas vergangen, so daß sie zwischen den Spalten aus der Hütte schon etwas herausspähten. Leise sagten sie zueinander:

«Der Wolf schläft! Der Wolf schläft! Kochen wir Wasser, damit wir den Gierigen begießen können.» Und leise kamen sie aus ihrer Hütte, zündeten vor dem Hof ein großes Feuer an, brachten einen Kessel voll Wasser zum Kochen. Als das Wasser schön sprudelte, näherten sie sich dem Wolf, sachte, ganz sachte und begossen ihn. Und sofort war der Wolf auf den Füßen! Ganz zerfahren rennt er zur Tür und eilt in die Heide davon. Vom Hof aus schreien die Geißlein:

«Der begossene Wolf! Der begossene Wolf!»

Und der Wolf antwortet von weitem:

«Nur von einer Seite habt ihr mich erwischt! Nur von einer!» Aber fort ging er trotzdem, wie ein Hasenfuß, und die Geißlein, erheitert über dieses Abenteuer, sperrten sich wieder im Hof ein. Zum Schluß kam dann die Ziege von ihrer Wallfahrt mit heilem Bein wieder heim. Als sie ihre Stimme erkannten, rannten sie die Tür auftun und hüpften ihr an den Hals. Sie erzählten ihr, was sich ereignet und redeten alle zugleich.

«Ich stieg auf einen Maulwurfhaufen
Und kam bei Labouheyre wieder heraus.»

5
Die Geschichte von den Ziegen

Es waren einmal ein Mann und eine Frau, die hatten drei Töchter und einen Kater. Sie besaßen auch eine Menge Ziegen, die der Mann sehr gern hatte.

Eines Tages sagte der Mann zu seiner ältesten Tochter: «Marie, du wirst heute die Ziegen auf die Weide führen. Schau, daß sie gutes Futter finden und tüchtig fressen können!»

Die Älteste machte sich mit den vielen Ziegen auf den Weg. Sie führte sie an das Ufer eines Flusses, wo alles voll Geröll und Kieselsteinen war, und die Ziegen konnten dort nichts zu fressen finden. Sie haben sich also dort hingelegt und vor sich hingekaut, weil sie nichts zu beißen fanden.

Es kommt der Abend. Marie geht mit ihren Ziegen, die nichts im Magen hatten, wieder heim. Da fragt der Vater die Ziegen:

«Liebe Ziegen, habt ihr gut gefressen, ja oder nein?»

«Wir haben nichts im Bauch und keine Milch im Euter.»

Da wurde der Vater zornig und nahm Marie und warf sie in einen Brunnenschacht. Am nächsten Tag sagte der Mann zu seiner zweiten Tochter, die Luise hieß: «Nimm die Ziegen und führe sie auf eine gute Weide und schau, daß sie gutes Futter finden, sonst ergeht es dir wie deiner Schwester, und du landest im Brunnen.»

Das arme Mädchen machte sich mit den Ziegen auf und führte sie den gleichen Weg, den schon ihre Schwester Maria mit den Tieren gegangen war.

Es kommt der Abend, und Luise kehrt mit ihren Ziegen heim. Der Vater fragt die Ziegen:

«Liebe Ziegen, habt ihr gut gefressen, ja oder nein?»

«Wir haben nichts im Bauch und keine Milch im Euter.»

Da wurde der Vater abermals zornig, ergriff seine Tochter und warf auch sie in den Brunnenschacht.

Am nächsten Tag, als der Vater die dritte Tochter mit den Ziegen auf die Weide schicken wollte, kam der Kater und sagte: «Herr, wenn ihr wollt, werde ich die Ziegen auf die Weide führen, und ich versichere euch, daß ich sie so weiden werde, daß sie mit vollem Bauch heimkommen. Aber ich tu es nur, wenn ihr eure beiden Töchter wieder aus dem Brunnen zieht.»

Da zieht der Vater seine Töchter wieder aus dem Brunnen, und der Kater nimmt eine Flöte, die er sich besorgt hat, und zieht mit den Ziegen davon.

Als er durch das Dorf kam, begann er auf seiner Flöte zu spielen, und die Ziegen zogen willig hinter ihm her weit weg bis zum Rande eines großen Waldes. Dort gab es einen schönen Garten mit vielen Krautköpfen. Der Kater führte die Ziegen in den Garten, und da sie großen Hunger hatten, fingen sie an Kraut zu fressen.

Auf einmal kommt ein Bär und sagt zu dem Kater: «Wirst du sofort die Ziegen aus dem Garten treiben, oder muß ich hinüberkommen?» – Der Kater antwortet ihm: «Komm nur, komm nur, ich werde dir ein Auge einschlagen!»

Der Bär stürzt sich mit einem großen Stock auf den Kater, aber der springt mit einem Satz dem Bären auf den Kopf und schlägt ihm ein Auge ein. Da ging der Bär brummend wieder in seine Hütte.

Am Abend kehrt der Kater mit seiner Ziegenherde wieder heim. Der Herr fragt die Ziegen:

«Liebe Ziegen, habt ihr gut gefressen, ja oder nein?»

«Ja, Herr, wir haben gut gefressen, den Bauch voll Futter und die Euter voll Milch.»

Da fragt der Herr den Kater: «Was willst du zum Abendessen?» – «Ein Brathendl.» Und er läßt ihm ein Huhn am Spieß braten.

Am nächsten Tag macht sich der Kater wieder mit seinen Ziegen auf den Weg und führt sie in den Garten, wo sie am andern Tage geweidet haben.

Als der Bär die Ziegen in seinem Garten sieht, schreit er erneut:

«Wirst du gleich die Ziegen aus meinem Garten treiben, oder muß ich hinüberkommen?»

«Komm nur, komm nur, und ich werde dir noch ein Auge einschlagen.»

Da stürzt sich der Bär auf den Kater, der tut einen Schritt zurück und springt dem Bären auf den Kopf und schlägt ihm das andere Auge aus. Der blinde Bär aber stolpert, stürzt und bricht sich den Hals.

Nachdem die Ziegen genug gefressen haben, treibt sie der Kater wieder heim. Der Herr fragt erneut die Ziegen:

«Liebe Ziegen, habt ihr gut gefressen, ja oder nein?»

«Ja, Herr, wir haben gut gefressen, den Bauch voll Futter und die Euter voll Milch.»

Da fragt der Herr den Kater: «Was willst du zum Abendessen?» – «Ein gebratenes Kalb.»

Nachdem der Kater zur Nacht gegessen hat, sagt er zu seinem Herrn: «Ihr müßt einmal mit mir kommen, um zu sehen, wo ich die Ziegen weiden lasse!» Und er führt ihn hin zu dem Garten, zeigt ihm die Krautköpfe und den toten Bären.

Da umarmt der Herr den Kater und sagt zu ihm: «Du bleibst jetzt für immer mein Ziegenhirt!»

Und tric trac
Mein Märchen ist aus!

6

Der Bär und der Wolf

Es war einmal ein Bär, der ging spazieren. Als er so dahinging, begegnete ihm ein Wolf.

«Behüt dich Gott, Gevatter Bär! Wie geht es dir?»

«Jetzt geht es mir sehr, sehr gut.»

«Das ist ja herrlich!»

«Aber gestern, da ging es mir noch hundsmiserabel.»

«Das ist ja schrecklich!»

«Soll ich es dir erzählen, Gevatter Wolf?»

«Ja, erzähle es mir, Gevatter Bär!»

«Gestern habe ich mir eine Frau genommen.»

«Das ist ja herrlich!»

«Aber die Frau ist häßlich wie die Nacht, hat nur ein Auge und hinkt auf einem Fuß.»

«Das ist ja schrecklich.»

«Nun, wenn sie auch häßlich ist, so hat sie doch ein Haus und viel Geld.»

«Das ist ja herrlich!»

«Aber sie ist stinkgeizig und tut ihren Geldsack nicht auf.»

«Das ist ja schrecklich!»

«Nun, ich habe gewartet, bis sie geschlafen hat, und habe ihr dann eine Handvoll Goldstücke aus dem Sack gestohlen.»

«Das ist ja herrlich!»

«Ja, aber die Goldstücke habe ich beim Kartenspielen verloren.»

«Das ist ja schrecklich!»

«Nun, wozu brauche ich Geld, denn das Haus ist voller Dinge zum Essen und Trinken.»

«Das ist ja herrlich!»

«Frage aber nicht, wie mich die Bärin darben läßt und mir das kleinste Stückchen vorrechnet.»

«Das ist ja schrecklich!»

«Nun, wo die Bärin nur ein Auge hat, da ist es nicht so schwer, hier ein Stück Speck und dort eine Flasche Wein mitzunehmen.»

«Das ist ja herrlich.»

«Aber zuletzt hat mich die Bärin doch noch erwischt und mir mit dem Besenstiel eins auf den Kopf gegeben.»

«Das ist ja schrecklich!»

«Nun, ich habe mir nichts gefallen lassen und habe ihr mit der Pfote einen Schlag versetzt, daß sie hingestürzt ist.»

«Das ist ja herrlich!»

«Ja, aber im Fallen hat die Frau den Tisch umgeworfen, die Lampe hat dabei den Teppich angezündet, und das ganze Haus ist verbrannt.»

«Das ist ja schrecklich!»

«Nun, die Frau ist auch verbrannt, und ich habe nun wieder ein ruhiges Leben.»

«Das ist ja herrlich!»

7

Die kleine Ameise

Es war einmal eine kleine Ameise
und sie trug ein Bündel Holz
zu ihrer Nachbarin nach Jerusalem.
Als sie gerade übers Eis krabbelt,
bricht sie sich ein Bein:
«Ach, was bist du nur böse, Eis,
das Bein einer armen kleinen Ameise
zu brechen,
die gerade dabei ist,
ihrer Nachbarin von Jerusalem
ein Bündel Holz zu bringen.»

Das Eis sagt:
«Die Sonne ist noch viel böser,
die mich erhitzt und schmilzt.»
«Ach, was bist du nur böse,
Sonne, das Eis zu schmelzen,
Eis, das das Bein bricht
der armen kleinen Ameise,
die ihrer Nachbarin von Jerusalem
ein Bündel Holz bringt.»

Die Sonne sagt:
«Die Wolke ist noch viel böser,
die dort oben ist und mich verdeckt.»
«Ach, was bist du nur böse, Wolke,
und verdeckst die Sonne,
Sonne, die du das Eis schmelzest,
Eis, das das Bein bricht
der armen kleinen Ameise,
die ihrer Nachbarin von Jerusalem
ein Bündel Holz bringt.»

Die Wolke sagt:
«Der Wind ist noch viel böser,
der mich zerbläst und mich verjagt.»
«Ach, was bist du nur böse, Wind,
und verjagst die Wolke,
Wolke, die du die Sonne verdeckst,
Sonne, die du das Eis schmelzest,
Eis, das das Bein bricht
der armen kleinen Ameise,
die ihrer Nachbarin von Jerusalem
ein Bündel Holz bringt.»

Der Wind sagt:
«Die Mauer ist noch viel böser,
sie, die sie hier steht und mich aufhält.»
«Ach, was bist du nur böse, Mauer,
die den Wind aufhält,
Wind, der du die Wolke verjagst,
Wolke, die du die Sonne verdeckst,
Sonne, die du das Eis schmelzest,
Eis, das das Bein bricht
der armen kleinen Ameise,
die ihrer Nachbarin von Jerusalem
ein Bündel Holz bringt.»

Die Mauer sagt:
«Die Ratte ist noch viel böser,
die an mir nagt und mich durchlöchert.»
«Ach, was bist du nur böse, Ratte,
und durchlöcherst die Mauer.
Mauer, die du den Wind aufhältst,
Wind, der du die Wolke verjagst,
Wolke, die du die Sonne verdeckst,
Sonne, die du das Eis schmelzest,
Eis, das das Bein bricht
der armen kleinen Ameise,
die ihrer Nachbarin von Jerusalem
ein Bündel Holz bringt.»

Die Ratte sagt:
«Die Katze ist noch viel böser,
die mich fängt und mich frißt.»
«Ach, was bist du nur so böse, Katze,
und frißt die Ratte,
Ratte, die du die Mauer durchlöcherst,
Mauer, die du den Wind aufhältst,
Wind, der du die Wolke verjagst,

Wolke, die du die Sonne verdeckst,
Sonne, die du das Eis schmelzest,
Eis, das das Bein bricht
der armen kleinen Ameise,
die ihrer Nachbarin von Jerusalem
ein Bündel Holz bringt.»

Die Katze sagt:
«Der Stock ist noch viel böser,
denn er ist es, der mich schlägt.»
«Ach, was bist du nur so böse, Stock,
und schlägst die Katze,
Katze, die du die Ratte frißt,
Ratte, die du die Mauer durchlöcherst,
Mauer, die du den Wind aufhältst,
Wind, der du die Wolke verjagst,
Wolke, die du die Sonne verdeckst,
Sonne, die du das Eis schmelzest,
Eis, das das Bein bricht
der armen kleinen Ameise,
die ihrer Nachbarin von Jerusalem
ein Bündel Holz bringt.»

Der Stock sagt:
«Das Feuer ist noch viel böser,
denn es verbrennt mich.»
«Ach, was bist du nur böse, Feuer,
und verbrennst den Stock,
Stock, der du die Katze schlägst,
Katze, die du die Ratte frißt,
Ratte, die du die Mauer durchlöcherst,
Mauer, die du den Wind aufhältst,
Wind, der du die Wolke verjagst,
Wolke, die du die Sonne verdeckst,
Sonne, die du das Eis schmelzest,

Eis, das das Bein bricht
der armen kleinen Ameise,
die ihrer Nachbarin von Jerusalem
ein Bündel Holz bringt.»

Das Feuer sagt:
«Das Wasser ist noch viel böser,
denn es bringt mich zum Verlöschen.»
«Ach, was bist du nur böse, Wasser,
und löschst das Feuer,
Feuer, das du den Stock verbrennst,
Stock, der du die Katze schlägst,
Katze, die du die Ratte frißt,
Ratte, die du die Mauer durchlöcherst,
Mauer, die du den Wind aufhältst,
Wind, der du die Wolke verjagst,
Wolke, die du die Sonne verdeckst,
Sonne, die du das Eis schmelzest,
Eis, das das Bein bricht
der armen kleinen Ameise,
die ihrer Nachbarin von Jerusalem
ein Bündel Holz bringt.»

Das Wasser sagt:
«Der Ochse ist noch viel böser,
denn er ist es, der mich trinkt.»
«Ach, was bist du nur böse, Ochse,
der du das Wasser trinkst,
Wasser, das du das Feuer löschst,
Feuer, das du den Stock verbrennst,
Stock, der du die Katze schlägst,
Katze, die du die Ratte frißt,
Ratte, die du die Mauer durchlöcherst,
Mauer, die du den Wind aufhältst,
Wind, der du die Wolke verjagst,

Wolke, die du die Sonne verdeckst,
Sonne, die du das Eis schmelzest,
Eis, das das Bein bricht
der armen kleinen Ameise,
die ihrer Nachbarin von Jerusalem
ein Bündel Holz bringt.»

Der Ochse sagt:
«Der Fleischer ist noch viel böser
als ich, denn er tötet mich.»
«Ach, was bist du nur böse, Fleischer,
der du den Ochsen tötest,
Ochse, der du das Wasser trinkst,
Wasser, das du das Feuer löschst,
Feuer, das du den Stock verbrennst,
Stock, der du die Katze schlägst,
Katze, die du die Ratte frißt,
Ratte, die du die Mauer durchlöcherst,
Mauer, die du den Wind aufhältst,
Wind, der du die Wolke verjagst,
Wolke, die du die Sonne verdeckst,
Sonne, die du das Eis schmelzest,
Eis, das das Bein bricht
der armen kleinen Ameise,
die ihrer Nachbarin von Jerusalem
ein Bündel Holz bringt.»

Der Fleischer sagt:
«Der Tod ist noch viel böser,
denn er ist es, der mich holt.»
«Ach, was bist du nur böse, Tod,
der du den Fleischer holst,
Fleischer, der du den Ochsen tötest,
Ochse, der du das Wasser trinkst,
Wasser, das du das Feuer löschst,

Feuer, das du den Stock verbrennst,
Stock, der du die Katze schlägst,
Katze, die du die Ratte frißt,
Ratte, die du die Mauer durchlöcherst,
Mauer, die du den Wind aufhältst,
Wind, der du die Wolke verjagst,
Wolke, die du die Sonne verdeckst,
Sonne, die du das Eis schmelzest,
Eis, das das Bein bricht
der armen kleinen Ameise,
die ihrer Nachbarin von Jerusalem
ein Bündel Holz bringt.»

ZAUBERMÄRCHEN

8

Der König von England

Es waren einmal ein Mann und eine Frau, die waren sehr arm und lebten in einer kleinen Hütte auf dem Lande. Als die Frau ein Kind zur Welt brachte, wußten sie nicht, wo sie einen Paten finden könnten. Da beschlossen sie, in das nächste Dorf zu gehen; aber da sie dort niemand kannten, konnten sie das Kind nicht taufen lassen. Endlich trafen sie einen alten Mann, der an der Kirchentüre stand, und den fragten sie: «Hör, guter Mann, könntest du uns nicht den Gefallen tun, für dieses Kind hier den Paten zu machen? Dann könnten wir nämlich in der Kirche gleich die Taufe halten.»

Der Alte erwiderte: «Aber gern!»

Da gingen sie zusammen in die Kirche, und das Kind wurde getauft. Und danach gingen sie aus der Kirche heraus und machten sich ins nächste Wirtshaus auf, um das Taufmahl zu halten. Und nachdem sie gegessen und getrunken hatten, schrieb der Alte einen Brief, gab ihn dem Vater des Kindes und sagte: «Hier hebe diesen Brief auf! Das Kind aber laß in die Schule gehen, und wenn es alt genug ist und lesen kann, dann gib ihm den Brief und sage ihm, es soll mich besuchen.»

Nachdem er das gesagt hatte, ging der Alte davon.

Als das Kind alt genug war, schickten es sein Vater und seine Mutter in die Schule, und es lernte fleißig. Als der Junge aber fünfzehn Jahre alt war, gaben ihm seine Eltern den Brief. Und als er den Brief öffnete, sah er, daß darin geschrieben war, sein Pate sei der König von England und sein Patensohn solle ihn aufsuchen, und er solle sich auf der Reise in acht nehmen vor Buckligen, Hinkenden und Grindköpfigen.

Nachdem der Bursche den Brief gelesen hatte, sagte er: «Vater, ich werde mich auf den Weg machen, um meinen Paten zu besuchen.» – Da gab ihm sein Vater ein Pferd und etwas Geld, der Sohn nahm Abschied und ritt davon.

Nachdem er drei oder vier Tage geritten war, begegnete er einem Mann, der ihn ansprach: «Schöner junger Bursche, wo reitest du hin?» – «Ich reite nach England.» – «Dahin will auch ich; da könnten wir ja zusammen reisen.»

Aber der Bursche sah, daß der andere einen Buckel hatte, und da dachte er an die Warnung, die ihm sein Pate gegeben hatte, er verabschiedete sich und ritt allein weiter. Und nachdem er seinen Weg zwei oder drei Tage fortgesetzt hatte, begegnete er abermals einem Mann, der ihn fragte: «Schöner junger Herr, wo reitest du hin?» – «Ich reite nach England.» – «Dahin will auch ich; da können wir ja zusammen reisen.»

Doch der junge Bursche sah, daß der andere hinkte, und da verabschiedete er sich und ritt allein weiter. Und nachdem er wiederum eine Strecke Weges hinter sich gebracht hatte, begegnete er einem andern Mann, der war ein Grindkopf, aber er hatte eine solche Perücke, daß man nicht sah, wie räudig er war. Und so nahm er ihn als Reisegefährten mit.

Am Abend kamen sie nun zu einer Herberge, dort aßen und tranken sie, und ehe sie sich zur Ruhe legten, stellte der Bursche sein Pferd in den Stall und gab sein Geld dem Wirt, damit er es ihm sicher aufhebe.

In der Nacht aber stand der Grindige auf, weckte den Wirt und sagte: «Mein Herr hat mir befohlen, ich soll mir von dir das Pferd und das Geld geben lassen.» Und als ihm der Wirt beides ausgehändigt hatte, machte er sich damit aus dem Staube.

Der junge Bursche aber stand in der Früh auf und ging zum Wirt, um sich sein Geld und sein Pferd geben zu lassen. Aber der Herbergsvater sagte: «Dein Diener ist heute nacht gekommen, hat sich von mir Geld und Pferd geben lassen und ist damit davon.»

Da fing der Bursche an zu weinen und sagte: «Der Grindige hat mich betrogen!» Und er machte sich zu Fuß auf, um den Dieb zu verfolgen. Und als er so die Straße dahinzog, sah er sein Pferd an einen Baum angebunden. Er ging hin, um sich sein Pferd wiederzunehmen, aber im gleichen Augenblick sprang der Grindige hervor mit einer großen Pistole und sagte: «Du mußt meinen Diener machen und alles tun, was ich will, sonst töte ich dich.» Und da mußte der Bursche sich fügen; und nun ritt der Grindkopf auf dem Pferd, und der Bursche mußte zu Fuß gehen. Und so kamen sie nach England.

Als der König von England denjenigen sah, den er für sein Patenkind hielt, ließ er ein großes Fest feiern. Aber lassen wir sie feiern und schauen wir, was der arme Bursche, der nun Pferdeknecht geworden war und von Morgen bis Abend über sein Unglück weinte, tat. Er ging in den Stall zu dem Pferd, und da das kein gewöhnliches Tier, sondern ein Zauberpferd war, sagte es: «Fasse Mut! Du wirst die Geschichte schon noch zu einem guten Ende bringen!»

Eines Tages sagte der König zu dem Grindigen: «Ich habe eine Tochter, schön und unschuldig, aber sie wurde mir von einem Unhold geraubt. Nun lebt sie fern auf einer Insel, und wenn sie einer befreien würde, so würde ich sie ihm zur Frau geben.» – Da sagte der Grindige, der unsern Burschen los sein wollte: «Für meinen Diener wäre es eine Leichtigkeit, Eure Tochter zu befreien.»

Da schickte der König in den Stall, um den jungen Burschen rufen zu lassen. Und er fragte ihn: «Bist du fähig, meine Tochter zu befreien?» – «Ich weiß ja gar nicht, wo Eure Tochter sich befindet und ob ich sie da befreien kann.»

Der Grindige aber nahm den König beiseite und sagte zu ihm: «Ihr müßt dem Burschen drohen, sonst tut er nichts. Denn er kann es, aber er will nicht.»

Da sagte der König zu dem Burschen: «Ich gebe dir drei Tage Bedenkzeit. Wenn du dann nicht bereit bist, meine Tochter zu befreien, werde ich dich töten lassen.»

Der Bursche ging wieder in den Stall und begann zu weinen. Da sagte sein Pferd zu ihm: «Was hast du denn schon wieder, daß du weinst?» – «Ach, wenn du wüßtest, was der König mir befohlen hat! Ich soll seine Tochter befreien, und wenn ich das nicht kann, soll ich getötet werden. Aber willst du vielleicht, daß ich seine Tochter suchen gehe?» – Da antwortete das Pferd: «Dummkopf! Sag ja und daß du die Tochter befreien wirst. Dann verlange jedoch ein dreistöckiges Schiff!»

Der Bursche machte es so, wie ihm das Pferd aufgetragen hatte, und der König befahl, ein solches Schiff zu bauen. Als das Schiff fertig war, ließ der König den Burschen rufen und sagte zu ihm: «Also: das Schiff ist fertig und zur Abfahrt bereit.» – «Wartet bitte noch einen Augenblick, denn ich muß mich noch richten», sagte der Bursche und ging wieder in den Stall zu seinem Pferd: «Alles ist fertig für die Abreise. Jetzt mußt du mir sagen, was ich auf das Schiff laden soll.» – «Sage dem König», entgegnete das Pferd, «daß er auf die erste Brücke des Schiffes Nüsse laden lassen soll, auf die zweite Getreide, und auf die dritte Spinnrocken!»

Der Bursche ging zum König, und der ließ alles so richten. Dann sagte er: «Morgen früh mußt du abreisen. Ich werde alle meine Matrosen zum Strand befehlen, und du kannst daraus zur Begleitung auswählen, wen du willst.»

Da lief der Bursche wieder in den Stall und erzählte alles seinem Pferde, und das sagte: «Paß auf: morgen früh wird der König zu dir sagen: nimm von diesen Leuten mit, wen du dir wünschst! Da wirst du auf deiner Seite einen ganz alten Mann sehen, und du wirst dem König sagen: ‹Ich nehme niemanden mit außer diesem Alten.› Jener alte Mann aber, der werde ich sein.»

Und so geschah es, und am nächsten Tag reisten sie ab. Drei Monate fuhren sie übers Meer, dann sahen sie endlich ein kleines Lichtchen. Sie segelten aufs Land zu und kamen in einen Hafen, wo man sie fragte: «Was für eine Handelsware führt ihr mit euch?» – Und sie antworteten: «Wir haben Nüsse geladen.» – Und die Leute auf dem Lande sagten: «Das wäre gerade die rechte Ware für uns.»

Nun muß man jedoch wissen, daß in jenem Lande nur Ratten hausten, und die Ratten sagten: «Wir haben leider kein Geld, um euch zu bezahlen; aber wenn ihr uns braucht, so müßt ihr nur rufen: ‹Ratten, gute Ratten, kommt alle uns zu Hilfe!› Dann werden wir alle kommen und euch helfen.»

Von dort weg segelten sie wieder eine ganze Weile, bis sie eines Abends wieder ein Lichtlein in der Ferne erblickten. Sie näherten sich dem Lande, und von dort aus rief man ihnen zu: «Was für eine Ware führt ihr mit euch?» – «Getreide.» – «Oh, das wäre gerade die richtige Ware für uns.»

Und als sie dort landeten, sahen sie nichts als lauter Ameisen. Und auch die Ameisen sagten zu ihnen: «Wir haben leider kein Geld, um euch zu bezahlen, aber wenn ihr in Not seid, dann müßt ihr nur rufen: ‹Ameisen, gute Ameisen, kommt alle uns zu Hilfe!› Und dann werden wir alle kommen und euch helfen.»

Sie fuhren aber wieder weiter und segelten längere Zeit übers Meer. Eines Morgens sahen sie eine Insel, und der Alte sagte zu dem Burschen: «Du siehst hier eine Insel, und darauf ein Gebirge, und auf dem Gebirge ein Haus. Das ist der Ort, wo sich die Tochter des Königs von England befindet. Du mußt den Berg hinaufsteigen und an die Tür des Hauses klopfen. Dann wirst du sagen: ‹Ich bin gekommen, um die Tochter des Königs von England zu befreien›. Und du wirst dann schon sehen, was man dir sagen wird.»

Der Bursche machte es so, wie es ihn der Alte geheißen

hatte. Er stieg den Berg hinauf, klopfte an, und es öffnete ihm eine vornehme Dame, die sagte: «Wenn du die Tochter des Königs von England befreien willst, so mußt du dieses Gebirge, das vor meinem Hause steht, abtragen, und zwar zwischen heute abend sechs Uhr und morgen früh um sechs Uhr.»

Da wartete der Bursche seine Zeit ab, und dann rief er: «Ratten, gute Ratten, kommt alle mir zu Hilfe!» Und da kamen jene Ratten angelaufen und fragten: «Was sollen wir tun?» – «Tragt mir dieses Gebirge da ab!» Und sie taten es so, und am nächsten Morgen war das Gebirge verschwunden.

Dann kam wieder jene Dame und führte den Burschen in eine Kammer, die war voll Getreide gemischt mit Reis. Und sie sagte zu ihm: «Bis morgen um sechs Uhr mußt du alles ausgelesen haben: das Getreide auf die eine Seite und den Reis auf die andere.»

Da rief der Bursche: «Ameisen, gute Ameisen, kommt alle mir zu Hilfe!» Da kamen alle Ameisen angelaufen und fragten: «Was sollen wir tun?» – «Klaubt mir da das Getreide und den Reis auseinander!»

Und am andern Tag war auch das Getreide und der Reis auseinandergelesen. Da kam die Dame wieder und führte den Burschen in einen anderen Raum, der war voll von Hanf. Und sie sagte: «Bis morgen in der Früh muß dieser ganze Hanf versponnen sein.»

Da kehrte der Bursche aufs Schiff zurück, um seine Spindeln zu holen; und der Alte sagte zu ihm: «Geh mit den Spindeln hinauf in jenes Haus. Dann mußt du sagen: ‹Spindeln, schöne Spindeln, ich will, daß ihr alle zu spinnen beginnt›.»

Der Bursche machte es so, wie ihm der Alte aufgetragen, und am andern Tag war aller Flachs versponnen. Und als die Dame erschien, führte sie ihn in ein anderes Gemach, wo die Tochter des Königs von England war, und sagte: «Hier ist die Tochter des Königs, Ihr habt sie befreit und könnt sie mit Euch nehmen.»

Da nahm er die Tochter des Königs von England und führte

sie aufs Schiff. Und sie segelten ab und kehrten nach England zurück.

Der König von England hatte unterdessen zwei Jahre auf die Heimkehr des Schiffes gewartet, und endlich erblickte er eines Tages ein Schiff mit der britischen Flagge. Und er erkannte, daß das jenes Schiff war, mit dem er den Burschen ausgeschickt hatte.

Der König eilte zum Hafen, und als das Schiff anlegte, sah er seine Tochter und lief auf sie zu, umarmte und küßte sie. Und als er mit der Begrüßung fertig war, umarmte er auch den Burschen und gab ihm seine Tochter zur Gemahlin. Und noch glücklicher wurde der König, als er erfuhr, daß der Retter seiner Tochter sein eigenes Patenkind war und jener andere ein Grindkopf. Und er befahl, den Übeltäter zu ergreifen und auf dem Platz öffentlich zu verbrennen.

Für seine Tochter und seinen Patensohn aber ließ er eine große Hochzeitsfeier richten mit einem üppigen Mahl, und alle lebten glücklich und in Liebe. Und wenn sie nicht gestorben sind, dann leben sie dort noch heute.

9

Der Bursche und das Zauberpferd

Es war einmal ein Bauer, der hatte drei Söhne. Als er ans Sterben kam, ließ er seine Söhne rufen und sagte: «Kinder, es geht dahin. Streitet euch nicht und macht euer Glück. Der Älteste soll den Hof erben, der Zweite die Schafherde und der Jüngste das alte Pferd, das da im Stall steht.»

Nachdem man den Bauern begraben hatte, nahm der Zweite die Schafherde und trieb sie davon, und der Jüngste ging in den Stall; da stand hinten in der Ecke ein altes, altes Pferd. Der Jüngste ging zu dem Pferd und sagte: «Da bin ich ja schön hereingefallen mit meiner Erbschaft, und ich verstehe meinen Vater nicht. Ich dachte doch immer, ich sei sein Liebling, und nun werde ich mit diesem unbrauchbaren Gaul abgespeist.»

Da drehte ihm das alte Pferd den Kopf zu und sagte: «Bursche, du bist dumm wie Bohnenstroh. Warte erst ab, wie sich die Sache anläßt! Man soll den Tag nicht vor dem Abend loben, aber man soll auch nicht klagen, ehe man weiß, wohin der Hase läuft! Geh und laß dir von deinem Bruder das älteste Sattelzeug geben, das auf dem Speicher ist. Dann sattle mich, und laß mich dich tragen, wohin ich dich tragen will!»

«Gut», sagte der Jüngste und ging zu seinem Bruder.

«He», sagte der, «was willst du noch? Bist du noch nicht weggeritten?» –

«Wie könnte ich denn wegreiten, wenn ich nicht einmal einen Sattel habe. Ich will dich bitten, mir den ältesten Sattel zu schenken, der auf dem Speicher hängt.»

«Nun», sagte der Bruder, «so geizig bin ich auch nicht. Suche dir den Sattel aus, der dir gefällt. Mir soll's schon recht sein.»

Aber der Bursche nahm doch den ältesten Sattel, wie ihm das Zauberpferd gesagt hatte. Und er trug ihn in den Stall und sattelte den alten Gaul. Und kaum war er aufgesessen, da stob der Gaul dahin schneller als der Wind. Und er hielt nicht an, ehe sie die Hauptstadt des Landes erreicht hatten. Und als der Bursche auf den Platz vor dem Schloß des Königs geritten kam, da hörte er einen Ausrufer, der läutete mit seiner Glocke und rief: «He, ihr Leute! Hört, was ich euch zu verkünden habe! Die Tochter unseres Herrn, des Königs, wurde von einem Drachen geraubt und übers Meer entführt. Demjenigen, der dem König seine Tochter zurückbringt, verspricht der König die Hand seiner Tochter und das halbe Reich.»

«Was wartest du noch, Bursche?» sagte das Zauberpferd. «Schau, daß du in den Palast kommst, und melde dich, denn wir wollen die Königstochter holen gehen.»

Da ging der Bursche zum Tor des Schlosses und ließ sich vor den König führen. «Majestät, ich will Eure Tochter befreien und Euch zurückbringen.» – «Nun, du siehst mir ja nicht so aus, als wärst du der rechte Mann, so etwas zu tun. Aber meinen Segen sollst du haben, und drei Goldstücke gebe ich dir noch dazu, denn du wirst die Überfahrt übers Meer zahlen müssen.»

Das Pferd trug den Burschen ans Meer und sagte: «Suche den ärmsten und ältesten Schiffer, den du finden kannst!»

Der Bursche suchte den ganzen Hafen ab, und er kam endlich zu einem alten Großväterchen mit einem weißen Bart. «Guten Tag, Großväterchen!» – «Guten Tag, Bursche. Was willst du?» – «Ich suche einen, der um drei Goldstücke mein Pferd und mich übers Meer fährt.» – «Wo willst du denn hin?» – «Ich muß zur Insel, wo der Drache haust, der die Tochter des Königs geraubt hat.» – «Da bist du bei mir beim Richtigen. Niemand sonst könnte dich dorthin fahren. Niemand sonst hat den Mut. Niemand sonst kennt den Weg.»

Neun Tage fuhr der Alte mit dem Burschen und seinem Pferd übers Meer. Dann kamen sie zu einem riesigen Felsen. Aber da gab es keinen Hafen und keinen Strand. Überall stieg der Felsen senkrecht aus dem Meer in die Höhe, wohl hundert Meter hoch.

Das Pferd sagte: «Bursche, steig in den Sattel und halte dich fest, denn wir müssen einen gewaltigen Sprung machen!»

Da beugte sich der Bursche herab und hielt sich am Hals des Pferdes fest. Und das Zauberpferd lief den Felsen hinauf, als sei es eine Ameise.

Als sie oben waren, sah man ein gewaltiges Schloß. Das war aus Kristall gebaut und so durchsichtig, daß man in alle Zimmer hineinsehen konnte. Und in einem Zimmer erblickte der Bursche die geraubte Königstochter.

«Hol das Mädchen schnell heraus!» sagte der Gaul, «denn

wenn der Drache uns erwischt, werden wir ihm gerade als Abendessen zurechtkommen!»

Der Bursche lief und holte die Prinzessin, und das Pferd trug sie wieder hinunter ins Boot des alten Schiffers. Und als es hineinsprang, zitterte das Schiff nur leicht.

Nach neun Tagen kamen sie daheim an. Der König freute sich mächtig, daß er seine Tochter wieder hatte, und als ein Mann von Ehre stand er auch zu seinem Wort, und er befahl die Hochzeit seiner Tochter mit dem Burschen vorzubereiten.

Am Tag vor der Hochzeit ging der Bursche wie gewöhnlich in den Stall, um sein Pferd zu füttern, zu tränken und zu striegeln. Und da begann das Pferd zu sprechen und sagte: «Paß auf! Wenn ihr morgen in die Kirche zur Trauung zieht, dann mußt du mit deiner Braut auf meinem Rücken sitzen, und ich werde euch dahin tragen.»

Der Bursche war damit einverstanden, aber seine Braut nicht. «Weißt du», sagte sie, «das Pferd ist dein Freund und hat dir geholfen. Magst du also ruhig auf dem Pferd in die Kirche reiten. Aber für die Tochter eines Königs ziemt es sich nicht, auf einem Pferd zu reiten. Ich werde mit meinem Vater in der Kutsche fahren.»

Gesagt, getan. Als der Bursche aufs Pferd stieg, fragte ihn dieses: «Sag, wo ist denn deine Braut?» – «Die wollte nicht reiten, weil sie meinte, das gehöre sich nicht für eine Königstochter. Sie ist bereits mit der Kutsche unterwegs, und wir müssen uns beeilen, um sie einzuholen.»

Da seufzte das Zauberpferd und sagte: «O diese Weiber! Und besonders die blonden! Strohblond und strohdumm! Nun, wir werden ja sehen.»

Als sich der Bursche mit dem Gaul von weitem dem Hochzeitszug näherte, sah er, daß aus dem Himmel wie ein Blitz ein Drache herunterstieß, sich aus der Kutsche die Königstochter nahm und mit ihr wieder in den Himmel davonflog.

«Ach, hätte ich doch die Königstochter zu mir aufs Pferd

genommen!» weinte der Bursche, «mit meinem Blut hätte ich sie verteidigt.» – «Ein Habe-ich ist besser als zehn Hätte-ich!» rief das Pferd erbost, «wenn du dir von den Frauen auf der Nase herumtrampeln läßt, mußt du dich nicht wundern, wenn du hernach dumm dreinschaust. Marsch, geh zum König und laß dir neun Goldstücke geben, denn der Schiffer wird's nicht wieder so billig tun!»

Als der Bursche dem König die ganze Geschichte erzählte, sagte dieser: «Dein Pferd hat mehr Verstand als wir beide. Wir hätten daran denken müssen, daß der Drache versuchen wird, meine Tochter auch ein zweites Mal zu rauben. Nur wegen der Flausen meiner Tochter haben wir nun Schwierigkeiten. Hier hast du die neun Goldstücke, und wenn du meine Tochter auch ein zweites Mal heimbringst, so sollst du nach meinem Tode auch die andere Hälfte des Reiches erben.»

Da waren also am Meer der alte Fischer, der alte Gaul und der junge Bursche. «Diesmal müssen wir aufpassen», sagte das Pferd, «der Drache wird sich nicht so leicht übertölpeln lassen. Denkt einmal nach und holt einen her, der nachdenken kann! Fällt euch etwas ein?» – «Nein», sagte der Bursche. «Ja!» sagte der alte Fischer.

«Nun, so laß uns hören!» sagte das Pferd. «Ich habe einen Zwillingsbruder», sagte der alte Fischer, «wenn er mit seinem Sohn und einem alten, klapprigen Gaul zur Insel fährt, wird sie der Drache für uns halten und zu ihnen hinfliegen. In der gleichen Zeit nähern wir uns der Felseninsel von der anderen Seite, holen die Königstochter und fliehen, ehe der Drache zurückkommt.»

«Sehr gut!» sagte das Zauberpferd, «das ist eine Möglichkeit.»

Gesagt, getan. Sie lassen den Zwillingsbruder etwas vorausfahren, nachdem der Bursche ihm auch neun Goldstücke versprochen hat, und segeln hinterdrein. Und von zwei verschiedenen Seiten nähern sie sich der Felseninsel.

Kaum hat der Drache von weitem das Schiff mit dem Zwillingsbruder des Alten gesehen, da kommt er wie ein Pfeil darauf zugeschossen.

«He, was wollt ihr hier?» – «Man wird hier wohl noch fischen dürfen?» – «Ja, aber nicht so nahe bei meiner Insel. Und wozu habt ihr ein Pferd dabei? Fährt man etwa mit einem Pferd zum Fischen?» – «Ach, der alte Gaul ist zu nichts mehr wert. Wir wollten damit nur die Fische füttern, damit wir mehr fangen.» – «So gebt mir den Gaul als Nachtmahl, und ich will euch die Fische zutreiben!» – «Einverstanden! Treibe uns die Fische her, dann sollst du hernach den Gaul haben.»

Der Drache tauchte also ins Meer und trieb die Fische zum Boot, und der alte Schiffer und sein Sohn fingen so viele Fische, wie das Boot fassen konnte.

Dann tauchte der Drache auf und dachte, sie würden nun Schwierigkeiten machen wegen des Zauberpferdes. Aber sie sagten: «Nimm dir den alten Gaul!»

Der Drache aber sprach bei sich: «Diesmal kommst du unfreiwillig in mein Schloß und landest im Kochtopf.» Und er packte das Pferd, flog zum Schloß und trug es gleich in die Küche. Und er war so hungrig und so gierig, daß er sich gar nicht nach der Prinzessin umsah. Und erst als das Essen fertig war, rief er sie, aber sie antwortete nicht und war auch nirgends zu sehen, denn während der Drache im Meer gewesen war, hatte sich der alte Schiffer mit dem Burschen und dem Zauberpferd der Insel genähert, das Pferd war wieder den Felsen hinauf geklettert, und der Bursche hatte die Königstochter aus dem Kristallschloß befreit.

«Nun, ich erwische euch schon noch!» Und er fraß die Portion Pferdefleisch gleich auch noch, die er der Königstochter zugedacht hatte.

Als die Königstochter nach Hause kam, umarmte sie der Vater freudig, aber dann sagte er: «Tochter, jetzt wird sofort geheiratet. Und keine Flausen mehr! Du reitest mit deinem Gatten auf dem Pferd in die Kirche, und zwar sogleich!»

Als man auf dem halben Weg zur Kirche war, kam der Drache durch die Lüfte gebraust.

«Haltet euch fest!» sagte das Pferd, «denn jetzt wird es Funken regnen!» Und in dem Augenblick, als der Drache mit seinen Klauen nach dem Brautpaar griff, stellte sich das alte Pferd auf die Vorderfüße und schlug mit den beiden Hinterfüßen aus. Und es schlug so zu, daß der Drache zu Boden stürzte, und als er da bewußtlos lag, konnte ihm der Bursche leicht den Kopf abschlagen.

Als alle sich von ihrem Schrecken erholt hatten, sagte der König: «So ein Roß ist mehr wert als die beste Schildwache. Ich befehle hiermit: man soll gleich neben das Schlafgemach des jungen Paares einen kleinen Stall mit einer goldenen Krippe bauen. Und das Pferd soll dort hausen, solange es ihm paßt!»

Und sie waren glücklich und zufrieden, und noch die Enkel haben mit dem alten Pferd gespielt und sich von ihm herumtragen lassen, denn es war sehr gutmütig.

10

Der Sohn des Grafen

E*s waren einmal* ein Graf und eine Gräfin, die waren schon alt und hatten doch keine Kinder. Und da sie nicht mehr damit rechneten, daß die Gräfin noch einem Kinde das Leben schenken würde, nahmen sie einen Neffen des Grafen zu sich und zogen ihn auf, damit er einmal das Erbe anträte.

Als nun aber einmal der Graf und die Gräfin auf einer Entenjagd waren, fanden sie im Sumpfdickicht der Rhone eine kleine hölzerne Schachtel, die sich im Schilf verfangen hatte. Und als der Graf, der sehr neugierig war, die Schachtel herausfischte, fand man in der Schachtel ein Kind.

«Mein lieber Mann», sagte die Gräfin, «hat uns nicht Gott hier einen Erben geschickt? Immer haben wir uns einen Sohn gewünscht, und nun treffen wir hier diesen Buben, der nicht Vater noch Mutter hat.» – «Ich weiß nicht», antwortete der Graf, «aber wenn du das Kind behalten willst, so sage ich nichts dagegen.»

So nahmen sie das Kind mit heim auf ihr Schloß, ließen es auf den Namen Pierre taufen und zogen es auf, als wäre es ihr eigener und leiblicher Sohn.

Solange Pierre klein war, ging alles ganz gut, aber als er zu einem hübschen Burschen herangewachsen war, wurde der Neffe des Grafen auf ihn eifersüchtig und neidisch. «Soll mir dieser Kerl, von dem man nicht weiß, wer Vater und Mutter war, die Grafschaft wegschnappen?» sagte er, «ich muß mich vorsehen.»

Nun lebte dort nicht weit von der Stadt eine Hexe mit ihrer Tochter. Zu ihr ging der Neffe des Grafen und erzählte ihr seine Geschichte und seine Sorgen um die Erbschaft.

Die Hexe hörte ihn an, dann sagte sie: «Wenn du versprichst, meine Tochter zu heiraten, dann will ich dir helfen. Pierre wird für ewige Zeiten verschwinden und aus dem Reich der Toten nicht zurückkommen, dafür gibt es schon Mittel. Und ist er erst aus dem Wege geräumt, so fällt dir auch das Erbe zu.» – «Gut, ich bin einverstanden», sagte der Neffe des Grafen, «beseitigt den Pierre und verschafft mir die Grafschaft, und ich werde Eure Tochter heiraten.»

·Da schlug die Hexe in ihrem Zauberbuch nach, und dann sprach sie zum Neffen: «Du mußt es so und so machen.»

Gesagt, getan. Der Neffe ging zu Onkel und Tante, die beide schon recht alt und gebrechlich waren, und sagte: «Hört! Ihr seid beide alt und kränklich. Ich habe jedoch gehört, in Ägypten soll es ein Wasser geben, das man Wasser des Lebens nennt. Wenn man davon ein Glas trinkt, wird man so jung wie ein zwanzigjähriger Jüngling. Wie wäre es, wenn ihr den Pierre aussenden würdet, damit er euch von diesem Wasser ein Faß voll holt?» – «Der Gedanke ist gut», sagte der Graf. – «Der Gedanke ist schlecht und gefällt mir nicht», sagte die Gräfin, die sich nicht gern von ihrem Ziehsohn trennen wollte. Aber der Graf entschied: «Ich habe damals nachgegeben, als wir den Pierre im Schilf gefunden haben. Wir haben ihn aufgenommen und großgezogen, während er sonst elend umgekommen wäre. Diesmal mußt nun du nachgeben, denn sonst müssen wir sterben. Pierre soll alles erhalten, was er für eine lange Reise braucht, und dann soll er sein Glück versuchen. Und an jenem Tag, wo er mit dem Wasser zurückkommt, will ich ihm die Krone übergeben.»

Es geschah, wie der Graf gesagt hatte. Man richtete ein Schiff, versah es wohl mit Essen und Trinken, gab dem Pierre einen Beutel voll Goldstücke und ließ ihn absegeln.

Viele Tage fuhr Pierre übers Meer, bis er nach Ägypten kam. Dort stieg Pierre vom Schiff, um sich im Hafen zu erkundigen, wo man das Wasser des Lebens finden könne. Aber soviel er auch fragte, niemand wußte es. Müde wollte Pierre zum Schiffe zurückkehren, als ihn am Kai ein Bettler um eine milde Gabe bat. Pierre, der so gut wie schön war, gab ihm eine Handvoll Silbermünzen. Der Bettler bedankte sich und sagte: «Herr, was sucht Ihr hier in diesem Lande?» – «Ach, ich suche etwas, von dem du wohl auch nicht weißt, wo es zu finden ist.» – «Und was soll das denn sein?» – «Ich suche das Wasser des Lebens. Davon soll ich ein Faß für meine Zieheltern holen.» – «Nun, mein Sohn», erwiderte der Bettler, «das Wasser des Lebens gibt es auf einem Berg weit im Süden. Man muß den Nil hinauffahren. Das ist ein weiter Weg. Aber da Ihr so freigebig mit mir Armen seid, will ich Euch helfen. Nehmt mich mit, und ich zeige Euch den Weg.»

Ihr könnt euch vorstellen, wie glücklich Pierre war, daß er einen Helfer gefunden hatte. Er nahm den Bettler mit aufs Schiff und ließ ihm einen guten Platz anweisen, als wäre es sein eigener Bruder.

Am nächsten Tag reiste man ab. Viele Tage und viele Nächte fuhr man auf dem Wasser dahin, dann war auf einmal der Fluß zu Ende. Pierre befahl dem Kapitän, ein Jahr auf seine Rückkehr zu warten, sei er dann nicht zurück, so solle man wieder in die Provence segeln, denn dann sei er nämlich ums Leben gekommen.

Darauf packte er in einen Sack, was für die Reise nützlich war, und Pierre und der Bettler stiegen vom Schiff und wanderten in die Berge hinein.

Ich weiß nicht mehr, wie viele Monate sie dahinwanderten. Sie stiegen immer höher und höher, bis sie über den Wolken waren. Und eines Abends sagte der Bettler: «Morgen wirst du am Ziel sein. Aber du mußt allein hingehen.» – «Gut, so sage mir nur, was zu tun ist!» – «Du mußt den hohen Berg, den du morgen erreichst, bis zur Spitze hinaufsteigen. Oben wirst du im Schnee ein Schloß sehen, in dem Schloß wohnt eine Nymphe. Zeige der Herrin des Schlosses diesen Ring, dann wird sie dir geben, was du wünschst.» Damit gab er Pierre einen Ring mit einem blauen Stein und verabschiedete sich. Als Pierre sich noch einmal umwandte, um ihm nachzuwinken, war er verschwunden.

Am nächsten Morgen wanderte Pierre allein weiter. Er sah bald nach Tagesanbruch einen hohen Berg, ging auf ihn zu und stieg hinauf. Es wurde fast Abend, bis er die Spitze erreichte. Und oben stand wirklich, wie es der Bettler gesagt hatte, ein Schloß.

Pierre ging um das Schloß herum, aber er konnte nirgends ein Tor oder eine Pforte finden. Und da es schon dunkelte und sehr kalt war, schlug er mit dem Knauf seines Schwertes an die Mauer, die wie Eis schimmerte. Da tat sich eine Öffnung – wie der Eingang in eine Höhle – auf, und eine Stimme sagte: «Wer stört uns hier in unserer Einsamkeit und Ruhe?» – «Ich bin es, Pierre aus der Provence.» – «Und wer hat dir den Weg hierher gezeigt?» – «Ein alter Mann hat mich geführt.» – «Und was für ein Zeichen hat man dir gegeben?» –

«Einen Ring mit einem blauen Stein hat mir der Mann gegeben.» – «So zeige ihn vor!»

Da holte Pierre seinen Ring aus der Tasche und hielt ihn in die Höhe, und von dem Ring ging ein Licht aus, und in dem Licht sah Pierre, daß jenseits der Öffnung in der Mauer ein Gang war, und er ging in den Gang hinein. Und kaum war er im Schlosse, da wurde es hell, und eine Schar Mädchen und Frauen kam. Und die vornehmste von den Frauen begrüßte Pierre und sagte: «Du hast den Ring meines Vaters und bist also unser Gast. Laß es dir hier gutgehen, und erhole dich von deinem langen Weg.»

Nach einigen Wochen, nachdem sich Pierre ausgeruht hatte, sagte er zu der Herrin des Schlosses: «Nun ist es Zeit, ich will meine Zieheltern nicht länger warten lassen, sondern ihnen vom Wasser des Lebens bringen. Aber ich sehe hier ein Mädchen, das mir sehr gut gefällt. Und dieses Mädchen hätte ich gern als Braut heimgeführt.» – «Pierre, du forderst viel», sagte die Schloßherrin, «erst willst du vom kostbaren Wasser des Lebens, und nun willst du noch eine meiner Cousinen zur Frau. Nun, wenn sie will, so habe ich nichts dagegen, denn du bist ein Freund meines Vaters. Aber das sage ich dir: wir haben hier nur alle hundert Jahre eine Hochzeit, und deshalb feiern wir auch jede Hochzeit ein Jahr lang.»

Nun, was konnte Pierre machen? Man muß sich in die Bräuche fügen. So wurde also ein ganzes Jahr lang Hochzeit gefeiert. Dann machte sich Pierre mit seiner jungen Frau auf und stieg den Berg hinab. Aber wie groß war sein Schrecken, als er wieder am Fluß ankam, denn sein Schiff war nicht mehr da.

Der Kapitän hatte ein volles Jahr gewartet, so wie ihm aufgetragen war, und dann war er den Fluß hinuntergefahren und in die Provence zurückgesegelt.

Als er zum Grafen kam, meldete er: «Herr Graf, Pierre hat mir befohlen, ein Jahr auf ihn zu warten. Käme er nicht innerhalb dieser Zeit zurück, so solle das ein Zeichen dafür sein, daß er gestorben sei. – Wir haben ein Jahr gewartet, dann sind wir heimgefahren.»

Da wurden der Graf und die Gräfin sehr traurig, denn sie glaubten, Pierre sei ums Leben gekommen. Und da sie inzwischen noch gebrechlicher geworden waren, übergaben sie ihrem Neffen die Krone und die Grafschaft und zogen sich in ein kleines Haus am Ufer der Rhone zurück.

Kaum war der Neffe des Grafen zur Herrschaft gelangt, da erschien die alte Hexe mit ihrer Tochter bei ihm und sagte: «Nun, erinnerst du dich nicht, was du versprochen hast?» – «Alte, sei nicht töricht!» entgegnete der Neffe des Grafen. «Schon in der Zeit, als ich noch nicht der Herr war, habe ich deine Tochter nicht zur Frau genommen, weil sie viel zu häßlich ist. Um so weniger werde ich sie jetzt heiraten, wo ich ein Graf bin und eine Krone trage.» – «Undankbarer! So hältst du also Verträge?» schrie die Hexe erbost, «nun, du wirst deine Strafe schon noch empfangen! Wenn du je einen Ring mit einem blauen Stein erblickst, so sollst du dich in eine Kröte verwandeln und einer Schlange zum Fraß dienen.»

Damit zog sie unter Verwünschungen mit ihrer Tochter davon, während der Neffe des Grafen höhnisch hinter ihr her lachte: «Wenn ich eine Kröte werden könnte, dann wäre ich gerade der richtige Mann für deine schöne Tochter.»

Doch sehen wir, was Pierre und seine junge Frau machen! Als sie ratlos am Ufer auf und ab irrten, erschien plötzlich jener Bettler wieder. «Nun, Pierre, wie steht es? Hast du das Wasser des Lebens?» – «Ja, ich habe ein Faß voll davon», sagte Pierre, «aber nun ist mein Schiff verschwunden, und zudem habe ich eine junge Frau, die bereits jetzt wunde Füße vom Weg den Berg herunter hat. Wie soll ich mit ihr durch die Länder wandern?»

Der Bettler betrachtete schmunzelnd die junge Frau und sagte: «Pierre, Pierre, mit deiner Handvoll Silbermünzen hast du ein gutes Geschäft gemacht! Ein Ring mit einem blauen Stein, ein Faß voll Wasser des Lebens und eine junge und wunderschöne Frau: das ist kein schlechter Tausch! Nun gut, ich will dir noch einmal helfen. Schau, was ich da im Schilf für eine Barke habe! Sie fährt von allein und findet ihren Weg auch ohne Steuermann. Freilich: diese Barke kann ich dir nur leihen, denn ich brauche sie noch selbst. Wenn du zu Hause bist, so schiebe sie ins Wasser, dann kehrt sie zu mir zurück.»

Gesagt, getan. Die junge Frau, die den Bettler zu kennen schien, umarmte ihn, und Pierre bestieg die Barke, löste das Tau, mit dem sie an einem Baum befestigt war, und die Barke setzte sich in Bewegung.

Eines Morgens, als Pierre und seine Frau die Augen aufschlugen, fanden sie sich am Ufer der Rhone vor einem kleinen Hause. Und als sie aus der Barke stiegen, kam der Hausherr heraus, und da sahen sie, daß das der alte Graf war.

«He, Frau, komm heraus!» rief der Graf, «Pierre ist nicht gestorben, sondern er steht lebendig vor unserm Haus.» – «Was für eine Freude, daß ich dich noch sehe, bevor ich sterben muß!» sagte die alte Gräfin.

«Aber was redet ihr vom Sterben?» rief Pierre aus. «Seht, hier ist das Faß mit dem Wasser des Lebens, das ich euch mitgebracht habe.» Und er brachte das Faß, füllte einen Becher mit dem Wasser, und kaum hatten der alte Graf und die alte Gräfin davon getrunken, da verwandelten sie sich in ein junges Paar, kaum einige Jahre älter als Pierre und seine Frau.

«Nun sind wir wieder jung, was, Frau?» sagte der Graf. «Aber diesmal wollen wir von unserer Jugend mehr haben! Pierre soll die Krone und die Herrschaft haben, und wir werden mit ihm und seiner schönen Frau zusammen leben wie Bruder und Schwester.»

Als der Graf, die Gräfin, Pierre und seine Frau zum Schloß kamen, war der Neffe des Grafen gar nicht erfreut, denn mit seiner Herrschaft war es jetzt vorbei. Und in seinem Grimm beschloß er, seinen Feind Pierre, den Onkel und die Tante des Nachts umzubringen; die junge Frau von Pierre aber wollte er für sich selbst behalten, denn ihre Schönheit stach ihm in die Augen.

Als es dunkel geworden war, schlich er sich in das Schlafgemach von Pierre und seiner jungen Gattin und näherte sich dem Bette, wo Pierre schlief. Schon hob er den Arm mit dem Dolch, um Pierre zu erstechen, da sah er, daß Pierre einen Ring an der Hand trug, von dessen Stein ein seltsames Licht ausging. Als er sich bückte, um den blauen Stein näher zu betrachten, wurde er plötzlich in eine Kröte verwandelt. Und als er auf den Boden sank, schoß unter dem Bett eine Schlange hervor, die sogleich die Kröte verschlang.

Pierre und seine junge Frau aber feierten zusammen mit dem Grafen und der Gräfin viele Feste.

Und dort war auch ich, und

sie aßen und tranken und schenkten sich ein,
mir aber gaben sie nur ein Gläschen Gänsewein.

11

Die Geschichte von den drei Brüdern

In den Zeiten, da Berta spann, da war einmal ein Mann, dem war seine Frau gestorben, die ihm drei Söhne hinterlassen hatte. Als diese Burschen alt genug waren, um ein Handwerk zu lernen, sandte sie der Vater in die Welt hinaus und befahl ihnen, in drei Jahren wieder daheim zu sein.

Die Söhne taten so, wie sie der Vater geheißen, wanderten durch die Welt und erlernten jeder ein Handwerk. Und als drei Jahre um waren, stellten sie sich wieder daheim ein.

Der Vater sagte zu ihnen: «Nun, so laßt einmal hören, womit ihr euch beschäftigt habt und wie ihr jetzt euer Brot verdienen wollt!»

Da antwortete der Älteste: «Ich bin ein Fischer geworden.» – «Das ist zwar nicht schlecht», sagte der Vater, «aber Fischer gibt es mehr als genug, und ob du dein Brot damit verdienen kannst, das weiß ich nicht so recht.»

Da sprach der Zweite: «Ich bin ein Jäger geworden.» – «Auch gut», sagte der Vater, «aber nährt das Gewerbe auch seinen Mann?»

Und endlich sagte der Jüngste: «Und ich habe gelernt, die Sprache der Vögel zu verstehen.» – «Was willst du denn damit anfangen? Mir scheint, ihr habt alle drei schlecht gewählt und werdet mir bis ins hohe Alter hinein auf der Tasche liegen.»

«Aber nein, Vater», sprach der Älteste, «wir sind keine gewöhnlichen Handwerker. Ich zum Beispiel kann nicht nur ein Boot lenken und Fische fangen, sondern ich versteh mich auch darauf, auf einem Fisch zu reiten.» – «Das ist schon eher etwas», entgegnete der Vater, «aber Jäger gibt es doch bei uns viel zu viele.» – «Auch ich, Vater», sagte der Zweite, «bin kein gewöhnlicher Jäger. Mit meinem Pfeil treffe ich noch eine Meile weit ein Ziel, das nicht größer ist als ein hohler Zahn.» – «Donnerwetter», antwortete der Vater, «dann bist du der beste Jäger, den es im ganzen Lande gibt. Aber da bleibt noch dein Bruder, und ich kann mir nun gar nicht vorstellen, daß es nützlich sein sollte, die Sprache der Vögel zu verstehen. Was hat man schon davon? Kannst du vielleicht sagen, was sich jene beiden Tauben da erzählen?» – «Ich will einmal hinhören», sagte der Jüngste, und er lauschte auf das Gurren der Tauben.

Und nach einer Weile sagte er: «Ich verstehe, daß die Tochter des Königs von einem bösen Zauberer geraubt worden ist. Und der König hat demjenigen die Hand seiner Tochter oder das halbe Reich versprochen, der seine Tochter befreien und zurückbringen kann.»

«Und weiß man, wohin der Zauberer die Prinzessin entführt hat?» fragte der Vater. – «Nein, man weiß nur, daß der

Zauberer um die Hand der Königstochter angehalten hat. Als ihm der König sie verweigerte, hat sich der Zauberer in einen großen schwarzen Adler verwandelt und ist übers Meer davongeflogen.»

«Auf, meine Söhne», sagte der Vater, «strengt euch an: wir müßten doch zusammen die Tochter des Königs befreien können.»

Und sie wanderten zum Palast und fragten, ob die Bedingung noch gültig sei. «Ja», sagte der König, «was ich versprochen habe, gilt: wer meine Tochter zurückbringt, kann zwischen ihr und der Hälfte des Reiches wählen.»

«Los, ihr Burschen», sagte der Vater, «strengt euern Kopf etwas an und laßt uns wissen, was wir tun können! Das Geschäft ist zu verlockend, als daß man den Versuch ausschlagen könnte.»

Da führte der Älteste den Vater und seine Brüder an den Hafen, beugte sich zum Wasser herunter und murmelte einige Worte. Und da kam ein großer, großer Fisch, der Älteste setzte sich darauf, der Vater und die Brüder hinter ihn, und ab ging die Fahrt.

Der Fisch schwamm hierhin und dorthin, aber wo sie auch nachfragten, niemand wußte, wohin der Zauberer die Tochter des Königs entführt hatte. Und als noch ein Tag an sieben Jahren fehlte, flogen zwei Möwen vorbei, und die eine rief der andern zu: «Weißt du schon, wo der Zauberer wohnt, der die Königstochter geraubt hat?» – «Nein! Wo denn?» – «Auf der Insel am Ende der Welt.»

Der Jüngste erzählte gleich, was er von den Vögeln gehört hatte, und der Älteste bat den großen, großen Fisch, sie zur Insel am Ende der Welt zu bringen. Und er trug sie hin.

«Söhne», sagte der Vater, «wenn wir am hellen Tage an der Insel landen, brauchen wir uns nicht um das Abendessen zu kümmern. Der Zauberer wird uns verspeisen, ob roh, gekocht oder gebraten, weiß ich nicht. Laßt uns lieber warten, bis es finster geworden ist, denn im Dunkeln fühlt man sich sicherer. Der Jüngste mag dann auskundschaften, wo der Zauberer ist und was er tut.»

Gesagt, getan. Kurz nachdem es dunkel geworden war, trug der Fisch seine Gäste ans Land, und der Jüngste machte sich auf, um die Nachtvögel zu belauschen, während der Vater mit den beiden andern Burschen am Strand sitzen blieb.

Der Jüngste war noch nicht weit gegangen, da hörte er, wie eine Eule zu einer andern sagte: «Der Zauberer hat sich gerade hingelegt und ist eingeschlafen. Seinen Kopf hat er in den Schoß der Königstochter gelegt. Wenn jetzt einer käme und ihm eine Fischhaut unterlegen würde, so könnte er sich mit der Königstochter aus dem Staube machen, denn der Zauberer merkte nichts.»

Da lief der Jüngste zurück und erzählte seinem Vater und den Brüdern, was er erlauscht hatte. Der Älteste aber ging zu dem großen, großen Fisch und ließ sich so eine Fischhaut geben, wie man sie für einen Zauberer braucht.

Und mit der Fischhaut machten sie sich auf, kamen zu einem kleinen Schloß, betraten einen Saal und fanden darin den Zauberer und die Königstochter. Sie weckten das Mädchen leise auf, und während der Vater und die Brüder den Zauberer aufhoben, schoben sie ihm die Fischhaut unter. Dann schlichen sie sich aus dem Saal, verließen das Schloß und liefen, so schnell sie konnten, ans Meer. Der große, große Fisch war bereits am Strande, und sie stiegen hinauf und schwammen davon.

Der Zauberer aber schlief eine Weile, dann streichelte er die Fischhaut, von der er meinte, daß es der Schoß der Königstochter sei. «Schlafe ruhig!» sagte die Fischhaut, «ich schlafe auch.»

Wieder nach einer Weile streichelte der Zauberer abermals die Fischhaut, und die sagte: «Schlafe ruhig! Ich schlafe auch.» Und der Zauberer schlief weiter.

Als es aber Tag wurde, streichelte wieder der Zauberer,

der nun schon halb wach war, die Fischhaut. Und die Fischhaut sagte: «Schlafe ruhig! Ich schlafe auch.»

Da wurde der Zauberer zornig und sagte: «Hol dich der Teufel! Wie lange willst du denn heute noch schlafen?» – «Schlafe ruhig!» sagte die Fischhaut, «ich schlafe auch.»

Da sprang der Zauberer auf, rieb sich die Augen und wollte dem faulen Mädchen einen Hieb versetzen, aber zu seinem Schrecken sah er eine Fischhaut vor sich liegen.

«O ihr Verräter», rief der böse Zauberer aus, «ihr sollt mir nicht entkommen!»

Und er verwandelte sich sogleich in einen schwarzen Adler und flog wie ein Pfeil durch die Luft.

Die Flüchtlinge hatten zwar einen schönen Vorsprung, aber ein Adler ist nun einmal schneller als ein Fisch, und es dauerte nicht lange, da sah die Königstochter, als sie sich umwandte, den Verfolger. «Wir sind verloren!» rief sie, «der Zauberer kommt.»

«Keine Angst!» sagte der Zweite, «meine Brüder haben ihren Teil getan, nun komme ich an die Reihe.»

Und er nahm seinen Bogen und schoß dem Zauberer einen Pfeil ins Herz, obwohl der Adler noch eine Meile weit weg war. Der Zauberer stürzte ins Meer, wo ihn die Haifische auffraßen.

Der große, große Fisch aber brachte die Königstochter, den Vater und die drei Brüder heil in ihre Heimat zurück.

Als der König seine Tochter wiedersah, war die Freude groß. Er umarmte seine Tochter und fragte die vier: «Was wollt ihr, meine Tochter oder das halbe Reich?»

Da nahm der Vater seine Söhne beiseite und sagte: «Dumm werden wir sein und nur das halbe Reich nehmen, wo wir das ganze haben können. Es ist ja klar: nimmt einer von uns die Königstochter, so fällt mit ihr früher oder später uns auch das Reich zu.»

Da gingen die vier zum König und sagten: «Majestät, Eure Tochter!»

Der König schaute einen nach dem andern an, und dann sprach er: «Ja, ihr seid vier. Ich kann doch meine Tochter nicht gleichzeitig mit vier Männern verheiraten! Sagt mir, was ein jeder von euch für die Befreiung meiner Tochter getan hat, und dann werde ich sie demjenigen geben, der sie am meisten verdient.»

Da sagte der Älteste: «Herr, die Prinzessin gebührt mir, denn ohne den Fisch wären wir nie zur Zauberinsel am Ende der Welt gekommen.»

Und der Zweite sagte: «Herr, die Prinzessin gebührt mir, denn hätte ich den Zauberer nicht erschossen, so wären wir jetzt alle nicht hier.»

Und der Jüngste sagte: «Herr, die Prinzessin gebührt mir, denn hätte ich nicht dreimal die Sprache der Vögel richtig gedeutet, so wüßten wir nicht, wie wir sie hätten befreien können.»

Da sagte der Vater: «Herr, die Prinzessin gebührt mir, denn hätte ich nicht diese tapferen Söhne gezeugt, und hätte ich sie nicht gewarnt, die Insel bei Tageslicht zu betreten, so säße die Prinzessin noch heute auf der Insel beim Zauberer.»

Der König dachte hin und dachte her. Und endlich sagte er: «Ihr lieben Leute! Eure Verdienste sind fast gleich groß. Aber mir will scheinen, was euer Vater gesagt hat, stimmt. Ohne ihn hättet ihr kein Leben. – Und wenn ich es so recht bedenke: meine Tochter ist nicht mehr die Jüngste. Euer Vater soll sie zur Frau haben, und so erhalte ich gleich drei tapfere Enkel auf einen Schlag. Und an hübschen Mädchen fehlt es bei uns nicht, so werdet ihr auch noch zu Frauen kommen.»

Und wie es der König gesagt hatte, so geschah es, und es gab eine fröhliche Hochzeit.

12

Der Diamant

In den Zeiten von Baibi-Babó lebte ein armer Mann aus Mentone, der drei Töchter hatte, die er verheiraten wollte. Ein Mann, der nur in der Nacht ausging, kam einmal zu ihm und bat ihn um die Hand einer seiner Töchter. Die Älteste wollte jedoch von jenem Mann nichts wissen, und auch die Zweite lehnte den Heiratsantrag ab, aber die Jüngste sagte: «Ich will ihn heiraten.»

Sogleich wurde Hochzeit gefeiert.

Als das Brautpaar allein war, sagte der Mann: «Ich muß dir ein Geheimnis anvertrauen. Ich bin von Hexen verwünscht worden und dazu verdammt, tagsüber als Schildkröte herumzulaufen, und nur des Nachts kann ich menschliche Gestalt annehmen. Nur unter einer Bedingung kann ich von diesem Zauber erlöst werden: wenn sich ein junges Mädchen entschließt, mich zu heiraten, in die Welt hinauszuwandern und für eine bestimmte Zeit aus Liebe zu mir alle Unbill zu ertragen, die ihr das Schicksal auflädt. Nur so kann ich wieder ein hübscher junger Mann werden.» Die Frau erklärte sich bereit, dieses Opfer für ihren Mann auf sich zu nehmen.

Als sie sich fertig machte, um ihre Wanderung anzutreten, nahm ihr Gatte einen Diamanten, gab ihn ihr und sagte: «Bediene dich dieses Steins in jeder schwierigen Lage!»

Dann reiste sie ab. Auf dem Wege begegnete sie einer armen Bettlerin mit einem weinenden Kinde. Sie sagte zu der Bettlerin: «Gute Frau, gebt mir Euer Kind, und ich werde machen, daß es zu weinen aufhört!» – «Das ist unmöglich», erwiderte die Bettlerin, «es weint seit heute morgen und hört nicht auf.»

Aber sie gab ihr doch das Kind, und die junge Frau nahm es auf den Arm und murmelte: «Ich wünsche, daß durch die Kraft dieses Diamanten das Kind zu weinen aufhört!»

Da hörte das Kind sofort auf zu weinen und lachte sogar.

Die junge Frau aber nahm ihren Weg wieder auf, wanderte weiter und kam endlich zu einer Bäckerei, wo sie eintrat und zur Meisterin sagte: «Wollt Ihr mich nicht als Dienstmädchen nehmen? Ihr würdet es nicht bereuen.»

Man nahm sie in Dienst und machte sie zur Verkäuferin.

Am nächsten Morgen, ehe sie ihren Dienst antrat, sagte sie zum Diamanten: «Ich wünsche, daß durch die Kraft dieses Diamanten alle Leute kommen, um – solange ich hier Verkäuferin bin – in diesem Laden ihr Brot zu kaufen!»

Es geschah so, wie sie gewünscht hatte, und zur großen Verwunderung strömten die Leute herzu, um gerade in dieser Bäckerei ihr Brot zu kaufen.

Eines Tages kamen unabhängig voneinander drei junge Burschen, die sie darum baten, mit ihr eine Nacht in ihrer Kammer verbringen zu dürfen. Der erste bot ihr zweitausend Goldstücke, die andern beiden je tausend Goldstücke.

«Gut», sagte die junge Frau, «ihr sollt die Erlaubnis dazu haben.» Und sie vereinbarte mit den drei Burschen die Zeit ihres Stelldicheins.

Am Abend kamen die drei jungen Männer, einer nach dem andern. Die Schöne sagte zum ersten: «Während ich den Hefeteig bereite, sieb mir dieses Mehl durch!»

Dann sagte sie zu dem zweiten Burschen: «Zünde das Feuer an und blase, daß es richtig brennt!»

Und zum dritten der Burschen sagte sie: «Mach die Türe zu!»

Dann murmelte sie zu ihrem Stein: «Ich wünsche, daß durch die Kraft dieses Diamanten keiner mit seiner Arbeit vor dem Morgen fertig werde!»

Und so geschah es. Und die junge Frau legte sich ruhig ins Bett und schlief, während die drei Burschen die ganze Nacht bei ihrer Arbeit verbrachten. Am andern Morgen aber beklagte sich die Schöne über den Lärm, den die drei die ganze Nacht gemacht hätten, und jagte sie aus dem Hause.

Die drei gingen ganz beschämt nach Hause und schwuren Rache. Sie machten sich auf zur Polizei, um die Schöne wegen Betrugs zu verklagen. Und nachdem man sie angehört hatte, schickte man vier Polizistinnen, um die böse junge Frau zu verhaften.

Aber als die junge Frau die Politessen kommen sah, sagte sie: «Ich wünsche, daß durch die Kraft dieses Diamanten diese Frauen sich gegenseitig verprügeln bis morgen früh!»

Und so geschah es, und die armen Polizistinnen mußten sich gegenseitig Schläge und Ohrfeigen geben. Und ganz zerrauft kamen sie zur Polizeistation zurück. Da schickte man drei Polizisten zu ihrer Hilfe aus, um die junge Frau zu überwältigen.

Als die Besitzerin des Diamanten sie kommen sah, murmelte sie: «Ich wünsche, daß durch die Kraft dieses Diamanten diese drei Polizisten schreien, sich schlagen und raufen bis morgen in der Früh!» Und so geschah es, und die drei schlugen sich ganz fürchterlich.

Und endlich sprach die junge Frau ein letztes Mal zu ihrem Stein, um sich aus dem Staub zu machen: «Ich wünsche, daß ich durch die Kraft dieses Diamanten in das Haus meines Mannes gebracht werde!»

Und als sie daheim war, sah sie, daß ihr Gatte, der sie schon lange erwartete, die Gestalt eines schönen, jungen Mannes angenommen hatte. Und sie lebten glücklich viele Jahre lang und hatten eine Menge Kinder.

13

Die Flöte von Meyot, dem Hirten

Ihr Großen dürft die Schwäche der Kleinen nicht mißbrauchen, denn auch der kleinste aller Vögel hat noch seinen unsichtbaren Beschützer. Das zarteste aller Kinder kann früher oder später das Mittel finden, jene zu bestrafen, die ihm einst Leiden brachten.

Es waren einmal ein Mann und eine Frau, die ohne Kinder blieben, trotz Zuflucht bei Weisen, trotz Wallfahrten nach Garaison, nach Betarram und Saint-Bertrand de Comminges. Es stimmt, daß sie sich immer sehr anspruchsvoll zeigten, wenn sie beteten. Sie wollten einen Sohn haben und noch dazu den gescheitesten aller Burschen, den man seit dem Tode des Königs Salomo auf der Erde gesehen hat.

Als der verhängnisvolle Zeitpunkt eintraf, wo sie alle Hoffnung aufgeben mußten, mäßigten sie sich in ihren Wünschen und begnügten sich mit der Bitte zu Gott um ein Kind, wie es eben sein konnte, und wäre es auch nur die Hälfte eines fünf Fuß großen Geschöpfes.

Das Schicksal gab sich mit diesem Zeichen der Demut zufrieden, und einige Monate später wurde in dem bislang verfluchten Haus ein Sohn geboren. Er war jedoch so klein, so klein, daß man ihm den Namen Meyot verlieh, was soviel heißt wie halber Mensch. Der Namensgeber hatte einen guten Einfall, denn mit fünfzehn Jahren war das Kind nicht größer als ein Wachhund, und seine Eltern verstanden gut, daß er sein Leben lang nur als einfacher Schafhirte das Vieh auf die Weide werde treiben können.

Wir müssen jedoch noch schnell hinzufügen, daß es ihm weder an Fleiß noch an Klugheit fehlte. So war es leicht, ihn auf einem großen Hof unterzubringen, wo er ungefähr zwanzig Stück Hornvieh zu hüten hatte.

Man soll jedoch die Dinge nicht nach ihrem äußeren

Schein beurteilen. Meyot merkte sofort, daß sein Arbeitsplatz ziemlich schlecht war. Der Bauer und die Bäuerin waren ebenso geizig wie komisch, und sie verbrachten die Tage damit, Meyot zu schelten und zu schlagen. Dies wäre noch gegangen, wenn das Essen ihn dafür entschädigt hätte. Aber verschimmeltes Brot und eine magere Wassersuppe trugen dazu bei, daß es der Hirt in seiner Stellung genausowenig aushalten konnte wie der verlorene Sohn im Schweinestall.

Gott sei Dank, daß ein Tag nicht wie der andere verläuft! Der Mond verändert jeden Abend sein Gesicht, und nun war Meyot an der Reihe, dem er freundlich zulächelte.

Als Meyot eines Tages am Ufer eines Baches die Kühe hütete, sah er ein altes Weiblein seiner Größe, das eine seichte Stelle suchte, um durch das Wasser zu waten.

«Kleiner Hirte, der du die Kühe hütest», rief sie ihm mit der dünnen Stimme eines Zaunkönigs zu, «könntest du mir nicht über das Wasser hinüberhelfen?»

Meyot eilt zu Hilfe, krempelt seine Hosen hoch, läßt das alte Weiblein auf seine Schultern klettern, überquert den Bach und setzt sie am anderen Ufer wieder auf festen Boden.

«Du hast mir einen großen Dienst erwiesen, mein junger Freund», sagt das Weiblein und macht eine tiefe Verbeugung vor ihm. «Was kann ich dir dafür als Dank geben?»

«Ganz und gar nichts!» antwortet Meyot. «Es macht mir Vergnügen, Gutes zu tun, und ich verlange niemals eine Belohnung. Meine große Armut wäre eine schlechte Entschuldigung dafür, daß ich habsüchtig wäre.»

«Diese Großzügigkeit gefällt mir! Sprich einen Wunsch aus, und ich werde mich beeilen, diesen zu erfüllen!»

«Willst du einen meiner Wünsche erfüllen, du Hübsche, so bringe mir eine kleine Flöte, mit der ich die Hirten und Hirtinnen auf der Weide zum Tanzen bringe. Das Haus, in dem ich wohne, ist so traurig, daß ich gerne etwas Kurzweil finden würde, fern von der Aufsicht meiner Herren.»

«Dein Wunsch ist natürlich und bescheiden, und ich bin

glücklich, ihn zu erfüllen. Hier gebe ich dir deine Flöte», antwortete das Weiblein und zog sie aus seinem Hemd. «Dieses Instrument hat eine solche Zauberkraft, daß ihm kein Lebewesen wird zuhören können, ohne zu tanzen und weiter zu tanzen, bis du geruhst mit dem Spiel aufzuhören.»

Das Weiblein verschwindet. Meyot ist über die wunderbare Gabe sehr erfreut und beeilt sich, das Instrument auszuprobieren und die Kräfte auszukunden, die das Weiblein ihm verliehen hat. Er führt die Flöte an den Mund, er pfeift, und sofort heben die Ochsen ihre Köpfe und hören die Kühe auf zu grasen. Sie schauen einander an, zucken zusammen, hüpfen und beginnen dann diesen gemeinsamen Tanz, den sich die Tiere gewöhnlich nur an brennenden Sommertagen erlauben, wenn sie die Bremsenstiche durch die Felder und Sümpfe jagen. Meyot ist glücklicher, als er sich je vorgestellt hatte, aber fürchtet schließlich, daß sie sich in den Fluß stürzen könnten. Er verbirgt seine Flöte unter seiner Jacke und verspricht sich, mehr als einmal damit zu spielen, aber erst im geeigneten Augenblick.

Plötzlich ertönt ein Schuß hinter seinen Ohren. Er dreht sich um: es war der Herr Bürgermeister; er hatte soeben nach Ringeltauben geschossen. Und Meister Meyot hatte doch mit Herrn Bürgermeister ein Hühnchen zu rupfen, wegen einer Kuh, die es sich erlaubt hatte, in seinen Hinterhof einzudringen, und für die der Hirt zwölf Strafmünzen hat bezahlen müssen.

«Kannst du mir sagen, ob ich die Ringeltaube getroffen habe?» fragte der Jäger den kleinen Flötenspieler.

«Aber sicher, Herr Bürgermeister, Ihr seid ein viel zu geschickter Schütze, als daß Ihr Euer Wild nicht treffen würdet.»

«Aber wohin ist sie denn gefallen? Ich habe es nicht sehen können wegen des Rauches.»

«In dieses Stechpalmengebüsch, Herr Bürgermeister.»

Der Bürgermeister geht bis zu den Sträuchern vor:

«Ich sehe nichts, mein lieber Meyot.»

«Noch einige Schritte vor ins Dickicht, und Ihr könnt sie erfassen.»

Der Bürgermeister beseitigt mit Mühe das Buschwerk und dringt vor. Sobald er richtig in den Dornen steckt, nimmt Meyot seine Flöte und spielt das «Coum ten ba l'aoueillado l'aouellé». Und plötzlich beginnt der Herr Bürgermeister, trotz seiner Absicht sich inmitten eines solchen Dickichts ruhig zu verhalten, in den Dornen im Kreis zu tanzen.

«Wo ist sie nur? Oh, Barmherziger... versteckt sich denn der Teufel in diesem Gebüsch? Meine armen Hände, mein armes Gesicht!»

Er wäre zerfetzt worden wie der Heilige Barthélémy, hätte Meyot nicht – mit dieser Rache zufrieden – sein verhängnisvolles Instrument in die Tasche gesteckt, um dem Zerrissenen Hilfe zu leisten.

Während der Bürgermeister sich am Brunnen wusch, ohne seine Ringeltaube gefunden zu haben, führte Meyot sein Vieh in den Hof zurück, um zu Mittag zu essen. Die Bäuerin verteilte den Maisbrei in ein Dutzend Schalen, die wie üblich um den Topf herumstanden, der mitten in der Küche war. Sobald das böse Weib die Holzschuhe des Hirten klappern hört, läßt sie ihm sein übliches Maß an Beschimpfungen zuteil werden, wirft ihm vor, faul und nichts wert zu sein und das Vieh vor Hunger umzubringen, weil er es zu früh einsperrt. Sie droht ihm auch damit, daß sie ihm seinen Brei nicht geben würde und auch keinen Löffel Suppe.

‹Gibst du mir nichts, so könnte es leicht vorkommen, daß du selber auch nichts davon ißt›, dachte sich Meyot, ohne daß er wagte, es laut zu sagen.

Der Bauer, der auch gerade heimkommt, fährt mit den Beschimpfungen der Frau fort. Meyot wird erneut als fauler Nichtsnutz gescholten, und man beschließt, ihm zum Essen nicht einmal Brot zu geben.

«Gebt ihr mir nichts, so könnte es wohl vorkommen, daß

ihr selber nichts davon eßt», sagt er diesmal ziemlich laut, damit ihn alle hören. Und dann nimmt er seine Flöte und bläst sein «Coum ten ba l'aoueillado l'aouellé», so laut es sein Instrument nur spielen kann. Da fängt das Ehepaar gegen seinen Willen plötzlich im Kreise zu tanzen an, so wie sie es seit dem Tage ihrer Hochzeit nicht mehr getan haben; die Bäuerin war gerade noch gebückt und springt jetzt mit dem Schöpfer in der Hand über die Teller voll Brei, so daß sie sie in tausend Scherben zerschlägt. Der Bauer, mit Holzschuhen an, macht das gleiche mit dem Kochkessel und zerstampft das Geschirr in Staub. Der zertretene Brei bildet nur mehr einen weißgrauen Schlamm, der von Staub und Dreck bedeckt wird, und die tollen Tänzer zerstampfen ihn unaufhörlich weiter.

Meyot steckt endlich sein Instrument wieder in die Tasche zurück und will gerade aus vollem Hals über das Schauspiel seiner Rache lachen, als der ganz zerkratzte Herr Bürgermeister auf der Schwelle erscheint. Da entflieht der Hirt in den Stall.

«Was soll das?» fragt der Herr Bürgermeister, den der Lärm angelockt hatte. «Wer hat euch erlaubt einen solchen Lärm zu machen? Seit wann zerbrechen sparsame Bauern ihr Geschirr und schütten den Brei auf den Boden?»

«O Herr Bürgermeister, eine verwünschte Flöte, die wahrscheinlich der Teufel spielte, hat unsere Beine so sehr zum Zucken gebracht, daß es uns unmöglich war, sie zu zähmen! Aber Ihr, Herr Bürgermeister, woher kommt Ihr so blutbedeckt und voller Kratzer?»

«O meine lieben Freunde, ich muß das gleiche sagen wie ihr! Eine verwünschte Flöte, die zweifellos Vater Satan selbst spielte, hat mich gegen meinen Willen zum Tanzen gebracht, und dies inmitten eines Dornenbusches.»

«Kennt Ihr den Bläser dieses teuflischen Instruments?»

«Das ist euer Meyot, meine Freunde! Ein unverschämter Kerl, den ich unverzüglich bei Gericht anzeigen werde.»

«Unser Meyot! O Herr Bürgermeister! Der verdient es eingesperrt zu werden, nicht wahr, dafür, daß er so gute Leute in eine solche Verwirrung gebracht hat!»

«Aufgehängt zu werden, meint ihr, dafür, daß er sich auf diese Weise über den Herrn Bürgermeister lustig gemacht hat!»

Gesagt, getan. Meyot wurde somit schuldig gesprochen wegen der Beleidigung und Mißhandlung seines Herren, seiner Herrin und des Ortsoberhauptes und auf Befehl des Amtmannes festgenommen, eingekerkert, verhört und dazu verurteilt, seinerseits am Ende der Schnur zu tanzen, die am Galgen hängt.

Der verhängnisvolle Tag der Hinrichtung naht heran, der Henker richtet das Schafott auf dem öffentlichen Platz auf. Der Bauer, die Bäuerin und der Bürgermeister wollen selber zuschauen, wie er gehängt wird, und nehmen dazu die besten Plätze ein. Alles ist für die Hinrichtung mit äußerster Sorgfalt vorbereitet: Meyot hat die Hände gebunden, vier Sicherheitswachen geben ihm zu Pferde das Ehrengeleit. Schnur und Galgen sind für die Feierlichkeit eigens angefertigt. Nur eines hatte man vergessen, nämlich dem Schuldigen die Flöte abzunehmen.

Am Schafott angelangt, bittet Meyot den Henker, sein letztes Gebet machen zu dürfen. Der Henker, der das Brot seiner Kinder damit verdiente, daß er die Leute von einer Stange herunter des Nötigsten beraubte, war trotz seines Berufs ziemlich gutmütig. Er erhörte Meyots Bitte und sagte zu sich:

«Immerhin ist es ärgerlich, einen Menschen hängen zu müssen, dessen einziges Verbrechen es ist, Flöte gespielt zu haben, ohne daß ihn jemand darum gebeten hat.»

Meyot kniet sich also nieder, und während der Henker die Schnur einfettet, führt er die Flöte an seinen Mund und bläst sein schreckliches «Coum ten ba l'aoueillado l'aouellé».

Da plötzlich fangen der Henker, die Sicherheitswache, der

Bauer und die Bäuerin wie toll im Kreis zu tanzen an. Der Henker wird hoch von dem Schafott heruntergeworfen, bricht sich das Bein und renkt sich den Arm aus. Der Bauer verzerrt sich den Fuß, die Bäuerin fällt auf das Gesicht und bricht sich die Schneidezähne aus; der Bürgermeister will sich gegen einen Baum stützen und stößt auf einen Haken im Stamm, wo die Wäscheleinen befestigt werden; seine Krawatte verfängt sich, und da er weitertanzt, wird der Knopf immer enger, bis ihm die Zunge heraushängt. ...Was wird noch alles geschehen? Lieber Gott! Meyot bläst immer weiter.

Zum Glück (man kann sich ruhig über das Unglück beklagen, das Glück mischt sich in alle Angelegenheiten hinein) erscheint das alte Weiblein vom Bach plötzlich neben dem unversöhnbaren Musiker:

«Nimm ihm die Flöte ab! Entzieh ihm dieses verwunschene Instrument!» schreien die Bäuerin und der Henker. «Dem Herrn Bürgermeister hängt bereits die Zunge heraus!»

«Warum sollte ich sie ihm abnehmen?» antwortete die Fee, «meine Flöte bringt nur jene Leute zum Tanzen, welche unter einem hartnäckigen Laster leiden, so etwa an Geiz, an Bosheit. Meyot mag also ruhig blasen, denn wer ein gutes Gewissen hat, braucht nicht das Tanzen zu fürchten.»

Trotz der beruhigenden Worte der Fee tanzten alle weiter. Die Bäuerin verspricht bereits, daß sie Meyot nicht mehr das Essen verweigern will, das sie ihm schuldet: und plötzlich nimmt ihr Tanz ein Ende. Der Bauer schwört, daß er ihn nie mehr schimpfen und schlagen wird, und auf einmal steht er auf seinen Füßen still. Der Bürgermeister versichert, daß er keinen Schadenersatz mehr verlangen wird für einen Ochsen, der unschuldig in seinen Hof kommt, und siehe da: seine Krawatte löst sich. Er kann wieder leichter atmen. Der Henker ruft aus vollem Hals sein Versprechen aus, er werde niemanden mehr erwürgen. Auch er hört auf, wie besessen herumzuspringen. Nach diesen und ähnlichen Versprechungen wird Meyot von den Fesseln befreit und zum Hof zurückgerufen. Der Bauer verzeiht es ihm, daß er ihn so hat tanzen lassen, und Meyot verzeiht es ihm, daß er ihn hat henken lassen wollen. Die gute Fee glaubt jedoch nicht an die endgültige Besserung der alten Sünder, und sie fügt der Zauberflöte die Eigenschaft hinzu, durch nichts mehr vom Beutel des Schäfers weggenommen werden zu können. Da sind fortan die Widerspenstigen gezwungen, großzügig und duldsam zu sein, aus Furcht, Meyot könnte sonst das Pfeifchen an den Mund führen. Furcht war oft schon die beste Nachhilfe für Ehrlichkeit. Jeder blieb auf seiner Hut.

Dennoch behauptet man, daß Meyot des öfteren sein Instrument aus seinem Etui ziehen mußte. Aber der Anblick allein genügte, um eine heilsame Furcht auszulösen. Er war nicht mehr gezwungen, den Bürgermeister in den Dornen tanzen zu lassen oder seine Herren auf dem Geschirr. Friedlich konnte er sein Vieh hüten und die Bäuerin kochte keinen Brei mehr, ohne ihm reichlich davon zu geben. Jeden Tag bekam er seine Suppe, und sein Stück Suppenhuhn jeden Sonntag. Sind alle Geizhälse durch das Abenteuer des kleinen Meyot gezüchtigt worden? Man behauptet das Gegenteil.

14

Der Querpfeifenspieler

Es war einmal ein Bub, und der war geschickt in vielen Dingen. Vor allem aber war er ein sehr guter Bläser: Man fand keinen besseren zum Querpfeifenblasen. Und da er oft zum Tanz aufspielte, bald hier, bald dort, um sich ein paar Kreuzer zu verdienen, nannte man ihn meistens einfach den Querpfeifenspieler. Als er eines Tages am Flußufer entlang von einer Veranstaltung nach Hause kam, bemerkte er zu seinen Füßen einen großen Hecht, der mit offenem Mund auf dem Sande ausgebreitet lag und schon halb tot zu sein schien.

«Gott behüte dich, Querpfeifenspieler!» sagte der Fisch.

«Gott behüte dich, Hecht», sagte der andere.

«Würdest du mir einen Dienst erweisen?»

«Warum nicht, wenn ich es kann?»

«Vorhin bin ich beim Springen aus dem Fluß hinausgefallen, hier werde ich, wie du siehst, umkommen müssen, wenn du mir nicht zu Hilfe kommst. Gib mich wieder ins Wasser zurück, ich bitte dich darum. Solltest du dich je in Verlegenheit befinden, so werde auch ich meinerseits für dich tun, was ich kann!»

«Was wirst du denn je für mich tun können?» sagte lachend der junge Mann.

«Man kann es nicht wissen!» sagte der Hecht.

Der Querpfeifenspieler hob den Fisch auf, gab ihn in den Fluß zurück und setzte dann seinen Weg fort. Pfeifend entfernte er sich. Ein wenig weiter hörte er noch eine andere Stimme neben sich: «Querpfeifenspieler, Gott behüte dich!»

Der Bursche sah zu seinen Füßen an die Stelle, von der die Stimme kam. Schließlich bemerkte er auf dem Sand eine verletzte Ameise. Es kam ihm vor, als könne sie nicht mehr weiter, sie schleppte sich nur noch so.

«Ameise, Gott behüte dich!» sagte er.

«Ich möchte dich um einen Gefallen bitten.»

«Nur zu, ich werde sehen, was ich für dich tun kann.»

«Ich habe mir weh getan und kann nicht mehr gehen. Ich werde hier sterben, wenn du dich nicht meiner erbarmst. Ich bitte dich, trag mich zum Ameisenhaufen. Wenn du eines Tages Hilfe brauchen solltest, werde ich mich daran erinnern, was du für mich getan hast.»

«Was glaubst du, daß ich je von dir werde erwarten können, armes Tierchen!»

«Wie willst du das wissen!» sagt die Ameise.

Der Querpfeifenspieler hob sie auf, wie er es auch mit dem Fisch getan hatte, und trug sie einige Schritte weiter auf den Ameisenhaufen.

Dann ging er weiter, ohne länger nachzudenken. Bald darauf kreuzte eine Biene seinen Weg.

«Querpfeifenspieler, Gott behüte dich!»

«Gott behüte dich, Biene!»

«Würdest du mir einen Gefallen tun?»

«Warum nicht, wenn ich kann.»

«Gerade hab ich mir einen Flügel zerrissen und kann nicht mehr weiterfliegen. Beim Himmel, trag mich zum Wabenstock zurück, und laß mich hier nicht liegen! Vielleicht, daß ich es dir eines Tages vergelten kann.»

«Ach Ärmste, wann immer du willst, aber was wirst du je für einen Menschen tun können?»

«Wer weiß», antwortete die Biene.

Der Querpfeifenspieler bückte sich, hob sie mit äußerster Sorgfalt auf und trug sie zum Wabenstock zurück, der sich ganz in der Nähe befand. Dann nahm er seinen Weg wieder auf und kam zu Hause an.

Dieser Bursche war so geschickt und hatte im Geschäft immer so großes Glück, daß gewisse Leute meinten, es stecke etwas dahinter und daß er sicherlich ein Zauberer sein müsse. Und wie auch anders? Er führte alles aus und zu Ende, was ihm gerade durch den Kopf kam. Und so redete man über ihn. Und eines Tages hörte der König von alldem und ließ ihn wissen, daß er ihn sofort aufsuchen müsse, und zwar gleich, in gewissen Angelegenheiten.

Dieser Befehl überraschte den Querpfeifenspieler sehr. Er hatte große Angst, daß dies nichts Gutes bedeuten würde, aber was tun, wenn der König spricht? Da kann man nur gehorchen. Ohne zu zögern brach er also auf, und als er im Königsschloß angekommen war, sprach der König:

«Man versicherte mir, daß du eine sehr große Macht hättest und alles zu Ende brächtest, was du dir in den Kopf setztest. Jetzt will ich wissen, was es damit auf sich hat. Siehst du diesen Schlüssel? Das ist der Schlüssel zu meiner Schatzkammer. Ich werde ihn in den Fluß werfen, und in einer Stunde mußt du ihn mir zurückgebracht haben. Hast du ihn mir bis in einer Stunde nicht wiedergebracht, so will ich dich hängen.»

Bei diesen Worten erhebt sich der König, geht an das Fenster und wirft den Schlüssel geradeaus, mitten in die Adour, die dort fließt.

‹Jetzt bin ich verloren!› dachte der Querpfeifenspieler. ‹Niemand in der Welt wird diesen Schlüssel wiederfinden können.›

Er nahm Abschied, ganz traurig und mit gesenktem Kopf. Er fing an, dem Fluß nach auf und ab zu gehen, ohne recht zu wissen, was tun. Vergebens grübelte er nach und zermarterte sich das Gehirn. Der arme Bursche fand kein Mittel, sein Leben zu verlängern. Als er so dahinging, sah er plötzlich einen großen Hecht, der die Fluten teilte und zu ihm herkam. Nahe am Ufer angelangt, begann der Hecht zu sprechen:

«Was ist heute los mit dir, Querpfeifenspieler? Du bist gar nicht heiter, will mir scheinen.»

«Was soll mit mir los sein?» antwortete der andere. «Man kann auch nicht immer lachen.»

«Du bist so nachdenklich, das ist doch nicht umsonst. Ich will wissen, was dich quält.»

«Wenn du so sehr darauf bestehst, so kann ich es dir schon sagen. Daran wird sich doch nichts mehr ändern. Der König hat mich gerufen, er hat den Schlüssel seiner Schatzkammer mitten in die Adour geworfen und zu mir gesagt, daß er mich hängt, wenn ich ihm nicht bis in einer Stunde diesen Schlüssel zurückbringe. Soll ich mich da noch freuen?»

«Wenn es sich nur darum handelt», sagt der Hecht, «mach dir keine Sorgen mehr. Ich kann dir helfen. Erinnerst du dich noch, wie du mich halbtot am Ufer des Flusses gefunden hast und ich dich bat, mich ins Wasser zurückzuwerfen? Du hast es getan und hast mir damit das Leben gerettet. Heute will ich das gleiche für dich tun.»

Gesagt, getan, und der Hecht dreht sich und taucht tief ins Wasser. Nach einem kurzen Augenblick ist er wieder zu sehen, kommt an das Ufer und hält den Schlüssel in seinem Maul.

Wie glücklich ist da der Bursche! Das ganze Gold der Erde hätte ihm keine größere Freude bereitet. Er nimmt den Schlüssel und dankt dem Fisch herzlich. Ohne Zeit zu verlieren, läuft er zum König und übergibt ihn ihm.

«Das ist sehr gut», antwortet ihm der König. «Da ist nichts dazu zu sagen. Ich sehe, daß du kein Dummkopf bist, aber damit bist du noch nicht zu Ende. Jetzt will ich einen Sack voll Hirse in den Wald verstreuen, mitten unter das Gebüsch, und wenn du in einer Stunde die ganze Hirse nicht aufgelesen hast, wartet auf dich nur der Galgen.»

Dann rief der König seinen Diener und gab ihm den Befehl, in der Vorratskammer einen Sack Hirse zu holen und ihn im Wald im größten Dickicht zu verstreuen. Der Befehl wurde ohne Verzögerung vollstreckt.

Schon wieder war der Querpfeifenspieler sehr besorgt.

‹Der König will meinen Tod›, dachte er. ‹Dieses Mal werde ich mich nicht durchbringen. Wer könnte auch eine solche Aufgabe erfüllen?›

Dennoch ging er in Richtung des Waldes und setzte sich traurig nieder, den Kopf in die Hände gestützt und ganz betrübt über sein Unglück. Wie er so dasaß und nachdachte, den Blick auf die Erde geheftet, bemerkte er eine Ameise, die vor ihm war und ihn anzuschauen schien. Und diese Ameise fing an zu sprechen:

«Heute bist du aber sehr düster, Querpfeifenspieler! Dürfte ich wissen, was los ist?»

«Was sollte los sein?» antwortete der Bursche. «Und wenn ich schon Kummer hätte, was würde es mir nützen, es dir zu sagen?»

«Mehr als du nur glaubst, vielleicht. Erzähl mir nur, was geschah.»

«Wenn du schon darauf bestehst, werde ich es dir sagen. Der König hat einen Sack Hirse im Gestrüpp mitten im Wald ausgestreut. Dazu verkündete er mir, er würde mich hängen lassen, wenn ich nicht die ganze Hirse bis auf das letzte Korn auflese. Ich sehe wohl, daß mein Leben zu Ende ist.»

«Und das ist alles?» antwortete die Ameise. «Nun denn, mein Freund, vergiß deine Traurigkeit, ich kann dich aus der Verlegenheit retten. Erinnerst du dich noch an den Tag, wo ich deiner Hilfe bedurfte? Ich war verletzt und konnte nicht mehr gehen. Du hast mich dann auf den Ameisenhaufen zurückgetragen. Ohne dich wäre ich schon tot, und ich habe es nicht vergessen und will jetzt meinerseits dir das Leben retten.»

Kaum war sie zu Ende, verschwand sie vor seinen Augen, und als sie nach kurzer Zeit wiederkam, zogen alle Ameisen vom Ameisenhaufen hinter ihr her. Sofort breiteten sie sich nach allen Richtungen des Waldes aus und fingen an, die Hirse zusammenzutragen. Der Bursche brauchte also nur seine Arme zu kreuzen und zuzusehen. Im Handumdrehen war alles aufgelesen, und als der König kam, um nachzusehen, war er neuerdings sehr überrascht, alles so vorzufinden, wie er es befohlen hatte. Da sagte er zum Querpfeifenspieler:

«Das ist gut, mein Bursche, sogar sehr gut, dir sitzt der Teufel zwischen den Augen. Nicht zu unrecht lobt man dich. Aber noch ist es nicht zu Ende. Jetzt folgendes: ich habe drei Töchter, alle drei sind sehr schön und einander so ähnlich, daß ich sie selbst kaum auseinanderkenne. Eine von ihnen ist in dich verliebt. Morgen werde ich sie zum Heiligen Abendmahle führen, und wenn sie in der Kirche sind, wirst du mir vor allen Leuten sagen müssen, welche dich liebt. Wenn du es errätst, wird sie deine Frau werden, wenn du dich täuschst, wirst du gehängt.»

Der arme Querpfeifenspieler war verlegener denn je. Eine

Königstochter heiraten, das ist es nicht, was ihm Sorge machte. Aber nie hatte er auch nur eines der Mädchen gesehen, weder von fern noch von nah. Wie sollte er jene erkennen, die ihn liebte? Traurig wendete er sich ab und dachte, daß für ihn mit diesem Mal alles zu Ende sei. Plötzlich flog eine Biene ihm entgegen und fragte, was ihm Böses zugestoßen sei, weil er so erbarmungswürdig aussehe.

«Ich habe keinen Grund zu jauchzen!» antwortete der Bursche. Und er erzählte ihr sofort seine Geschichte und fügte hinzu, daß er sich wohl verloren sehe und ihm nichts zu Hilfe kommen könnte.

«Gerade da täuschst du dich», sagte die Biene. «Erinnerst du dich, daß du mich eines Tages auf deinem Weg gefunden hast, als ich mir gerade einen Flügel zerrissen hatte, und du mich zum Wabenstock zurückgebracht hast? Du hast mir das Leben gerettet, und so will ich dir jetzt den gleichen Dienst erweisen. Wenn der König morgen früh mit seinen drei Töchtern in die Kirche einzieht, werde ich da sein. Du wirst mich um den Kopf von einer von ihnen fliegen sehen, bis sie ihr Taschentuch herausholen und mich damit verjagen wird. Schaue gut hin und täusche dich nicht, denn auf diese wirst du vor dem König zeigen müssen.»

So sprach die Biene. Der Querpfeifenspieler wollte sich bei ihr bedanken, aber als er den Mund auftat, war sie schon verschwunden. Er ging seinen Weg weiter und kam zufrieden und heiter zu Hause an.

Am nächsten Morgen, als man zur Messe läutete, kam der König mit seinen drei Töchtern in die Kirche. Die drei sahen einander sehr ähnlich, waren wohlgebaut und bildschön. Der Querpfeifenspieler war ganz verzückt und folgte auf ein paar Schritte Abstand.

‹Niemals›, dachte er, ‹wird eine dieser hübschen Damen meine Frau werden!›

Als sie aber Platz genommen, bemerkte er sofort die Biene, die zur abgemachten Stunde eintraf. Sie flog geradeaus zu einer der Töchter und summte immer näher um ihre Haare und ihr Gesicht. Sie kam sogar bis an die Augenlider, so daß die Königstochter ihr Taschentuch herausholte und die Biene verjagte. Da erhob sich der Bursche sehr rasch und sagte zum König:

«Jene, welche mit ihrem Taschentuch eine Biene von ihrem Haar verjagt, die ist es, die mir zugetan ist.»

Kaum waren seine Worte zu Ende, da flog die Biene mit heiterem Summen davon. In diesem Augenblick ergriff der König das Wort:

«Es stimmt, die ist es, und da du es erraten, ist sie dein, und du kannst sie heiraten.»

Und so sah der Querpfeifenspieler das Ende seiner Pein, und was noch schöner ist, er heiratete die Königstochter, die in ihn verliebt war.

> «Ich hatte meinen Fuß auf einen Maulwurfshaufen gesetzt und kam bei Labouheyre wieder heraus.»

15

Die Trillerpfeife, die Prinzessin und die Goldäpfel

Es war einmal ein König, der hatte eine Tochter, die war schön wie der Tag, aber konnte sich nicht entschließen zu heiraten. Es fehlte jedoch nicht an Herrschern, Grafen, Baronen, Herzögen, Markgrafen – und weiß Gott anderen – die in des Königs Schloß ein- und ausgingen und die gerne seine Tochter zur Frau genommen hätten. Es waren ihrer gar zu viele. Weil sie vielleicht gerade einundzwanzig Jahre alt wurde, befahl schließlich ihr Vater, sich einen Gemahl zu nehmen. So kam es, daß diese Prinzessin am Ende – sie war ein wenig schelmisch und wußte, daß viele Anwärter an ihre Stellung und an ihren Besitz dachten – diese Königstochter also auf eine drollige Idee kam. Und Prinzessinnen allein können im Besitz von Goldäpfeln sein!

Im gesamten Königreich ließ sie ihre bevorstehende Hochzeit ankündigen. Die jungen Männer, die gerne die Prinzessin geheiratet hätten, kamen im Schloß des Königs in schönen Kutschen und Gewändern an. Es kam gleich ein ganzes Rudel, viel mehr natürlich, als man brauchte.

Von einem benachbarten Dorf kam sogar ein schlauer Hirt, mit guten Manieren und gut gewachsen. Er hatte zwar wenig Aussichten, der Arme, die Königstochter zu heiraten, aber er wollte die Gelegenheit benützen, den König und seine Tochter zu sehen, von der man sagte, sie sei so schön.

‹Dort werden so viele Menschen sein, daß man mich wohl hineinlassen wird!› dachte er bei sich.

Er überlegte nicht länger, als es gerade notwendig war, und machte keinen Schritt nach vorn, keinen zurück. Er war neugierig auf alles, lustig wie eine Amsel und voller Gutmütigkeit.

Der Hirt näherte sich gerade dem Schloß des Königs – man müßte eher sagen dem Palast als dem Schloß – er näherte sich also in seiner Sonntagsjacke und seinen sauberen Galoschen, als er einer alten ganz gebeugten Frau begegnete. Ihr Haar war weiß, und sie trug ein Bündel Holz, das viel zu schwer war für sie. Natürlich hatte der Bursche keine Angst vor Blasen auf den Händen, und er kannte das Gewicht der Holzbündel.

«Gebt mir Euer Holz, Mütterchen, ich werde es Euch bis heim tragen.»

Reden verkürzt den Weg. Und sie hatten viel zu schwatzen, das alte Weiblein und der Schafhirt. Das Mütterchen hatte wohl verstanden, wohin der beharrliche junge Mann ging, aber sie zeigte es ihm nicht. Bevor sie sich trennten, dankte sie ihm und wünschte ihm viel Glück. Er war ein entgegenkommender und hilfsbereiter Bursche, dieser Hirt. Das Weiblein schenkte ihm eine einfache Holzpfeife und sagte zu ihm folgende Worte:

«Nimm und behalte diese Pfeife, mein Sohn. Sie wird dir Dienste leisten können.»

Schön. Eine Trillerpfeife paßt gut für einen Hirten mit seinem Hund und seiner Herde. Der Schäfer hatte schon mehrere solcher Pfeifen gehabt, auch schon mehrere Messer – Holzpfeifen konnte er wahrscheinlich selber machen –, aber er unterschätzte das Geschenk der Alten dennoch nicht und nahm von ihr Abschied, indem er zu ihr aufrichtigen Herzens sagte:

«Schont Euch!»

Oh, was gab es nur an Anwärtern hier im Hof und in den breiten Laubengängen des Schlosses – besser des Palastes! Es waren ihrer bestimmt hundert. Was sage ich denn, vielleicht sogar zweihundert.

Die Prinzessin – sie war schön wie der Tag – bestieg die Stufen des Thrones, nahm aus ihrem Korb einen Goldapfel und warf ihn in den Saal hinein:

«Wer kann ihn fangen? Wer fängt ihn nicht?» – Ein Goldapfel ist etwas Schweres, und die Verehrer hatten nicht allzu große Lust, ihn auf den Kopf zu bekommen. Ihre Federhüte hatten sie nämlich vor der Prinzessin nicht gut aufbehalten können, sie hatten sie im Gang aufhängen müssen! Ja, dreimal warf die Prinzessin einen Goldapfel. Die Herren fürchteten, sie würden irgendeine Beule abbekommen, und es fehlte ihnen jeglicher Mut. Und dann verfingen sie sich auch in all den Spitzen, die sie tragen mußten, und wahrscheinlich waren auch ihre Perücken schief. Der Hirt lachte in seinem Eck. Beim dritten Apfel nahm er Schwung, flink wie ein Quecksilber, und im Sprung fing er den Goldapfel, genauso leicht, als hätte er sein Taschentuch von einer Hand in die andere geworfen.

Die Prinzessin schaute den Bauern an, der geschickter war

als alle so schön herausgeputzten Herren. Eine Prinzessin jedoch ist eine Prinzessin und ein Schafhirt ein Schafhirt. Das war die Meinung seiner Majestät des Königs, und wenn er es nicht sagte, daß seine Tochter mit ihren Goldäpfeln verrückt war, so mußte er es zumindest denken.

Der König ließ den Schafhirten vor den Thron kommen und redete mit ihm in nicht allzu erfreulichem Ton:

«Fühle dich noch nicht als mein Schwiegersohn, Schafhirt. Bevor du meine Tochter zur Frau bekommst, mußt du drei Prüfungen bestehen!»

Meiner Treu, es stimmte! Diese Königstochter war hübsch, und seitdem der Schafhirt den Goldapfel im Flug gefangen hatte, ging ihm der Gedanke, die Prinzessin zu heiraten, nicht mehr aus dem Kopf.

«Zuerst», sagte der König, «wirst du in den Wald gehen und dort meine Hasen hüten. Dann wirst du sie mir alle heute abend zurückbringen.»

«Ich will es versuchen, Majestät», antwortete der Schafhirt.

Da öffnete der Ochsentreiber, auf alle Fälle ein hochgestellter Diener, die Tür des Hasenstalls, und als der letzte Hase herauskommt, ist der erste schon weit davon. Aber der Hirt erinnert sich an die Trillerpfeife der alten Frau. Und kaum hatte er sich ihrer bedient, da drängen sich die hundert Hasen bereits um ihn, als wären es seine Schafe.

Der erste Minister setzte sich seine Brille auf, zog sich als Holzfäller an und wollte nachsehen kommen, was geschehen war. Wie erstaunt war der König, als er erfuhr, daß die hundert Hasen schön ruhig um den Hirten herum grasten.

Die Prinzessin – sie war für eine Prinzessin ziemlich pfiffig – verkleidete sich als Bäuerin, nahm eine Haube und Holzschuhe, die ihr paßten. Dann stieg sie auf einen Esel, und leichtsinnig zog sie ganz allein in den Wald. Vergebens spielte sie die Schlaue, der Hirt hatte sie bald erkannt, denn so lange hatte er sie sich angesehen, der arme Bursche.

«Hirt, würdest du mir einen deiner Hasen verkaufen?» fragte die Bäuerin.

«O nein, schönes Fräulein! Nicht einen meiner Hasen würde ich Euch verkaufen, um alles Gold der Welt nicht. Meine Hasen sind nicht zu verkaufen, man muß sie sich verdienen.»

«Und was muß man tun, um sich einen zu verdienen?»

«Nichts Besonderes, mein Fräulein! Ihr müßt nur von Eurem Esel heruntersteigen und Euch eine Viertelstunde zu mir ins Gras legen.»

Sie hatte einen noch Pfiffigeren gefunden, als sie selbst es war, die Prinzessin. Die Viertelstunde verging – und sie schien ihr nicht zu lang – und der Hirt grüßte sie höflich und ließ sie mit einem Hasen im Korb zurückgehen. Als sie jedoch durch das Schloßtor – das Tor des Palastes also – durchging, pfiff der Schäfer einmal laut, und der Hase kam schnurstracks zu den anderen zurück.

Wie man es sich vorstellen kann, war der König noch mehr erbost als die Tochter und ging selber auf die Weide zu den Hasen hinaus, verkleidet als Bauer, ebenfalls auf einem Esel, und er machte dem Hirten das gleiche Angebot wie die Prinzessin.

«Willst du mir einen deiner Hasen verkaufen, Hirt?»

Der Hirt erkannte den König, wenn er ihn auch weniger angesehen hatte als die Prinzessin. Ein Gewarnter ist doppelt so vorsichtig!

«Ich würde Euch keinen meiner Hasen um alles Gold der Welt verkaufen, aber Ihr könnt Euch einen verdienen!»

«Was muß ich tun?» fragte der König.

«Das ist ganz einfach», sagte der Hirt. «Ihr braucht Euren Esel nur dreimal unter den Schwanz zu küssen.»

Das war kein Witz, den man sich mit einem König erlauben durfte! Aber obwohl er König war, so folgte er doch. Dann stieg er auf seinen Esel und hielt dabei seinen Hasen fest. Der Hase jedoch blieb nicht lange im Korb des Königs.

Der König wollte sich damit nicht abfinden. Der Kuß, den er dem Esel gegeben hatte – und ihr wißt wohin – die drei Küsse, trafen ihn schwer. Und noch dazu bildete er sich ein, daß man ihn nicht erkannt hätte!

«Noch in dieser Nacht», sagte er zum Burschen, «wirst du in meinen Speicher kommen. Dort liegen hundert Scheffel Erbsen und hundert Scheffel Linsen zusammengeworfen, und du wirst sie mir in zwei getrennte Haufen auseinanderlesen, bevor die Sonne aufgeht!»

‹Jetzt bin ich wohl versorgt!› dachte der Hirt, der lieber in seinem Bett geschlafen hätte.

Jedoch er wollte deshalb nicht verzweifeln. Schließlich – hatte nicht er danach verlangt, den Goldapfel zu bekommen? Er dachte an das Pfeiferl der alten Frau, und wieder einmal bediente er sich seiner. Da kamen ihm Ameisen zu Hilfe. Und es war wirklich eine schöne Arbeit, die sie da verrichteten. Der Hirt dankte diesen so geschickten Ameisen und schlief bis zum nächsten Morgen.

Der König wäre fast aus den Wolken gefallen, armer Mann, und diesmal war der Hirt fast dabei, ihn Schwiegervater zu nennen, nur war dazu nicht der Zeitpunkt. Der König verstand, daß dieser Hirt kein gewöhnlicher Mensch war. Zum erstenmal glaubte er, von ihm Unmögliches zu verlangen.

«Ich werde dich in der Backstube des Palastes einsperren, und am Morgen mußt du das ganze Brot aufgegessen haben, wenn du meine Tochter noch heiraten willst.»

Ihr könnt euch denken, wieviel Brot man für all die Leute brauchte, die um den König lebten, die Zofen und Herrschaften und die Hofdamen, ohne von dem König und der Prinzessin zu reden, die bestimmt nicht dreimal Suppe am Tag aßen.

Als der Hirt diesen Berg von Brotlaiben und Gebäck sah, die er in einer Nacht verschlingen sollte, dachte er nicht einmal daran, damit zu beginnen. Die Trillerpfeife hatte ihm bisher so viel Erfolg gebracht, daß er sie schleunigst wieder aus der Tasche zog. Da kamen aus allen Ecken Mäuse und Ratten hervor, große und kleine, alle Ratten der Welt, und sie machten sich so sehr ans Werk und fraßen so viel, daß das ganze Brot vor Ende der Nacht verzehrt war.

Derjenige, der am Morgen am bittersten lachte, wenn er überhaupt noch lachte, das war der König. Die Prinzessin jedoch unterhielt sich sehr, der kleine Schelm, schön wie der Tag.

«Ich kann dir meine Tochter nicht mehr verweigern», sagte der König. «Ich werde dich dennoch um eine kleine Arbeit bitten, damit wir uns einig werden.»

Vier Prüfungen, das war kein ehrliches Spiel für einen König, wenn seine Majestät nur drei angekündigt hat.

«Du wirst mir einen Sack voll Lügen füllen, und sobald ich dir sage, daß der Sack voll ist, wirst du meine Tochter zur Frau haben.»

Was hättet ihr an der Stelle des Hirten getan? Er fürchtete, er wäre ein Schwätzer, noch bevor er den Sack voll hätte, und da Schalkhaftigkeit ihn überfiel, dachte er an ein paar grobe Wahrheiten, um das Maß voll zu machen.

«Während ich im Wald meine Hasen hütete, Majestät, kam die Prinzessin zu mir, als Bäuerin verkleidet. Ich habe sie gebeten, sich zu mir ins Gras zu legen und eine Viertelstunde mit mir zu verbringen. Sie hat sich zu mir gelegt und hat mir einen Kuß gegeben.»

«Oh!» sagte der König. «Das ist eine große Lüge, der Sack ist schon halb voll.»

«Das ist noch nicht alles», sagte der Hirt, «der König ist als Bauer verkleidet gekommen. Er hat mir einen meiner Hasen abkaufen wollen, und ich habe ihn gezwungen, mir drei...»

«Schluß, Schluß!» sagte der König, «du hast schon genug erzählt, der Sack ist voll.»

Man war gezwungen, den Hirten mit der Prinzessin zu verheiraten, worüber sie sich nicht einmal beklagte. Und wer weiß, vielleicht half dem Hirten die Trillerpfeife noch sehr oft. Ein Pfeiferl, so wie das seine, hab ich wohl gesucht, aber die Form ist verlorengegangen.

16

Die schöne Jeanneton

Ich weiß ein Märchen.

Es waren einmal ein König und eine Königin von Frankreich, die hatten einen Sohn so schön wie der Tag. Der ging jeden Morgen bei Tagesgrauen auf die Jagd, mit hundert berittenen Jägern und siebenhundert Jagdhunden. Nie kam er vor Sonnenuntergang wieder heim.

Eines Abends kehrte das Pferd des Königssohns von Frankreich allein zurück. Sein Herr hatte sich von seinen Leuten entfernt und mitten im Walde verirrt. Die Nacht war schwarz, und die Wölfe heulten. Da kletterte der Königssohn von Frankreich in den höchsten Wipfel einer großen Eiche und hielt nach allen vier Himmelsrichtungen Ausschau. – Nichts.

Der Königssohn von Frankreich stieg herunter aus dem Wipfel der großen Eiche, legte sich auf die Erde nieder und schlief ein, den blanken Degen in der Hand. Als er erwachte, ging die Sonne auf, und die Vöglein sangen. Den ganzen Tag wanderte der Königssohn von Frankreich und irrte im Wald umher; er trank aus den Quellen und aß Gräser und wilde Beeren. Dann kam die schwarze Nacht. Die Wölfe heulten. Da kletterte der Königssohn von Frankreich in den höchsten Wipfel einer großen Eiche und hielt nach allen vier Himmelsrichtungen Ausschau. – Nichts.

Der Königssohn von Frankreich stieg herunter aus dem Wipfel der großen Eiche, legte sich auf die Erde nieder und schlief ein, den blanken Degen in der Hand. Als er erwachte, ging die Sonne auf, und die Vöglein sangen. Den ganzen Tag wanderte der Königssohn von Frankreich und irrte im Walde umher; er trank aus den Quellen und aß Gräser und wilde Beeren. Dann kam die schwarze Nacht. Die Wölfe heulten. Da kletterte der Königssohn von Frankreich in den höchsten Wipfel einer großen Eiche und hielt nach allen vier Himmelsrichtungen Ausschau. Schließlich entdeckte er weit, weit gegen Norden zu ein Lichtlein.

Der Königssohn von Frankreich stieg herunter aus dem Wipfel der großen Eiche und wanderte lange, lange, gegen Norden zu. Eine Stunde vor Mitternacht pochte er an das Tor eines Schlosses mitten in dem großen Walde. Poch! Poch! Ein Fräulein, schön wie der Tag, kam und öffnete das Tor.

«Guten Abend, mein Fräulein. Ich bin der Königssohn von Frankreich. Seit drei Tagen und drei Nächten wandere ich und irre in diesem großen Wald umher. Ich komme um vor Durst und vor Hunger. Ich kann keinen Fuß mehr vor den andern setzen. Mein Fräulein, laßt mich etwas essen, und gebt mir Obdach bis morgen.»

«Königssohn von Frankreich, komm herein, iß schnell etwas, und geh fort von hier. Das ist das Schloß meines Vaters und meiner Mutter, das Schloß des Menschenfressers und der Menschenfresserin. Alle beide sind lüstern nach getauftem Fleisch. Schlag Mitternacht aber kommen sie nach Hause. Ich will nicht, daß sie dich lebendig fressen. Königssohn von Frankreich, herein, iß schnell etwas, und geh fort von hier.»

«Mein Fräulein, ich kann keinen Fuß mehr vor den andern setzen.»

«Also denn, Königssohn von Frankreich, komm herein, iß schnell etwas, und versteck dich unter diesem Faß.»

Was gesagt war, war getan.

Der Menschenfresser und die Menschenfresserin kamen

Schlag Mitternacht nach Hause. Das waren zwei Klafter hohe Riesen, schwarz wie der Schornstein. Die Menschenfresser und die Menschenfresserinnen sind nicht von der Rasse der Christen.

«Hu! hu! hu! Schöne Jeanneton, hier riecht's nach getauftem Fleisch.»

«Nein, Vater. Nein, Mutter. Sucht, ihr werdet sehen, ich lüge nicht.»

Der Menschenfresser und die Menschenfresserin suchten und fanden nichts.

«Hu! hu! hu! Schöne Jeanneton, hier riecht's nach getauftem Fleisch. Geh schlafen. Morgen werden wir besser suchen. Wenn du gelogen hast, fressen wir dich lebendig auf.»

Menschenfresser und Menschenfresserin gingen schlafen. Aber die schöne Jeanneton hatte es nicht so eilig. Mit einer Schaufel voll Asche und einem Glas voll von ihrem Blut knetet sie einen Kuchen – einen Kuchen, der hatte bis Tagesanbruch die Kraft, an ihrer Stelle zu antworten. Als sie den Kuchen geknetet hatte, nahm sie den Zauberstab und die Fünfzigmeilenstiefel des Menschenfressers und der Menschenfresserin. Dann hob sie leise, ganz leise das Faß in die Höhe.

«Königssohn von Frankreich, wir wollen uns schnell aus dem Staube machen. Hier ist für uns nicht gut sein.»

Sie stoben beide davon wie der Wind. Aber der Menschenfresser und die Menschenfresserin trauten der Sache nur halb und schliefen nur mit einem Auge.

«Hu! hu! hu! Schöne Jeanneton, geh schlafen.»

Der Kuchen aus Asche und Blut antwortete:

«Ich gehe schon, ich muß nur noch meine Haube ablegen.»

Menschenfresser und Menschenfresserin schliefen wieder ein für eine Weile.

«Hu! hu! hu! Schöne Jeanneton, geh schlafen.»

Der Kuchen aus Asche und Blut antwortete:

«Ich gehe schon. Ich muß nur noch meinen Unterrock ausziehen.»

Menschenfresser und Menschenfresserin schliefen wieder ein für eine Weile.

«Hu! hu! hu! Schöne Jeanneton, geh schlafen!»

«Ich gehe schon. Ich muß nur noch mein Haar ordnen für die Nacht.»

Menschenfresser und Menschenfresserin schliefen wieder ein für eine Weile.

«Hu! hu! hu! Schöne Jeanneton, geh schlafen!»

Der Kuchen aus Asche und Blut antwortete:

«Ich gehe schon, ich muß nur noch meine Schuhe ausziehen.»

Menschenfresser und Menschenfresserin schliefen wieder ein für eine Weile.

«Schöne Jeanneton, geh schlafen!»

Der Tag war angebrochen. Der Kuchen aus Asche und Blut hatte nicht mehr die Kraft, an Stelle der schönen Jeanneton zu antworten. Da sprang die Menschenfresserin aus dem Bett.

«Hu! hu! hu! Göttertausend! Göttermilliarden! Die schöne Jeanneton und das getaufte Fleisch haben sich aus dem Staube gemacht mit dem Zauberstab und den Fünfzigmeilenstiefeln. Auf, Mann! Ich denke, daß du sie in einer Stunde einholst. Wir werden sie lebendig aufessen.»

Der Menschenfresser nahm seinen Zauberstab und seine Hundertmeilenstiefel und ging los wie der Blitz, so daß die schöne Jeanneton und der Königssohn von Frankreich ihren Vorsprung bald verloren hatten.

«Hu! hu! hu!» schrie der Menschenfresser. «Wartet nur, ihr Schurken. Wartet, Hunde.»

Aber die schöne Jeanneton hatte Mittel gegen mancherlei Dinge. Durch ihre Kunst verwandelten sie und der Königssohn von Frankreich sich alsogleich in zwei kleine Vögelein, und sie sangen auf dem Busch am Wegrand:

«Riu schiu schiu. Riu schiu schiu. Riu schiu schiu.»

Der Menschenfresser blieb stehen und fragte:

«Vöglein klein, Vöglein fein,
Saht ihr Bursch und Mägdelein?»

«Riu schiu schiu. Riu schiu schiu. Riu schiu schiu schiu.»

Der Menschenfresser konnte nichts anderes aus ihnen herausbringen. Er kehrte in sein Schloß zurück, die schöne Jeanneton aber und der Königssohn von Frankreich machten sich wie der Wind auf den Weg.

«Hu! hu! hu! Und nun, Mann», sagte die Menschenfresserin, «hast du sie erwischt, die schöne Jeanneton und das getaufte Fleisch?»

«Hu! hu! hu! Ich habe nur zwei Vögelein angetroffen, die sangen auf dem Busch am Wegrand. Ich habe sie ausgefragt. Sie haben geantwortet: ‹Riu schiu schiu. Riu schiu schiu. Riu schiu schiu.› Mehr konnte ich nicht aus ihnen herausbringen.»

«Hu! hu! hu! Dummkopf, das waren sie ja. Auf, Mann! Ich denke, daß du sie in einer Stunde einholst. Wir wollen sie lebendig aufessen.»

Der Menschenfresser ging los wie der Blitz, so daß die schöne Jeanneton und der Königssohn von Frankreich ihren Vorsprung bald verloren hatten.

«Hu! hu! hu!» schrie der Menschenfresser. «Wartet nur, ihr Schurken. Wartet, Hunde.»

Aber die schöne Jeanneton hatte Mittel für mancherlei Dinge. Durch ihre Kunst verwandelten sie und der Königssohn von Frankreich sich alsogleich in zwei junge Entchen, und sie schnatterten und schrien in dem Graben am Wegrand:

«Quak! quak! quak!»

Der Menschenfresser blieb stehen und fragte:

«Klein Enterich, klein Entelein,
Saht ihr Bursch und Mägdelein?»

«Quak! quak! quak!»

Der Menschenfresser konnte nichts anderes aus ihnen herausbringen. Er kehrte in sein Schloß zurück. Die schöne Jeanneton aber und der Königssohn von Frankreich machten sich wie der Wind auf den Weg.

«Hu! hu! hu! Und nun, Mann», sagte die Menschenfresserin, «hast du sie erwischt, die schöne Jeanneton und das getaufte Fleisch?»

«Hu! hu! hu! Ich habe nur zwei kleine Entchen angetroffen, die quakten und schrien in dem Graben am Wegrand. Ich habe sie ausgefragt. Sie haben geantwortet: ‹Quak! quak! quak!› Mehr konnte ich nicht aus ihnen herausbringen.»

«Hu! hu! hu! Dummkopf, das waren sie ja. Auf, Mann! Ich denke, daß du sie in einer Stunde einholst. Wir wollen sie lebendig aufessen.»

Der Menschenfresser ging los wie der Blitz, so daß die schöne Jeanneton und der Königssohn von Frankreich ihren Vorsprung bald verloren hatten.

«Hu! hu! hu!» schrie der Menschenfresser. «Wartet nur, ihr Schurken. Wartet, Hunde.»

Aber die schöne Jeanneton hatte Mittel für mancherlei Dinge. Durch ihre Kunst verwandelten sie und der Königssohn von Frankreich sich alsogleich in eine junge Schäferin, schön wie die Sonne, in die Schäferin Bernadette, die am Wegrand ihre Herde hütete.

«Bäh! bäh! bäh!»

Der Menschenfresser blieb stehen und fragte:

«Bernadette klein,
Schäferin mein,
Sonnenkind fein
Und ihr kleinen Schäfelein,
Saht ihr Bursch und Mägdelein?»

«Bäh! bäh! bäh!»

Der Menschenfresser konnte nichts anderes aus ihnen herausbringen. Er kehrte in sein Schloß zurück, die schöne Jeanneton aber und der Königssohn von Frankreich machten sich wie der Wind auf den Weg.

«Hu! hu! hu! Und nun, Mann», sagte die Menschenfresserin, «hast du sie erwischt, die schöne Jeanneton und das getaufte Fleisch?»

«Hu! hu! hu! Ich habe nur eine junge Schäferin, schön wie die Sonne, angetroffen, die Schäferin Bernadette, die am Wegrand ihre Schafe hütete. Ich habe sie ausgefragt. Sie haben geantwortet: ‹Bäh! bäh! bäh!› Mehr konnte ich nicht aus ihnen herausbringen.»

«Hu! hu! hu! Das waren sie ja. Auf, Mann! Ich denke, daß du sie in einer Stunde einholst. Wir wollen sie lebendig aufessen.»

Der Menschenfresser ging los wie der Blitz. Aber diesmal hatten die schöne Jeanneton und der Königssohn von Frankreich einen solchen Vorsprung, daß der Menschenfresser sie nicht mehr einholen konnte.

Sieben Tage darauf kamen sie alle beide im Louvre des Königs von Frankreich an.

«Guten Tag, liebe Eltern.»

«Guten Tag, armer Freund. Wir haben dich schon für tot beweint.»

«Liebe Eltern, ich hatte es mit einem Menschenfresser und einer Menschenfresserin zu tun, die waren lüstern nach getauftem Fleisch. Ohne dieses Fräulein, ohne die schöne Jeanneton war ich verloren. Liebe Eltern, ich bin verliebt in sie, mehr als ich es sagen kann. Gebt sie mir zur Frau. Wenn nicht, geh ich fort nach den fernen Inseln, und nie, nie werde ich wieder zurückkommen.»

«Armer Freund, du wirst nicht fortgehen nach den fernen Inseln. Heirate die schöne Jeanneton.»

Was gesagt ward, ward getan. Lange, lange lebten sie reich

und glücklich miteinander, der Königssohn von Frankreich und die schöne Jeanneton.

«Und cric, cric,
Mein Märchen ist fertig,
Und cric, cric,
Mein Märchen ist aus.
Ich geh durch meine Wiese
Mit einem Löffel voll Bohnen,
Die ich bekommen hab.»

17

Die Tochter der Fee

Vor langer, langer Zeit lebten einmal ein König und eine Königin, die hatten drei Söhne. Als der König in die Jahre gekommen war, da man ans Sterben denken muß, ließ er seine drei Söhne rufen und sagte zu ihnen: «Meine Söhne, ich bin alt, und ich würde gern einem von euch meine Krone geben. Aber ihr seid ja alle drei noch unbeweibt. Seht also zu, daß ihr euch verheiratet, und sorgt mir auch für Nachwuchs. Wer die meisten Kinder hat, und die schönsten dazu, dem sollen Reich und Krone zufallen.»

Die drei Brüder, die bis dahin höchstens einmal auf die Jagd gegangen waren, sonst aber meist faul am Kamin lagen, sahen sich an, seufzten und sprachen: «Nun, wenn es denn Gottes Wille ist, und uns nicht erspart bleiben kann, so laß uns ausziehen und uns Frauen suchen.»

Und der Älteste ließ sich ein Pferd satteln, saß auf und ritt davon. Und als er einen Tag lang geritten war, kam er zu einem großen Gutshof. Da hielt er an und fragte den Bauern: «He, kann man hier übernachten?» – «Man kann.»

Der Königssohn stieg also ab, man lud ihn zu Tisch, er saß zwischen den Bauersleuten und aß mit ihnen, und dann ließ er sich ein Bett richten.

Als er am nächsten Morgen erwachte, sah er ein hübsches, dralles Bauernmädchen zu Füßen des Bettes sitzen. Dem hatte der Vater gesagt: «Wenn der Königssohn aufwacht, dann bring ihm das Frühstück ans Bett. Herrschaften sind verwöhnt.»

Während nun der Königssohn aß und trank, mußte er immer das Mädchen anschauen, und da es ihm sehr gefällt, fragt er sich selber: «Warum soll ich lange in der Welt herumstreifen, wenn ich ein hübsches Mädchen gleich vor der Haustüre finde?»

Und zum Mädchen sagte er: «Willst du, daß wir heiraten?»

Das Mädchen bedachte sich nicht lange, es sagte: «Ja!» Und drei Tage später war Hochzeit. So war noch keine Woche vergangen, als der Älteste mit seiner jungen Frau wieder im königlichen Palast eintraf.

«Mein Sohn», sagte der König, «du hast dir zwar mit deiner Wahl nicht viel Mühe gemacht. Aber ich sehe: den Seinen gibt's der Herr im Schlaf! Mir will scheinen, du hast Glück gehabt, und ich hoffe, du wirst uns bald mit Enkeln erfreuen.»

Da springt der Zweite von seinem Lager auf und sagt: «Hoppla! Ich bin auch noch da! Was mein Bruder kann, kann ich auch. Wartet nur, ich werde euch auch bald eine Schwiegertochter ins Haus führen.»

Und er ließ sich sein Pferd satteln, saß auf und ritt davon. Am Abend kam er an jenen Gutshof, wo der Älteste übernachtet hatte. Aber der Zweite dachte bei sich: «Man holt sich nicht zwei Kühe aus dem gleichen Stall! Die erste ist meist die beste, und wer die zweite nimmt, fällt herein.»

Und obwohl er sehr müde war, ritt er die ganze Nacht durch, und am nächsten Morgen kam er in eine Stadt. Und da er vor Müdigkeit beinahe vom Pferde gefallen wäre, stieg er ab, sobald er ein Wirtshausschild erblickte.

Er ließ sich in ein Gastzimmer führen, legte sich ins Bett und schlief bis zum Abend. Als er am Abend aufwacht und zum Fenster hinausschaut, da sieht er, daß gegenüber vom Wirtshaus ein Goldschmied seine Werkstatt hat. Der beendet gerade sein Tagewerk, und seine Tochter hilft ihm beim Aufräumen. Eine hübsche Tochter hat der Goldschmied! Der Königssohn reibt sich die Augen und fragt sich: «Was will ich noch weiter herumstreifen, wenn es hier so hübsche Mädchen gibt?»

Er geht also hinunter, betritt den Laden des Goldschmieds. – «Junger Herr, womit kann ich dienen?» fragt der Patron. – «Ist dieses hübsche Mädchen deine Tochter?» – «Ja, das ist sie.» – «Ich möchte sie gern heiraten.»

Da fragt der Goldschmied seine Tochter: «Willst du diesen jungen Herrn hier heiraten?» – «Ja, Vater!»

Nun, man macht nicht viele Umstände: nach drei Tagen ist die Vermählung, und genau eine Woche nach seiner Abreise ist auch der zweite Königssohn wieder daheim im Schloß seines Vaters.

«Auch nicht übel», sagt der König, nachdem er seine Schwiegertochter betrachtet hat, «ich vermute, dir ist das Glück in den Schoß gefallen, ohne daß du dich viel angestrengt hast.»

Es bleibt noch der Dritte. Der liegt am Kamin und rührt sich nicht.

«He, du! Auf! Sieh zu, daß auch du zu einer Braut kommst!» – «Ach, laßt mich in Frieden! Was will ich mit einer Frau? Ich liege hier gut.»

«Nein!» sagt der König streng, «du stehst jetzt sofort auf und machst dich auf den Weg, oder ich laß dir ein brennendes Scheit unter den Hintern halten, bis es dir zu heiß wird! Hat man schon so etwas an Faulheit gesehen? Du würdest ja noch unsere Stallmagd heiraten, nur damit du dich nicht auf die

Füße stellen mußt!» – «Warum auch nicht?» sagt der Jüngste. – «Nein, marsch! Weiter mit dir, oder ich mache ernst mit meiner Drohung!» sagt der König.

Brummend erhob sich der Jüngste, ließ sich einen Esel vorführen, denn das Besteigen eines Pferdes schien ihm zu beschwerlich. Zwei Diener mußten ihn auf den Sattel heben, dann versetzte der König dem Esel einen Streich, daß er davongaloppierte.

Der Esel lief den ganzen Tag, er lief auch die ganze Nacht. Der Jüngste hatte sich an die etwas unbequeme Lage gewöhnt und schlief wie ein Stein. Der Esel durchquerte die Stadt, lief den ganzen Tag weiter und kam gegen Abend in einen großen Wald. Da blieb der Esel stehen, und im gleichen Augenblick wachte der Jüngste auf. Und wie er aufblickte, da sah er im Gezweige eines Baumes eine schöne Frau sitzen und weinen. Und als er sie so weinen sah, da wurde er ganz von Mitleid gerührt. Er stieg vom Esel herunter und kletterte auf den Baum.

«Schöne Dame», sagt er, «warum weinst du?» – «Ach, was sollte ich nicht weinen! Du mußt wissen, daß ich eine Fee bin und eine schöne Tochter habe. Heute vor einem Jahr aber ist ein böser Zauberer gekommen und hat meine Tochter geraubt. Und so muß ich weinen.»

Der Jüngste ist so gerührt, daß er sich neben die Fee auf den Ast setzt und auch zu weinen beginnt.

Nach einer Weile sagt er: «Nein, so geht das nicht weiter. Ich will in die Welt ziehen und deine Tochter suchen.» – «Willst du das wirklich?» – «Ja, ich will sie suchen, und wenn ich mit dem Zauberer einen Wettlauf machen müßte!» – «So nimm hier diese drei Dinge mit: sie werden dir helfen, meine Tochter zu finden und sie zu befreien. Schau: zuerst einmal hast du hier einen alten Mantel. Wenn du den anziehst, kannst du jede beliebige Gestalt annehmen, und niemand wird dich erkennen, und wenn es deine eigenen Eltern wären! Nimm dann auch dieses Fläschchen; darin ist Wasser, wenn du das jemandem in die Augen spritzt, wird er blind werden. Wenn du es aber jemandem in die Augen träufelst, der blind ist, so wird er wieder sehen können. Und nimm hier schließlich noch diesen Ring, wenn du ihn deiner Braut an den Finger steckst, wird sie das schönste Wesen der Welt sein.» – «Ja, aber wie soll ich dorthin finden, wo der Zauberer und deine Tochter sind?» – «Verlaß dich nur auf deinen Esel! Er findet den Weg schon ganz allein.»

Da stieg der Jüngste wieder vom Baum herunter, setzte sich auf den Esel, und der Esel fing wieder an zu laufen. Er lief und lief – ich weiß nicht mehr, wie lange er gelaufen ist. Endlich aber hielt er an und blieb stehen.

Da stieg der Königssohn ab, und er sah, daß er vor einem großen Tor und einer langen Mauer stand. Er klopfte an. Es dauerte eine Weile, dann öffnete sich eine Klappe, und ein häßlicher alter Mann schaute heraus: «Was willst du hier, Bursche?» – «Ich möchte nur fragen, ob man hier einen Diener braucht.» – «Man braucht einen. Aber fleißig muß er sein. Den letzten habe ich gerade aufgefressen, weil er faul war.» – «Nun, an mir würdest du dir die Zähne ausbeißen, aber du wirst nicht dazu kommen.»

So wurde der Königssohn Diener bei dem alten Zauberer, und er tat seine Arbeit so geschickt, daß der Alte schon nach einer Woche sagte: «Bursche, du wärst zu schade, um gegessen zu werden. Diene mir weiter so, und du sollst eine Million Goldstücke bekommen.» – «Oho! Eine ganze Million! So reich ist nicht einmal der König.» – «Nein, der König ist freilich nicht so reich, denn er ist furchtbar dumm, und seine Söhne sind faul.» – «Herr, warum ist der König dumm? Daß seine Söhne faul sind, habe ich schon sagen hören. Aber der König dumm?» – «Ja, stelle dir nur vor: schon seit vielen Jahren habe ich ihm ein wunderschönes Mädchen als blinde Stallmagd untergeschoben, und er merkt nicht, daß es sich um die Tochter einer Fee handelt!» – «Haha! Dann ist der König allerdings dumm, und seine Söhne sind noch dümmer als faul! Aber warum hast du die Tochter der Fee dorthin gebracht?» – «Würde ich sie hier halten, so würde sie ihre Mutter eines Tages befreien. Nun, im Palast des Königs würde ihre Mutter sie nie suchen, und da die Tochter blind ist, kann sie auch nicht fliehen.» – «Und warum hast du denn die Tochter der Fee geraubt?» – «Ach, nur so zum Spaß!» – «Und gibst du der Mutter die Tochter nicht zurück?» – «Vielleicht einmal, wenn sie mich heiratet. Aber das weiß ich nicht. Aber nun schwätze nicht so viel, sondern koche mir eine gute Suppe!»

Drei Monate sind vorbei, sechs Monate, neun ... Der Königssohn weiß nicht, was er machen soll, um die Tochter der Fee zu befreien. Er geht in den Stall.

«He!» sagt der Esel, «Bruder, was fehlt dir, daß du so ein trauriges Gesicht machst?» – «Ach! Die Fee weint, ihre Tochter sitzt blind als Stallmagd im Schloß meines Vaters, und ich schinde mich hier für den bösen Zauberer ab und weiß nicht, was ich tun soll, um die arme Tochter der Fee zu befreien.» – «Nun, wenn es weiter nichts ist, da kann ich dir raten. Du mußt den Zauberer zu einem Wettlauf herausfordern. Er hält sich nämlich für den schnellsten Läufer der Welt. Wenn ihr dann um die Wette lauft, so wird er dich nach kurzem überholen; dann spritze ihm etwas von dem Wasser in die Augen, das dir die Fee gegeben hat. Dann wird der Zauberer blind werden, und du wirst vor ihm ans Ziel kommen. Am Ziel aber wirst du den Zauberstab des Zauberers finden. Zerbrich ihn, und der Zauberer wird keine Macht mehr über das Mädchen, ich will sagen: die Tochter der Fee, haben. Dann aber mach dich aus dem Staub, und wenn der Zauberer dich einzuholen droht, dann hänge dir den Mantel der Fee um, und nimm eine andere Gestalt an!»

Einige Tage später sagt der Königssohn zum Zauberer: «Herr, ob du es glaubst oder nicht, aber ich bin der beste Läufer meines Landes.» – «Bursche, du magst vielleicht der schnellste Läufer deines Landes sein. Aber ich bin der schnellste Läufer auf der ganzen Welt!» – «Haha!» lacht der Königssohn, «sei mir nicht böse, Herr, aber in deinem Alter kommt man kaum mehr den Hühnern nach, wenn sie davonlaufen.» – «Du Dummkopf! Wenn du mit mir laufen willst, so hänge ich dich ab wie ein Falke eine lahme Ente!» – «Gut, Herr! Ich setze meine Million Lohn zum Pfand gegen deinen Zauberstecken.» – «Na warte, Bursche! Du wirst mir den Rest deines Lebens umsonst dienen müssen! Sieh: hier stecke ich meinen Zauberstab in die Erde. Wir laufen jetzt rund um die Mauer herum. Los!»

Da stob der Jüngste davon, als wäre der Teufel hinter ihm her. Aber der Zauberer hatte ihn nach hundert Schritten eingeholt, und als er an ihm vorüberlaufen wollte, spritzte ihm der Königssohn einen tüchtigen Guß von dem Zauberwasser der Fee in die Augen, so daß er auf der Stelle erblindete. Er strauchelte und rief: «Warte nur, du Hund! Das sollst du mir büßen! Ich werde mich schon kurieren, und wenn ich wieder sehe, dann werde ich dich roh auffressen!»

Der Königssohn gab keine Antwort darauf, sondern rannte, was er konnte, und als er die Mauer umrundet hatte, zerbrach er den Zauberstab und machte sich auf den Heimweg.

Der Zauberer brauchte ziemlich lang, bis er sich entlang der Mauer den Weg zurück zu seinem Turm ertastet hatte. Dort wusch er sich die Augen mit einem Zauberwasser, wurde wieder sehend, eilte hinaus vor das Tor, fand seinen Zauberstab zerbrochen und rannte los, um den Burschen einzuholen.

Als der Königssohn aus der Ferne sah, daß der Zauberer kam, hängte er den Mantel der Fee um, und sogleich war er in einen zitternden alten Greis verwandelt. Gleich darauf kam der Zauberer wie ein Sturm angebraust und fragte: «He, Alter! Hast du nicht einen Burschen davonlaufen sehen?» – «Ja, er lief ziemlich schnell in jene Richtung.» Und damit schickte der Königssohn den Alten auf eine falsche Fährte.

Der Zauberer rannte bis zum Ende des Weges, und als er den Königssohn nicht fand, eilte er zurück zu dem zitternden Greis: «He, Alter! Hast du mich angelogen? Ich habe dort niemanden gefunden!» – «Herr, meine Augen sind schon trüb. Mir schien, er sei dorthin gelaufen. Sicher kann ich es freilich nicht sagen.»

«Na, warte nur!» brummte der Zauberer, «du kommst mir nicht aus! Ich weiß, was ich tue.» Und er lief vor das königliche Schloß und setzte sich dorthin, um auf den Burschen zu warten.

Aber der erwartete Bursche kam und kam nicht. Nach einigen Tagen kam jener zitternde, alte Greis angeschlichen, den der Zauberer auf der Straße überholt hatte. Der Zauberer beachtete ihn gar nicht.

Der zitternde Greis aber begann zu singen:

«O hört des alten Greises Lied,
Er ist so furchtbar arm;
O schenkt ihm doch ein Stücklein Brot,
Daß Gott sich auch Euer erbarm!»

Als der König vor seinem Palast singen hörte, streckte er den Kopf zum Fenster hinaus und rief: «He, Alter! Komm herein: du sollst dich hier satt essen!»

Da ging der Greis an dem Zauberer vorbei, ohne daß dieser ihn erkannt hätte, und die Diener führten ihn zum König und der Königin.

Der Alte sagte: «Mein Herr und meine Dame, hattet ihr nicht auch noch einen dritten Sohn?» – «Aber freilich hatten wir den. Wir sind sehr in Sorge, denn wir haben seit einem Jahr nichts von ihm gehört.» – «Und was gäbet ihr dem, der euch von ihm Kunde brächte?» – «Der sollte bis zu seinem Lebensende bei uns umsonst wohnen und essen dürfen.» – «Nun, das ist nicht viel, denn ich hoffe, das darf ich so auch», sagte der Königssohn und legte seinen Mantel ab. Da erschien er in seiner alten Gestalt, und der König, die Königin, die Brüder und die Schwägerinnen umarmten ihn unter Jubel.

«Wo hast du denn deine Frau?» fragte der König. – «Ach, Vater», antwortet der Bursche, «ich habe andere Dinge im Kopf als eine Frau.» – «Sohn, das will ich dir gern glauben: essen, trinken und schlafen! Damit hast du's ja schon immer gehalten.» – «Nein, nein, aber ich bin in großer Gefahr. Ich muß euch nämlich erzählen, daß ich bei einem alten Zauberer in Dienst war. Ich habe mit ihm einen Wettlauf ausgetragen ...» – «Du und laufen?» sagt der König, «ich glaube, die Welt stürzt ein.» – «Ja, ich habe ihn mit diesem Mantel überlistet – ihr habt mich ja alle selber nicht erkannt – aber nun sitzt der Menschenfresser unten vor dem Tor, um mir aufzulauern.» – «Sohn, nur keine Angst! Für was haben wir unsern General?»

Und der König läßt den General rufen und erzählt ihm die ganze Geschichte. «Wenn du uns den Zauberer vom Halse schaffst, dann wirst du der oberste General des Landes!»

Der General kratzt sich den Kopf und sagt: «Gewiß, Herr, selbstverständlich. Gebt mir nur eine Stunde Zeit, und ich will den Fall erledigen.»

Und er geht in seine Kaserne und läßt den Stabshauptmann rufen: «Vor dem Palast des Königs sitzt ein Zauberer. Wie bringen wir den um?» – «Herr General, ich werde sofort in den Dienstvorschriften nachsehen.»

Und der Hauptmann geht ins Mannschaftsquartier. «Hört einmal alle her: vor dem Palast des Königs sitzt ein Zauberer. Wer weiß, wie man den umbringen kann? Wer es weiß, der soll sich melden. Und wenn der Rat gut ist, so soll er ein Fäßchen Wein erhalten.»

Und da steht ein alter Soldat auf, ein ganz gerissener Kerl, und sagt: «Herr Hauptmann, die Sache ist so und so zu machen.» Und er flüstert dem Hauptmann etwas ins Ohr.

«Gut, versuche es einmal! Wenn es klappt, mache ich dich

zum Korporal. Und wenn es nicht klappt, sollst du ein schönes Begräbnis haben.»

Was tut der alte Soldat? Er läßt sich eine Kiste geben, tut Pulver hinein und eine Zündschnur, bindet sich eine Schürze um und geht vor den Palast. Dort stellt er die Kiste ab – etwas vom Tor entfernt. Dann geht er und holt einen Besen. Direkt am Tor aber sitzt der Menschenfresser.

Der Soldat kommt also mit seinem Besen und sagt zu dem Bösen: «Großväterchen, hier wird jetzt saubergemacht. Tu mir den Gefallen, und setz dich einstweilen auf die Kiste, die ich auf die Brücke gestellt habe.» – «Gut», sagt der Zauberer, «weil du es bist.» – «Nun, dann will ich mir noch eine Pfeife anzünden und die Nase etwas anwärmen», sagt der Soldat, und er schwatzt und schwatzt – und der Menschenfresser merkt nicht, daß der Soldat die Zündschnur angezündet hat.

«Nun, fange endlich mit deiner Arbeit an!» sagt der Zauberer, «hier zieht es, und ich will mich lieber wieder an die Mauer beim Tor setzen.» – «Gleich», sagt der Soldat, «ich zähle bis zehn, dann fange ich mit dem Kehren an. Und dann kannst du, Großväterchen, weiter zählen. Und wenn du bei zwanzig bist, dann werde ich fertig sein.» – «Na, da bin ich ja neugierig.»

Der Soldat stellt sich mit dem Besen unters Tor, nimmt die Pfeife aus dem Mund und zählt: «Eins – zwei – drei – vier – fünf – sechs – sieben – acht – (habe ich jetzt sieben oder acht gesagt?)» – «Acht hast du gesagt, mach vorwärts!» schreit der Menschenfresser wütend. – «Also acht, nun wirst du gleich etwas erleben, Großväterchen: – neun...» Und damit macht der Soldat einen Sprung hinters Tor, und die Kiste fliegt in die Luft. Es tut einen Knall, daß alle Vögel auffliegen, und wie der Rauch sich verzogen hat, da ist von dem Menschenfresser nichts mehr übrig als ein Schuh, der aufs Dach des Schlosses hinaufgeflogen ist.

Der Hauptmann sagt: «Korporal, hole dir morgen dein Fäßchen Wein!»

Der General sagt: «Herr Major, ich gratuliere zur Beförderung!»

Der König sagt: «Herr General, ab morgen bist du Minister!»

Dann geht der König zu seinem Jüngsten: «Den Zauberer haben wir also weggeblasen. Wie steht's nun mit dem Heiraten?» – «Ach Vater, ich bleibe dabei: ich nehme die blinde Stallmagd.» – «Du Dummkopf, du taugst wirklich nicht zur Herrschaft. Aber des Menschen Wille ist sein Himmelreich, wie man sich bettet, so liegt man. Tu's, aber beschwere dich später nicht bei mir!»

Der Königssohn aber geht in den Stall, nimmt die Tropfen, die ihm die Fee gegeben hatte, und träufelt der Stallmagd davon in die Augen, und da kann sie wieder sehen.

«Willst du mich heiraten?» fragt er sie. – «Aber wie? So häßlich, wie ich bin?» – «Nun, willst du oder willst du nicht? Wenn ja, dann holen wir auch deine Mutter zur Hochzeit.» – «Freilich will ich.»

Da steckt ihr der Königssohn den Zauberring an den Finger, und sofort wird aus der häßlichen, krummen Alten ein hübsches – was sage ich! – ein herrlich schönes Mädchen. Der Königssohn nimmt sie bei der Hand und führt sie in das Zimmer, wo seine Eltern sitzen.

Der König reibt sich die Augen. «He, Sohn, sehe ich recht? Wo hast du denn dieses Mädchen her?» – «Vater, das ist die Stallmagd!» Und er erzählt die ganze Geschichte.

Unterdessen klopft es ans Tor. – «Seht einmal nach, wer da klopft!» sagt der König.

Es war die Fee, die auf dem Esel angeritten war, denn durch einen Zauberspiegel wußte sie, was sich zugetragen hatte.

Nun wurde eine Hochzeit gefeiert, die drei Tage und drei Nächte dauerte. Und nach einem Jahr brachte die Frau des Jüngsten Drillinge zur Welt. So brachte er es dahin, daß ihm sein Vater die Krone und das Reich übertrug, und alle waren glücklich und zufrieden, denn die beiden Brüder des jungen Königs konnten nun wieder das machen, was sie am liebsten taten: essen, trinken und schlafen.

Alle waren glücklich, und der Korporal mit seinem Fäßchen Wein war der glücklichste. Ich muß es ja wissen, denn ich habe mit ihm zusammen manches Glas durch die Gurgel gejagt.

18

Der Schmied Elend

E*s war einmal* ein Schmied, und der hieß Elend. Er war arm, arm wie die Katze des Richters, so arm, daß er gezwungen war, seine Kinder immer wieder betteln zu schicken, um leben zu können. Bei jedem Wetter mußten sie es tun, weil es ihnen an Brot im Hause fehlte. Eines Abends, es war im Winter, saß Elend gerade beim Herd mit seinen Kindern und wartete, bis seine Frau ihre magere Abendsuppe auf den Tisch stellte. Da kam ein alter, ganz zerlumpter Bettler daher, er klopfte an seine Tür und sprach:

«Um Gottes Willen, ihr armen Seelen, gewährt mir ein Plätzchen an eurem Herd, laßt mich die Nacht bei euch verbringen und schenkt mir ein Stückchen Brot, ohne euch ganz zu berauben.»

«Komm nur herein, du armer Mann, komm nur herein!» antwortete sofort Elend. «Wir werden tun, was wir können.»

Die Frau war nicht erfreut und schimpfte in ihren Bart:

«Du siehst doch: sind wir nicht selber arm genug? Bei jedem Wetter müssen wir unsere Kinder Brot betteln schicken, einmal da, einmal dort, und jetzt willst du noch Fremde beherbergen!»

«Ach», antwortete Elend, «man muß halt Mitleid haben.

Ein paar Mundvoll mehr oder weniger, was soll das schon sein! Bring uns das Wenige, das wir haben.»

Und zum Bettler sagte er:

«Du weißt es ja, daß der, der arm ist, eben nichts hat. So werden wir zum Brot nicht viel zum Dazuessen haben. Wir wollen es uns aber ehrlichen Herzens teilen. Komm ans Feuer heran, du bist ja ganz starr vor Kälte!»

Und er ließ ihn Platz nehmen, warf einige Scheite ins Feuer, und als sich der Greis wieder erwärmt hatte, bat er ihn, er möge zum Tisch kommen, und forderte ihn auf, nach Herzenslust zu essen. Als sie eine Zeitlang mit Plaudern verbracht hatten, wurde es Zeit zum Schlafengehen. Der Schmied und seine Frau bereiteten für den armen Mann ein Lager neben dem Herd, und er war froh, sich endlich hinlegen zu können. Am nächsten Morgen stand der Bettler auf, sobald es Tag wurde. Er nahm seinen Wanderstab, aber als er über die Schwelle trat, sagte er zum Elend:

«Elend, bevor ich gestern abend zu euch kam, klopfte ich an die Tür eines Reichen. Der aber wies mich zurück, ohne mir nur das kleinste Almosen zu geben. Du aber, der du in äußerster Not lebst, du hast Mitleid gehabt. Du wirst es nicht bereuen, denn ich bin der liebe Gott, und für diese gute Tat will ich dir drei Wünsche erfüllen. Frage mich, um was immer du willst.»

Da sagte die Frau ganz leise zum Elend und stieß ihn beim Ellbogen:

«Wünsche dir den Reichtum, weil wir doch so arm sind! Damit wir es wenigstens auf unsere letzten Tage schöner haben und unseren Kindern etwas zurücklassen können!»

«Laß mich nachdenken», antwortete Elend.

Und nachdem er einen Augenblick nachgedacht hatte, sagte er zum lieben Gott:

«Da habe ich einen alten Schemel. Ich wünsche mir, daß niemand, der sich daraufsetzt, ohne meine Erlaubnis wieder aufstehen kann.»

Als die Frau das hörte, tobte sie vor Wut. Sie sagte mit leiser Stimme:

«Bist du denn verrückt geworden? Was soll dir dieser Schemel denn um Gottes willen einbringen? Wir sind zum Verhungern arm! Wäre es nicht besser gewesen, du hättest um Reichtum gebeten?»

«Ich durfte die Antwort geben», sagte Elend, «und ich bitte, um was ich will!»

Und einen Augenblick dachte er noch nach, und dann sagte er zum lieben Gott:

«Da vor meiner Tür habe ich einen Apfelbaum, von dem man mir die Äpfel immer herunterstiehlt. Ich wünsche mir, daß keiner von jenen, die hinaufsteigen, ohne meine Erlaubnis wieder herunterkommt.»

Diesmal konnte es die Frau nicht mehr aushalten.

«Wirst du denn wahnsinnig?» sagte sie, «daß du dir das Glück so entgehen läßt, wenn es einmal an deine Tür pocht! Du wirst dir doch Äpfel und alles, was du willst, kaufen können, wenn du reich bist!»

«Ich durfte die Antwort geben», sagte Elend, «und ich tu, was mir paßt!»

«Aber laß dir wenigstens jetzt den Reichtum geben!» fing die Frau wieder an, «du kannst nur mehr einen Wunsch äußern.»

Elend dachte erneut nach und zog dann aus seiner Tasche einen alten Lederbeutel, in dem nicht oft Geld zu finden war. Er zeigte ihn dem lieben Gott und sagte:

«Ich möchte, daß nichts, was in diesen Beutel hineinkommt, ohne meine Erlaubnis wieder herauskommt.»

«Wie du es wünschst, so wird es in Erfüllung gehen!» sagte der liebe Gott. Und dann ging er weiter.

Die Frau fing an, einen tollen Tanz aufzuführen, und überschüttete Elend mit Vorwürfen und Beschimpfungen. Elend ließ sie schreien und setzte sich wieder an die Arbeit. Er tat, als ob er nichts hörte.

Nach einigen Tagen kam ein Mann zu Elend, den er nie gesehen hatte. Er war gerade bei seiner Arbeit.

«Gott behüte dich, Schmied.» (Wie in den anderen Provinzen, so sagt man in den Landen «adieu» sowohl, wenn man sich begegnet, als auch beim Abschied.)

«Gott behüte dich!»

«Was machst du denn da?»

«Ich arbeite, wie du siehst.»

«Nun, das ist ja gut. Horch, du mußt mir etwas sagen.»

«Wenn ich es nur weiß, dann gerne.»

«Ich habe erfahren, daß du neulich jemanden zum Übernachten hattest.»

«Ja, das stimmt, das ist keine Lüge.»

«Und was hast du dafür bekommen?»

«Meiner Treu, nichts, gar nichts, ich habe aber auch nichts verlangt.»

«Nichts, das ist sehr wenig. Nun wohl, du Bursche, ich bin der Teufel, und wenn du mir das versprichst, um was ich dich bitte, werde ich dich reich machen, sehr reich. Es wird keinen Glücklicheren und Zufriedeneren mehr geben.»

«Das würde mir so gefallen, aber was willst du denn überhaupt von mir?»

«Ich will es dir sagen. In zehn Jahren, auf den Tag, werde ich hierher zurückkommen, und dann wirst du mir gehören, und du wirst mir folgen. Aber während dieser Zeit wird das ganze Gold und Silber dann in deine Taschen fließen, wenn du es dir wünschst. Du wirst wie ein Herr leben, die Hände in den Schoß legen und alles besitzen, was dir Lust und Freude macht.»

«Einverstanden!» sagte Elend.

Bei diesen Worten verschwand der Teufel vor ihm.

Von diesem Tag an hatte Elend Geld, daß er nicht wußte, was damit anfangen. Sein einziges Bestreben war, sich für sein vergangenes Leiden schadlos zu halten. Er machte sich sein Leben schön und angenehm, verzichtete auf nichts, lief von einem Fest zum anderen und war zwanzig Meilen weit der glücklichste und heiterste Mensch.

Und als er zehn Jahre auf diese Weise gelebt hatte, erschien eines schönen Morgens der Teufel wieder vor ihm und sagt zu ihm beim Eintritt in seine Wohnung:

«Nun also, mein Bursche, bist du bereit? Ich habe mein Wort gehalten, halte du das deine. Heute rechnen wir ab.»

«Ach», antwortete Elend, «du störst mich gerade! Ich habe nicht mehr daran gedacht! Könntest du mir nicht zehn weitere Jahre gewähren, um mir einen Gefallen zu tun? Mir gefällt es gerade so gut, daß es mir wirklich schwerfiele, mich damit zu begnügen.»

«Nein, nein», sagt der Teufel, «werde jetzt nicht kleinlich. Die Stunde ist gekommen, du mußt mir folgen.»

«Also los», sagt Elend, «wenn du also so entschlossen bist, laß mich nur meine Sachen noch etwas in Ordnung bringen, und ich gehe mit dir. Schau, hier ist ein Schemel, setz dich einen Augenblick hin, während ich mich fertig mache.»

Und er gab ihm den alten Schemel hin, auf den der Teufel sich setzte. Nach einer Weile sagte Elend zu ihm:

«Nun bin ich fertig, wenn du willst, können wir losziehen.»

«Dann also los!» antwortete der Teufel.

Und er wollte aufstehen. Aber wie war er da überrascht: er konnte sich nicht mehr von seinem Stuhl bewegen.

«Hallo, was soll denn das? Ich kann von diesem Schemel nicht mehr loskommen.»

«Das ist aber eigenartig», sagte Elend. «Warte ein wenig, und ich will dir helfen.»

Bei diesen Worten griff er nach einem dicken knorpeligen Stock, der hinter der Tür war. Er ging an den Teufel heran und versetzte ihm kreuz und quer die gröbsten Hiebe. Der Teufel fing an zu dröhnen wie ein Ochse und bat flehentlich um Verzeihung. Elend aber hörte nicht. Er schlug wie ein

Tauber, einen Hieb nach dem anderen. Zum Schluß, als er außer Atem war, sagte er:

«Du wirst nicht früher davonkommen, Hurensohn, bis du mir nicht versprochen hast, mich noch zehn weitere Jahre in Ruhe zu lassen und mir nach meinem Verlangen Gold und Silber zu gewähren, wie du es bisher getan hast.»

«Ich verspreche es dir! Ich verspreche es dir!» schrie der Teufel, «laß mich nur schnell wieder los!»

Und Elend erlöste ihn.

Dann fing der Schmied wieder an, drauflooszuleben, wie zuvor, indem er sich das Leben so schön gestaltete, wie er nur konnte. Er warf Geld beim Fenster hinaus und hatte seine Taschen immer noch so voll. So gingen die zehn nächsten Jahre zu Ende wie die ersten, und eines Tages erschien wieder der Teufel an seiner Tür. Diesmal kam er aber nicht allein, er hatte diesmal einen langen Schweif von Teufelchen bei sich. Und er sagte zu Elend:

«Nun, mein Freund, sind wir bereit? Heute, mein Bursche, hab ich meine Leute mitgebracht. Dein Schemel kann dich nicht mehr retten. Also rasch, siehst du deinen Weg?»

«Ach», antwortete Elend, «könntest du mir nicht zehn weitere Jährchen dazugeben? Es kommt dir doch darauf nicht an, und mir wäre so sehr damit geholfen!»

«Nein, nein», sagte der Teufel schroff, «da gibt es nichts mehr zu verhandeln! Beeile dich nur. Du hast dich schon genug unterhalten, du Frecher!»

«So gehn wir denn», sagte Elend, «wenn es schon sein muß. Laß mich nur meine Sachen in Ordnung bringen, und ich komme. Wenn ihr euch inzwischen langweilt, du und die Deinen, könnt ihr auf diesen Apfelbaum hinaufsteigen, der dort vor der Türe steht, und einige Äpfel euch holen. Sie sind nicht schlecht. Und bedient euch nur, denn, wenn ich schon gehen muß, brauch ich auch keine mehr, und so sollt wenigstens ihr etwas davon haben.»

Die Teufelchen ließen es sich nicht zweimal sagen. Sie kletterten rasch auf den Baum, alle zusammen, und verzehrten so viele Äpfel, daß der Teufel selber, der herunten geblieben war und ihnen zusah, auch Lust bekam. Er schrie zu ihnen hinauf:

«Werft mir doch einen dieser Äpfel herunter. Ich möchte sehen, ob sie wirklich so gut sind.»

«Meiner Treu, mach so wie wir. Wenn du welche willst, so steig doch herauf!»

Und der Teufel kletterte seinerseits auf den Baum hinauf, die Äpfel zu pflücken.

Gerade darauf hatte Elend gewartet. Ohne ein Wort zu sagen, nimmt er eine lange, scharfe Eisenstange, die auf ihn schon wartete, hält sie in die glühenden Kohlen, bis die Spitze rot wird. Dann nähert er sich dem Apfelbaum. Als die Teufel das sahen, wollten sie so schnell wie möglich heruntersteigen, blieben aber in den Ästen hängen und konnten nicht mehr loskommen. Und Elend machte sich an die Arbeit, stach sie von hier und von dort und verbrannte ihnen mit seinem roten Eisen den Hintern. Weder den einen noch den anderen ließ er Ruhe noch Zeit, sich zu erholen. Sie heulten, was sie nur so konnten, wie richtig Verbrannte.

«Mein Freund, wie findest du denn die Äpfel?» sagte er zum alten Teufel und stachelte ihn an. «Du hast dich vor dem Schemel in acht genommen, aber ich hab dich trotzdem eingefangen. Du und die Deinen, ihr werdet von dort nicht mehr herunterkommen, bis du mir nicht versprochen hast, mich weitere zehn Jahre in Frieden leben zu lassen und mir nach Belieben Gold und Silber zu geben, so wie bisher.»

«Ich verspreche es dir! Ich verspreche es dir»! schrie der Teufel ganz entsetzt, «laß uns nur gehen!»

«Steigt nur herunter, ihr Haufen Ungeziefer», schreit Elend, «und schert euch zum Teufel, ihr stinkt verdächtig.»

Und der Teufel und die Teufelchen hüpften vom Baum herunter, kreuz und quer, und sich den Hintern reibend kehrten sie dorthin zurück, von wo sie hergekommen waren.

Elend aber fing erneut mit seinem Leben an, so wie er es bisher gewohnt war. Glücklich wie die Ratte im Strohschuppen machte er sich das Leben schöner denn je, ohne daß sein Geldbeutel darunter zu leiden hatte. Und was er wollte, bekam er. Aber auch diese zehn Jahre vergingen, und eines Tages überfielen ihn der Teufel und die ganze Teufelschar ganz plötzlich, ohne daß er auch nur einen des Weges kommen sah. Es waren große und kleine, schwarze und rote darunter, alles stank nur so nach Teufeln.

«Haha», sagte Elend, «sonst nichts? Diesmal hast du aber niemanden daheimgelassen?»

«Nein», antwortete der Teufel, «denn mit dir muß man sich schon in acht nehmen, mit dir Nichtsnutz. Mach dich nur zum Gehen fertig!»

«Ja, ja», sagte Elend, «diesmal wird es mir nicht so schwer werden mitzugehen. Denn wenn ich ehrlich bin, habe ich ein schönes Leben hinter mir. Wir gehen, wann du willst. Es macht mir nichts mehr aus, wenn ihr mir auch schön Angst gemacht habt, du und die Deinen, so plötzlich vor mir zu stehen, ohne Anmeldung, so wie zutiefst aus der Erde. Wie habt ihr es denn nur angepackt? Und würde ich euch nicht kennen, so könnte ich fast glauben, ihr hättet mehr Gewalt als der liebe Gott!»

Der Teufel räuspert sich und sagt:

«Wir haben nicht mehr als Gott, aber gleich viel. Wir verwandeln uns, so wie wir wollen, wir gehen hin, wo wir wollen, ohne daß man uns sieht, so eng es auch sein mag.»

«Da schau dich nur an», sagte Elend, und dabei schüttelte er den Kopf. «Das sagt man so leicht. Als der liebe Gott neulich hier vorbeikam, behauptete er, daß sich er und die Seinen so klein machen könnten, daß sie alle zusammen leicht in einem Beutel Platz fänden. In was müßtet ihr euch verwandeln, wolltet ihr das gleiche zusammenbringen?»

«Pah, die schöne Geschichte!» sagt der Teufel. «Nichts leichter als das!»

«Du bist ein Prahlhans», sagte Elend. «Möchtest du mir vielleicht vormachen, daß ihr alle in diesem Beutel Platz hättet?»

Bei diesen Worten hat er seinen alten Lederbeutel aus der Tasche gezogen und hielt ihn offen in seinen Händen. In diesem Augenblick, psch!, verwandeln sich die Teufel in Rauch, und der ganze Rauch schlüpft in die Tasche hinein, ohne daß nur ein Hauch heraußen bleibt. Und als alles drinnen war, schrie der Teufel:

«Nun, sind wir also drinnen oder nicht?»

Aber der Schmied antwortet nicht und schließt sofort den Beutel. Er zieht die Schnur zusammen und trägt ihn auf seinen Amboß. Dort fängt er an, mit seiner ganzen Kraft mit dem Hammer daraufzuschlagen. Und die Teufel jammern und schreien im Beutel:

«Laß uns heraus, laß uns heraus! Du zerdrückst uns!»

Das war ein Höllenlärm. Aber je mehr sie schrien, desto mehr schlug Elend ohne Mitleid. Zum Schluß, als er müde war, sagte er:

«Wie Taler werde ich euch flachhämmern, Schmutzkerle, die ihr seid, wenn ihr mir nicht versprecht, niemals mehr vor mir zu erscheinen und mich in Frieden weiterleben zu lassen, solange ich will und solange es mich freut.»

«Ich verspreche es dir! Ich verspreche es dir!» heulte der Teufel. «Öffne den Beutel!»

Damit hatte Elend erreicht, was er wollte. Er öffnete den Beutel, und die Teufel machten sich davon. Man mußte sie gar nicht dazu auffordern, die einen hinter den anderen her, und sie grunzten wie Schweinchen, und nie hat er sie je wieder gesehen.

Und so kommt es, daß das Elend noch immer auf der Welt ist.

«Ich hab meinen Fuß auf einen Maulwurfshaufen
gesetzt und kam in Labouheyre wieder heraus.»

19

Der Spieler

Es war einmal ein reicher Mann, der alles verzehrt hatte, was er besessen. Es blieb ihm nichts mehr außer einem Fleck Dickicht, in dem er sich eine kleine Hütte gebaut hatte, die er jetzt bewohnte.

Der liebe Gott und der heilige Petrus kamen hierher und wollten übernachten. Der Mann sagte, daß er weder ein gutes Brot noch einen guten Wein fürs Abendmahl habe. Die beiden wollten sich jedoch nur ausruhen, meinten sie.

Als sie am Morgen weggingen, fragte der liebe Gott den Mann, was er als Bezahlung wolle.

Der Mann bat um einen Orangenbaum vor seiner Tür, von dem die Leute nur nach seinem Gutdünken wieder heruntersteigen könnten.

Der heilige Petrus schlug ihm vor, er möge sich doch sein Anrecht aufs Paradies wünschen. Der Mann entgegnete ihm aber, daß er noch nicht sterben wolle.

Der liebe Gott fragte ihn, was er sich außer dem Orangenbaum noch wünsche, und der Mann bat um ein Kartenspiel, mit dem er jedesmal gewinnen würde.

Der heilige Petrus schlug ihm vor, er möge sich sein Anrecht aufs Paradies sicherstellen. Aber der Mann antwortete so wie zuvor.

Der liebe Gott fragte ihn ein drittes Mal, was er noch haben wolle. Der andere bat um einen Stuhl vor seinem Kamin, von dem die Betreffenden nur mit seinem Einverständnis wieder aufstehen könnten.

Der Herr gewährte ihm, was er verlangte, und verließ ihn.

Dann begann der Mann überall zu spielen und zu gewinnen. Zwei Männer verloren im Spiel mit ihm ihre Seele. Daraufhin ging er zum Teufel und fragte ihn, ob er mit ihm spielen wolle.

«Ich brauche nicht erst zu spielen, ich habe mehr Geld als du!»

«Du wirst aber doch nicht darauf verzichten, um zwei Seelen zu spielen?» fragte der Spieler.

«Das, wenn du willst», sagte der Teufel, «dann ist es mir recht.»

Gleich beim ersten Spiel gewann der Spieler eine Seele, beim zweiten die andere.

Nach einiger Zeit kam der Tod bei ihm vorbei, um ihn mitzunehmen.

«Ein wenig Geduld!» sagte der Spieler zu ihm. «Ich hab immer nur gespielt, jetzt möchte ich ein wenig reisen.»

Der Tod schaute den schönen Orangenbaum an, der vor seiner Tür stand, und sagte zu ihm:

«Du hast einen schönen Orangenbaum.»

«Wenn du dir oben ein paar Orangen holen willst, werde ich dich daran nicht hindern», sagt der Spieler.

Der Tod stieg auf den Baum, und als er oben war, konnte er unmöglich wieder herunter.

«Ich kann hier ja nicht bleiben», sagt er nach kurzer Zeit. «Ich habe auf dieser Welt viel zu viel zu tun. Hilf mir herunter!»

Dafür aber bat der Mann den Tod, ihn noch etwas leben zu lassen.

«Wieviel Jahre willst du noch länger leben?» fragte der Tod.

Der Mann bat ihn um achtzig Jahre, und damit war der Tod einverstanden. Der Spieler ließ ihn herunter, und der Tod entfernte sich.

Als die achtzig Jahre um waren, kam der Tod wieder.

Aber diesmal blieb er nicht vor dem Haus des Spielers, sondern ging gleich hinein. Er sagte zu ihm:

«Heute werde ich dich mitnehmen, jetzt hast du wohl genug gespielt, oder nicht?»

Der Spieler entgegnete ihm:

«Setz dich in diesen Stuhl. Ich habe so sehr gespielt, daß ich jetzt beichten muß. Ich muß jetzt auch den Priester holen.»

Als der Tod saß, dachte er zuerst nicht daran, aufzustehen. Schließlich sagte er zum Spieler:

«Du scheinst dich aber nicht gerade zu beeilen, deinen Priester zu holen!»

«Wenn du es eilig hast», sagte der Spieler zu ihm, «geh du selber hin.»

Der Tod wollte versuchen aufzustehen, aber konnte es um alles in der Welt nicht. Er sagte:

«Pah, mir geht es gut in diesem Stuhl, und ich werde warten, bis der Pfarrer kommt.»

Der Spieler ging dann in seinen Holzschuppen und brachte zwei Bündel daher, die er ins Feuer warf. Da wurde es allmählich heiß, und der Tod fing an zu brennen. Er wollte unbedingt aufstehen.

«Wieviel Jahre länger willst du leben, damit du mich fortläßt?» fragte er. Und der Spieler verlangte fünfzig Jahre.

Die fünfzig Jahre vergingen, und der Tod kam wieder. Diesmal ging er gar nicht in das Haus hinein.

«Zweimal hast du mich betrogen», sagte er zum Spieler, «ein drittes Mal wird es dir nicht gelingen!»

«Jetzt bin ich alt genug», sagte der Spieler zu ihm. «Ich werde dir folgen. Mach mit mir, was du willst.»

Der Tod nahm den Spieler mit zum Teufel.

«Hier bringe ich dir einen weiteren», sagte er zu ihm.

«Welcher ist es?» fragte der Teufel.

«Der Spieler ist's.»

«Den will ich nicht, er ist schlauer als ich.»

Und der Tod führte den Spieler ins Paradies, wo man ihn aufnahm.

20

Gevatter Louison und die Mutter des Windes

Es war einmal ein Mann, namens Louison, und eine Frau, namens Marioulic. Beide waren miteinander verheiratet. Sie waren alt und ohne Kinder. Natürlich auch arm, das braucht man gar nicht erst zu betonen, denn alles, was sie besaßen, war ein kleiner Garten vor ihrem Häuschen und in diesem Garten einige schöne Bäume, die ihnen je nach Jahreszeit Obst gaben, mit dem sie sich so schlecht und recht zum Leben Geld verdienten. An einem düsteren Regenabend brach der Wind so stark aus, wie man es noch nie gesehen hatte. Er brach und entwurzelte die Bäume dieser armen Leute, ohne auch nur einen zu verschonen. Als Louison am Morgen das Unheil sah, hatte er größten Kummer und sagte zu Marioulic:

«Jetzt sind wir zugrunde gerichtet! Ich muß unbedingt die Mutter des Windes aufsuchen, vielleicht gibt sie mir etwas, um diesen Schaden wiedergutzumachen.»

Und er nahm ein großes Stück Brot, steckte es auf die Spitze seines Stabes und zog los, ohne Zeit zu verlieren. Er wanderte und wanderte weiter, bis er bei der Mutter des Windes ankam.

«Gott behüte dich, Mutter des Windes!»

«Gott behüte dich, Gevatter Louison! Was führt dich her zu mir?»

«Mutter des Windes, ich muß mich über deinen Sohn beklagen. Letzte Nacht hat er alle Bäume in meinem Garten entwurzelt und gebrochen, und sie waren doch voller Obst. Nicht einen hat er mir gelassen, und sie waren alles, was wir zum Leben hatten. Er hat mich an den Bettelstab gebracht, und ich komme zu dir mit der Bitte, ob du mir nicht etwas geben könntest, um diesen Schaden wiedergutzumachen.»

«Wenn die Dinge so stehen, mein Freund», sagte die Mutter des Windes, «hast du gut getan, zu mir zu kommen. Ich habe nichts anderes und kann dir nur eine Decke geben, aber kein Weber macht dir mehr eine Decke so wie diese. Mit ihr brauchst du im Leben nicht mehr zu arbeiten. Verstehe es nur, sie zu behalten.»

Dann ging die Alte an ihre Truhe, nahm eine Decke heraus und übergab sie Louison mit den Worten:

«Wenn du essen oder trinken willst, brauchst du sie nur vor dir auszubreiten, wo immer du auch sein magst, und dabei die Worte zu sprechen: ‹Bei der Wunderkraft dieser Decke, nichts möge auf meinem Tisch fehlen›, und im selben Augenblick wird der Tisch gedeckt sein.»

Louison nahm die Decke, bedankte sich sehr bei der Mutter des Windes, und glücklich wie ein König zog er fort.

Er ging und ging, und als er auf halbem Weg plötzlich Hunger und Durst verspürte, breitete er die Decke vor sich auf den Boden und sagte:

«Bei der Wunderkraft dieser Decke, nichts möge auf meinem Tisch fehlen!»

Und sofort war die Decke mit Brot, Wein und Speisen gedeckt, mit denen man zehn Leute hätte ernähren können.

‹Gut›, dachte Louison, ‹die Mutter des Windes hat mich nicht getäuscht. Von nun an, glaube ich, können wir das trockene Brot den anderen überlassen und es uns auf fremde Kost gutgehen lassen.›

Und er setzte sich auf das Gras und bediente sich nach Wunsch. Er aß für zwei, trank für vier, und als er ziemlich satt war, legte er seine Decke zusammen und ging singend und heiteren Mutes fort.

Als er im Dorf ankam, standen die Wirtsleute gerade vor ihrer Tür, sie riefen ihn von weitem und fragten ihn:

«Kommst du nicht ein wenig zu uns herein, Gevatter Louison? Bist du denn zufrieden mit deiner Reise? Was hat dir denn die Mutter des Windes gegeben?»

«Ja», sagt er, «sie hat mir eine Decke geschenkt!»

«Und das ist alles?» sagt die Wirtin, wobei sie in Lachen ausbricht.

«Ja, das ist alles», sagte der Gute und trat ein, «wie glücklich wärest du, so eine zu besitzen. Dein Leben lang brauchtest du kein Brot, keinen Wein und nichts anderes mehr zu kaufen, um deine Gäste zu bewirten.»

«Pah», sagte die Frau, «zeig uns das, Vater Louison!»

Louison war ganz stolz und zog die Decke aus seiner Tasche, breitet sie auf dem Tisch aus und sagt:

«Bei der Wunderkraft dieser Decke, nichts möge auf meinem Tisch fehlen!»

Sofort erscheinen Brot, Wein, Speisen, mit denen man zehn Personen ernähren kann.

Der Wirt und die Wirtin sind entzückt. Sie erholten sich nicht mehr von ihrer Überraschung. Louison lud sie großzügig ein und teilte alles, was da war. Er selbst fing zu essen und zu trinken an. Aber vor lauter Trinken und Schwätzen, und die Müdigkeit tat das Ihre, schlief er schließlich über dem Tisch ein. Was tut die Wirtin? Sie reißt die Decke an sich, versteckt sie tief in ihrem Schrank und breitet dafür eine ganz ähnliche aus. So daß Louison, als er kurz danach aufwacht, diese Decke nimmt, einsteckt und pfeifend davongeht. Er ahnt von nichts und kommt schließlich zu Hause an.

«Da bist du nun, armer Mann», sagt Marioulic. «Es hat gedauert, bis du gekommen bist. Hast du die Mutter des Windes gefunden? Hat sie dir etwas gegeben?»

«Ach, Weib», antwortete Louison, «jetzt sind wir reich genug! Von nun an brauchen wir nicht mehr das trockene Brot zu essen. Wir werden uns nicht mehr so abmühen müssen, um unser Brot zu verdienen. Schau her!»

Da breitete er seine Decke auf dem Tisch aus und sagte:

«Bei der Wunderkraft dieser Decke, nichts möge auf meinem Tische fehlen!»

Die Decke aber blieb leer, was meinen guten Louison verwirrte. Marioulic lachte:

«Meiner Seel', das lohnte die Mühe, da rennst du drei Tage lang und bringst einen Fetzen, der noch zwanzig Groschen wert ist! Bist du denn wirklich dumm, armer Mann?»

Louison war enttäuscht. Er kratzte sich die Stirn, die ihn gar nicht juckte, und wußte nicht, was er antworten sollte. Er dachte, daß er nichts Besseres und Rascheres tun könnte, als zur Mutter des Windes zurückzukehren. Sobald es am nächsten Morgen Tag wurde, nahm er seine Decke und ging wieder den gleichen Weg. Er ging und ging und ging, und vor lauter Gehen kam er schließlich ans Ziel.

«Was», sagte die Alte, als er eintrat, «du bist schon wieder da, Gevatter Louison?»

«Wie du siehst, Mutter des Windes. Ich bin wieder hergekommen, damit du mir etwas anderes gibst als diese Decke. Was im Himmel soll ich nur tun? Sobald ich zu Hause war, hatte sie ihre Wunderkraft verloren!»

«Ich glaube», sagte die Alte, «daß da ein bißchen mehr dahintersteckt, als du zugibst, aber für diesmal will ich nicht allzusehr in die Einzelheiten gehen. Jetzt will ich dir eine Ente geben, so wie du noch nicht viele gesehen hast. Du brauchst ihr nur zu sagen ‹Ente mach Silber!› oder ‹Ente mach Gold!›, und sie wird dir jedesmal so viel davon geben, wie du eben willst. Paß nur auf, daß man sie dir nicht stiehlt. Merke dir aber, was ich dir sage. Und komme nicht mehr zu mir zurück!»

Dann ging die Mutter des Windes zu ihrem Taubenschlag und kam mit einer Ente zurück, die sie Louison übergab. Jener dankte ihr, verabschiedete sich und zog ganz zufrieden seines Weges. Auf halbem Weg wurde er neugierig und wollte wissen, ob seine Ente ihm folgen würde und was sie machen konnte. Er setzte sie nieder und hielt ihr seine Mütze unter den Schwanz mit den Worten:

«Ente, mache Silber!»

Und die Ente machte ihm einen großen Haufen Silberstücke.

«Ente, mache Gold!»

Und die Ente machte ihm einen großen Haufen Goldstücke.

‹Gut!› dachte Louison und rieb sich die Hände. ‹Jetzt ist mein Besitz gesichert. Jetzt brauche ich das Brot nicht mehr pfundweise zu kaufen.›

Und er füllte seine Taschen mit diesem Gold und Silber, nahm die Ente wieder auf und zog seines Weges.

Als er im Dorf ankam, standen der Wirt und die Wirtin vor der Tür, sie riefen ihn schon von weitem, so wie das erste Mal, und luden ihn ein, einzutreten. Sie fragten ihn, was ihm die Mutter des Windes wieder geschenkt hatte.

«Oh», sagte er, «jetzt ist es noch besser. Sie hat mir eine Ente geschenkt, die mir so viel Gold und Silber macht, wie ich es will. Ich brauche ihr nur zu befehlen.»

«Pah», sagten sie, «das ist ja zum Lachen. Das wollen wir einmal sehen.»

Louison ließ sich nicht betteln, denn Gott sei gedankt, er trank gerne einen Tropfen. Und er war auch nicht gerade verärgert, wenn er zeigen konnte, was er mit seiner Ente vermochte. Er geht hinein, setzt die Ente auf den Tisch und sagt ganz laut:

«Ente, mache Silber!»

Und schon rollten die Silberstücke auf allen Seiten den Tisch hinunter.

«Ente, mache Gold!»

Und mit den Goldstücken war es das gleiche.

Der Wirt und die Wirtin machten große Augen, rissen vor Erstaunen den Mund auf und wußten nicht, was sie sagen sollten. Stolz wie ein Pfau hebt Louison sein Gold und sein Silber auf, setzt sich auf den Schemel und läßt einen Krug auftragen. Nach dem noch einen anderen, bis er schließlich über dem Tisch einschläft, so wie das letzte Mal. Das war es, worauf die Wirtin wartete. Sofort nahm sie die Ente an sich, versteckte sie in der Tischdecke und setzte eine ganz gleiche an denselben Platz. Als Louison genug geschlafen hatte, wachte er auf, nahm die Ente, die vor ihm war, und zog singend weiter. Dann kam er zu Hause an.

«Da bist du ja, armer Mann», sagte Marioulic. «Und was bringst du uns Schönes? Die Mutter des Windes wird dir diesmal wohl etwas im Werte von vierzig Kreuzern geschenkt haben?»

Und Louison antwortete, indem er es in seinen Taschen klingeln ließ und Händevoll von Goldtalern herauszog:

«Schau einmal her und sag mir, ob dies alles nicht mehr als vierzig Kreuzer wert ist?»

«Du lieber Gott, woher hast du das nur alles?» fragte die Frau ganz verdutzt.

«Jetzt werde ich so viel davon haben, wie ich will, und ohne viel Mühe», brüstete sich Louison. «Diese Ente gibt sie mir, ich brauche ihr nur zu befehlen.»

Und er setzte die Ente mitten auf den Tisch und sagte:

«Ente, mach Silber!»

Nichts! Die Ente hörte es nicht einmal.

«Ente, mache Gold!»

Diesmal machte ihm die Ente einen schönen Schmutz hin.

Und Marioulic fing wieder an zu lachen und sich aufs herzlichste über ihn lustig zu machen:

«Ja wirklich, sie macht dir ein schönes Geld! Das ist ein guter Witz, siehst du nicht ein, daß du schon den Verstand verlierst, armer Kerl!»

Tief beschämt senkt Louison sein Haupt, ohne zu antworten. Was hätte er auch sagen können? Er dachte bei sich selbst:

‹Die Mutter des Windes macht sich mit uns Menschen einen schönen Spaß! Das hat jetzt keine Bedeutung, du mußt noch einmal zu ihr zurück. Es handelt sich ja nur um die Reise!›

Am nächsten Morgen war er also bei Tagesanbruch bereit, nahm die Ente unter den Arm und machte sich wieder auf den Weg. Er ging und ging, bis er eben ankam. Als die Mutter des Windes ihn wieder sah, wurde sie zornig.

«Schon wieder du, Gevatter Louison? Um was kommst du mich denn wieder betteln? Hab ich dir nicht gesagt, du darfst nicht mehr wiederkommen?»

«Ich weiß es, Mutter Wind, aber was hätte ich tun sollen? Die Ente war der gleiche Nichtsnutz wie die Decke und hat ihre Wunderkraft gerade bis zur Schwelle meiner Tür bewahrt. Was du mir gibst, dient mir gerade dazu, daß man sich über mich lustig macht. Schließlich bin ich es leid!»

«Hör, mein Sohn», sprach die Mutter des Windes, «du schaust allzugern ins Glas, und das ist alles. Nie erzählst du mir von einem Gasthaus, wo du bei Tisch jedesmal einschläfst, wenn du von hier zurückkommst. Dort haben sie dir nämlich die Decke und die Ente, die ich dir gegeben, jedesmal vertauscht. Hier gebe ich dir noch eine Krücke, das ist alles. Das ist nichts Besonderes, wenn du so willst, aber du wirst nicht jeden Tag so eine finden, denn sie versteht es sehr wohl, ans Werk zu gehen. Du wirst es schon sehen.»

Dann nahm die Mutter des Windes eine Krücke, die hinter dem Kasten in einem Eck stand, und sagte:

«Krücke, auf zum Spiel!»

Und da wirft sich diese Krücke auf Louison, schlägt und stößt ihn auf seinen Rücken, seine Schultern, überall, und zwar so fest, daß dieser schon die Sterne sieht. Er schrie wie ein Verbrannter:

«Halt, halt, du wirst mich umbringen. Ruf den Stab zurück!»

Die Mutter des Windes lachte leise, ohne was zu antworten. Nach kurzer Zeit, wie sie sah, daß der Stock ihm schön die Rippen eingehauen hatte, schrie sie:

«Krücke, komm zurück!»

Und die Krücke kehrte zu ihr zurück.

«Schau», sagte da die Alte und übergab sie Louison, «jetzt

kannst du sie nehmen, vielleicht wird sie dir helfen können. Ich mußte dich strafen und dir den Kopf waschen.»

Louison brummte. Er war keineswegs zufrieden und hatte es nicht eilig, diese verteufelte Krücke an sich zu nehmen, die die Leute so herrichtete. Als er aber ein wenig nachgedacht hatte, entschied er sich anders und nahm sie an, dankte der Mutter des Windes herzlich dafür. Dann ging er weg und kratzte sich den Rücken.

Als er dort ankam, wo er die letzten Male haltgemacht hatte, wollte er seinerseits die Künste der Krücke ausprobieren. Er sagte:

«Krücke, auf zum Spiel!»

Und schon schwang sich der Stock durch die Lüfte hoch, er schlug, pochte rechts und links wie ein Verrückter, daß die Wipfel nur so nach allen Richtungen flogen!

‹Gut›, dachte Louison, ‹die Mutter des Windes hatte recht, und ich bin überzeugt, daß mir dieser Stock für etwas nützlich sein wird, und zwar bald.›

Er rief die Krücke zu sich zurück, und ohne Zeit zu verlieren, machte er sich auf den Weg. Als er im Dorf ankam, riefen ihn schon von weitem die Gastwirte, die schon nach ihm Ausschau hielten. Sie wollten wissen, welches Geschenk ihm die Mutter des Windes neuerdings gemacht hatte.

«Ach», sagte er, «sie hat mir diesen üblen Stock hier geschenkt. Ich weiß auch gar nicht, was ich damit anfangen soll. Wenn er mir dazu dienen soll, die bösen Leute und Diebe zu bestrafen, die mir auf meinem Weg begegnen werden, denn er schlägt ganz alleine, brauche ich es ihm nur zu befehlen. Wenn ihr also sehen wollt... Krücke, auf zum Spiel!» sagte er.

Und die Krücke springt auf die Schultern dieser Leute, schlägt und prügelt sie wie wahnsinnig und klatsch! klatsch! auf den einen und den anderen, ohne Rast. Der Rücken rauchte nur so. Sie schrien und baten um Verzeihung und Vergebung. Louison horchte nicht auf sie, und die Schläge prasselten weiter. Nach einer gewissen Zeit, nachdem der Stock sich auf ihre Kosten ausgetobt hatte und sie keine Kraft mehr hatten, sagte er:

«Ihr Elenden, meine Decke und meine Ente sind hier, ihr habt sie mir gestohlen! Gebt sie mir sofort zurück, sonst werde ich euch beide auf der Stelle erschlagen lassen!»

«Alles wollen wir dir zurückgeben, alles!» schrien sie schon halbtot, «erlöse uns!»

«Krücke, zurück!» rief Louison.

Und als sie ihm unverzüglich alles zurückgegeben hatten, kehrte er ihnen den Rücken. Er sagte kein Dankeswort und ging nach Hause.

«Armer Mann, bist du denn des Laufens nicht schon müde?» fragte ihn Marioulic, sobald er an der Türe stand. «Was bringst du uns denn von dieser neuen Reise? Bestimmt werden wir diesmal das Komischste sehen.»

«Das ist leicht möglich, schau», sagte Louison und zeigte ihr den Stock.

«Was, dieses Stückchen Stock?» sagte die Frau und fing zu lachen an.

«Hör zu, Marioulic, das ist nichts Besonderes, das stimmt, aber das könnte uns wohl helfen, sogar öfters, als du glaubst. Willst du sehen wie?... Krücke, auf zum Spiel!»

Und da fing der Stock zu tanzen an, zu schlagen und zu prügeln und immer wieder auf den Rücken von Marioulic, daß die Alte schließlich wie eine Verrückte anfing, in alle Richtungen zu laufen und zu schreien.

«Was sagst du jetzt?» fragte Louison nach kurzer Zeit und rief die Krücke zurück.

Entrüstet und schwarz vor Wut überhäufte sie ihn sogleich mit Beschimpfungen. Aber ohne ihr eine Antwort zu geben, zog er seine Decke heraus, breitete sie auf dem Tisch aus und sagte:

«Bei der Wunderkraft dieser Decke darf nichts auf meinem Tisch fehlen.»

Und da standen schon Brot, Wein und Speisen, und zwar mehr, als man für zehn Personen braucht!

Wer da erstaunt war, das war Marioulic. Plötzlich wurde sie sanft und ließ sich nicht lang von Louison an den Tisch bitten. Nie in ihrem Leben hatte sie ein solches Festmahl gehabt. Als sie alle beide gut getrunken und gegessen hatten, stand Louison auf, holte seine Ente, setzte sie auf die Decke und sagte:

«Ente, mache Silber! Ente, mache Gold!»

Und schon waren Silber und Gold da, wie Marioulic in ihrem Leben es noch nie auf einmal gesehen hatte.

«Meiner Treu, mein Mann», sagte sie dann, «man muß zugeben, daß du nicht dümmer bist als ein anderer. Dir haben wir es zu verdanken, daß unser Brot gerettet ist und wir es regnen lassen können und uns aus Unwettern nichts mehr machen müssen.»

Und sie nahm die Ente und die Decke und schloß sie in ihrem Kasten fest ein. Den Stock behielt Louison ganz allein, um ihn bei der Hand zu haben, wenn er ihn brauchte.

Weil die Ente ihnen Gold und Silber machte, sind Louison und Marioulic sehr reich geworden, so reich und in so kurzer Zeit, daß sie sich ein so großes und schönes Schloß haben bauen lassen, wie man keines gesehen hat. Da sie aber bisher als sehr arm bekannt waren, waren die Leute sehr überrascht, und es fehlte nicht an Neidern, die böse Gerüchte über sie verbreiteten. So kam es, daß eines schönen Tages der Richter und die Schützen bei ihnen eintrafen, ohne sie zu begrüßen, und ihnen befahlen, auf der Stelle zu beweisen, woher sie das Geld hatten, um so ein Schloß zu bauen.

«Wenn es nur darum geht, kann ich euch rasch befriedigen», sagte Louison.

Und weil er genau wußte, wie man diese Vögel einfangen konnte, lud er sie ein, mit ihm zu speisen, und versprach ihnen dann zu verraten, was sie wissen wollten, wenn sie schon so sehr darauf bestünden. Als sie sich an den Tisch setzten und der Richter und die Soldaten sahen, daß nirgends etwas zubereitet wurde, und merkten, daß es nicht nach Küche roch, meinten sie, man hätte sich über sie lustig gemacht. Sie wurden unwillig und schauten finster drein. Aber da breitet Louison seine Decke vor sich aus und sagt:

«Bei der Wunderkraft dieser Decke, es möge nichts auf meinem Tisch fehlen!»

Und schon stehen so viel Brot, Wein und die besten Speisen, die man sich wünschen kann, auf dem Tisch, daß man zehn Leute damit hätte ernähren können. Und die Leute waren begeistert, öffneten weit die Augen, was sie jedoch nicht daran hinderte, gleich zu essen und zu trinken und sich das Beste von dem herauszuholen, was da war. Als sie schön satt waren, stand Louison auf, ging zum Schrank, holte seine Ente und setzte sie auf die Decke mit den Worten:

«Ente, mache Silber! Ente, mache Gold!»

Und die Gold- und Silberstücke klirrten auf allen Seiten des Tisches.

«Jetzt wißt ihr soviel wie ich», sagte Louison, «von da stammt alles, was ich dazu brauchte, mein Schloß zu bauen. Ich habe mir dabei nicht viel Mühe gegeben, wie ihr seht.»

Was konnte da der Richter noch sagen? Nichts, und er sagte auch nichts. Sie rühmten die Ente, er und die Seinen fingen wieder zu trinken an, um Louison nachzukommen. Vor lauter Trinken schlief der Gute jedoch über seinem Tisch wieder ein, so wie gewöhnlich. Als der Richter und die Soldaten das sahen, sagten sie leise untereinander:

«Der Gute schläft! Wenn wir die Ente und die Decke jetzt mitgehen ließen?»

Nachdem sie alles unter ihren Mänteln versteckt hatten, brachen sie auf, aber Louison erwachte. Mit einem Blick verstand er, was vorging. Er sagte zum Richter und tat, als wäre nichts:

«Herr Richter, Ihr habt noch nicht alles gesehen. Wartet, ich will Euch das Komischste zeigen.»

«Beeile dich, beeile dich, wir haben uns lang genug bei Tisch verzögert, wir müssen gehen.»

«Das dauert nicht lange», antwortete Louison. «Krücke, auf zum Spiel!»

Da läuft er zur Tür hinaus und sperrt sie ein. Und der Stock geht ans Werk, schlägt hier, klopft dort auf die einen und die anderen, überall, ohne Ruhe und Rast. Es ging ihnen schon die Haut ab, sie schrien um Hilfe und brüllten wie Esel:

«Gevatter Louison! Gevatter Louison»! rief der Richter, «hier ist deine Ente, hier deine Decke, rette uns!»

Als er schließlich sah, daß die Taugenichtse so ziemlich genug hatten, macht Louison die Tür auf, holt sich seine Ente und seine Decke heraus und sagt:

«Krücke, schlage noch fester!»

Und während sie hinausliefen, tobte der Stock noch mehr, rannte hinter ihnen her. Er wütete noch ärger und ließ wie ein Verrückter alle Hüte durch die Luft fliegen. Das war das reinste Vergnügen.

Der Richter und die Soldaten rannten beschämt und mit eingezogenem Kopf nach Hause und schworen, nie wieder dem Gevatter Louison etwas antun zu wollen.

«Ich stieg auf einen Maulwurfhaufen
und kam bei Labouheyre wieder heraus.»

21

Die Jahreszeiten

Es waren einmal zwei Brüder, der eine hatte von den Eltern einen stattlichen Gutshof und viel gesundes Vieh geerbt, der andere nichts als eine kleine Hütte. Der Reiche kümmerte sich aber nicht um den Armen und gab ihm nicht einen einzigen Pfennig, so daß sich dieser mühsam als Taglöhner durchs Leben schlagen mußte.

Einmal an einem kalten Wintertage mußte der Arme eine Herde seines Dienstherrn in die Stadt treiben und verkaufen, und erst am Abend konnte er sich auf den Heimweg machen. Es war noch kälter geworden als untertags und dazu so finster, daß man die Hand nicht vor den Augen sehen konnte. Wie der Arme so hungrig und frierend durch die Gegend stolperte, denn er hatte im Dunkeln den rechten Weg verloren, sah er von fern ein Licht und ging darauf zu. Als er näher kam, erblickte er ein Feuer im Windschatten einer Mauer, wie sie sich die Hirten auf den Feldern errichten. Er ging dorthin und fragte die Männer, die dort saßen – es waren ihrer vier –, ob er sich auch ans Feuer setzen dürfe und sich ein wenig wärmen, denn er sei ganz durchgefroren.

«Aber ja», sagte einer von den Männern, die gut gekleidet waren und gar nicht wie Hirten aussahen, «komm zu uns, iß einen Bissen und trink einen Schluck und wärm dich auf!»

Der Arme bedankte sich, setzte sich ans Feuer, aß und trank, was man ihm gab, und bedankte sich herzlich dafür. Endlich sagte einer der Herrn am Feuer, indem er den Ältesten von denen, die dort saßen, mit dem Ellenbogen anstieß: «He, Bursche, was sagst du zu dieser Kälte?» – «Je nun», entgegnete der Arme, «es ist ja Winter, und im Winter ist es kalt.» – «Aber», so redete der junge Herr weiter, «was hältst du denn vom Winter? Ist das nicht ein schrecklicher Mann, über den alle Welt schimpft, und das mit Recht?» – «Nein», sagte der Arme, «es ist schon gut so, daß der Winter ein rauher Geselle ist. Was wäre das Leben schon, wenn es ewig Frühling wäre! Aber es ist alles klug so vom Herrgott eingeteilt, und der Winter ist mir trotz allem so lieb wie seine Brüder, die anderen Jahreszeiten.»

Da wandte sich ihm der älteste der Herren zu und sprach: «Da du nicht auf mich geschimpft hast, wie es sonst die Menschen tun, will ich dich belohnen und dir etwas geben, was alle deine Sorgen für immer wegräumt. Schau dir diesen Ring hieran! Sooft du ihn umdrehst und dir etwas wünschst, wirst du es erhalten.»

Da bedankte sich der Arme, verabschiedete sich von den vier Herren, die ihm fröhlich nachriefen: «Komm wieder, wenn du etwas von uns brauchst!»

Und als er eine Strecke gelaufen war und sich an einem Baum gestoßen hatte, sagte er: «Ach, wenn ich doch wenigstens eine Laterne hätte!» Und dabei drehte er den Ring um, und – schwupp – da stand vor ihm eine Laterne, die ein gutes Licht warf. Der Arme nahm sie auf und leuchtete sich damit auf dem Weg. Und als er eine Weile gelaufen war, sagte er seufzend: «Oh, wenn ich doch auch einen Esel hätte, dann müßte ich nicht meine Füße strapazieren!» Und er drehte seinen Ring. Und im gleichen Augenblick stand ein Esel mit einem Sattel vor ihm. Der Bursche setzte sich darauf und ritt heim zu seiner windschiefen Hütte.

Als er dort angekommen war, sagte er: «Ach, wenn ich doch statt der alten Hütte ein schönes Haus hätte!» Und kaum hatte er den Ring umgedreht, da war die alte Hütte in ein schönes, großes, neues Haus verwandelt.

Der Arme machte daraus eine Herberge, in der alle Armen, die dort vorbeikamen, umsonst essen und trinken und übernachten durften. Aber er duldete nicht, daß einer länger als drei Tage blieb, wenn er nicht krank war.

Nach einiger Zeit hörte der reiche Bruder, daß der Arme eine Herberge aufgemacht hätte und daß er die Armen darin umsonst bewirte. Da machte er sich auf, ging zu seinem Bruder, der ihn freundlich aufnahm und ihm zu essen und zu trinken vorsetzte, besser als er je gegessen und getrunken hatte. Endlich sagte der Reiche: «Wie machst du das denn, daß du alle Welt bewirten kannst? Das könnte ich nicht, selbst wenn ich es wollte, und ich bin doch wirklich reich.» – «Ja», erwiderte der Arme, «die Sache ist die, daß ich einmal in der Nacht gewandert bin, mich verlaufen habe und endlich ein Feuer gesehen habe. Als ich hinkam, saßen da vier Männer, und einer von ihnen schenkte mir diesen Ring. Und wenn ich mir nun etwas wünsche, so erhalte ich es.» – «So, und wo war das Feuer mit den Männern? Und wie sahen sie aus?» – «Ach, das Feuer war etwa da und da. Und die Männer sahen wie reiche Herren aus, die auf der Jagd sind.»

Der Reiche ging nun einige Zeit in der Gegend herum, die ihm der Arme genannt hatte. Und als ihm das Laufen zu mühsam wurde, kaufte er sich ein Pferd. Aber er konnte das Feuer mit den Herren lange Zeit nicht finden. Als er eines Abends im Hochsommer über Land ritt, entdeckte er in der Ferne einen Schein, er ritt darauf zu und erblickte ein Feuer, um das vier Herren saßen.

«Ich sehe, ihr habt dort zu essen und zu trinken. He, gebt doch mir auch etwas!» – «Wenn du was zu essen und zu trinken willst, dann mußt du dich schon von deinem Pferd herunterbemühen, denn wir werden nicht deinetwegen aufstehen, um dir etwas zu bringen.»

Murrend stieg der Reiche ab, band sein Pferd an und setzte sich zu den Männern ans Feuer. Er aß und trank, als hätte er eine Woche lang nichts zu sich genommen, sagte nicht «danke», sondern wartete auf ein Geschenk.

Die vier sahen ihn lange an, dann sagte einer, und er stieß dabei einen anderen, der wohl der Älteste war, mit dem Ellenbogen an: «Nun, was meinst du, wie gefällt dir denn der Winter?» – «Wenn den Winter nur der Teufel holen würde!» sagte der Reiche mürrisch, «was hat man schon anders von ihm als Mühe und Plage. Was einem die anderen Jahreszeiten einbringen, nimmt einem der Winter wieder.»

Da sagte der Älteste: «So, du beklagst dich über den Winter. Findest du gar keine gute Seite an ihm?» – «Nein», entgegnete der Reiche, «zwar sind die andern – Frühling, Sommer und Herbst – oft auch rechte Schelme und machen einem viel Arbeit, aber man hat wenigstens seinen Gewinn davon, während der Winter nur Schaden bringt.»

«Nun», sagte der Älteste, «so will ich dich entschädigen. Hier, nimm diese Zauberrute. Sooft du wünschst, mehr zu bekommen, sprich nur: ‹Rute, gib mir hundert!› Dann wirst du erhalten, was dir not tut.»

Als der Reiche hatte, was er sich erhofft hatte, machte er sich ohne Gruß auf, setzte sich aufs Pferd und ritt heim. Und kaum war er in seinem Hof angekommen, da öffnete er seine Geldtruhe und rief: «Rute, gib mir hundert!» Denn er dachte, es würde nun Goldstücke regnen. Aber statt Geld begann die Rute auf seinem Rücken zu tanzen, und er konnte noch so viel schimpfen und schreien, fluchen und bitten, die Rute kam nicht zur Ruhe, ehe sie ihm nicht hundert Hiebe ausbezahlt hatte. Der Reiche blieb halb tot liegen und hat nie mehr seine Rute aufgefordert, ihm hundert zu geben.

Der Bruder aber, der einst arm gewesen war, vergaß über dem Hab und Gut, das er dem Zauberring verdankte, nicht, daß es Arme gibt, und lebte ebenso glücklich wie wohltätig.

22

Die Hornissen der Hexe

Weißt du noch, weißt du noch,
’s ist schon lange her,
da wanderten, da wanderten zwei
Wanzen übers Meer.»

Wißt ihr noch, wie das gewesen ist? Nein? Gut, dann will ich es euch erzählen, und wer nicht aufpaßt, den sollen die Wanzen beißen.

Damals da war einmal ein Bäcker, der hatte eine Tochter. Und während der Vater mitten in der Nacht aufstand und

Brot backte, damit die Menschen am Morgen ihr frisches Brot hätten, schlief die Tochter bis in den Mittag hinein.

Ihr könnt euch vorstellen, daß das den Vater öfter als einmal geärgert hat. Und als eines Tages die Tochter wieder erst gegen Mittag aufstand, in den Laden ging und sich einfach ein frisches Brot nahm, da riß dem Vater der Geduldsfaden, und er gab seiner Tochter eine klatschende Ohrfeige.

Im gleichen Augenblick kam draußen vor dem Laden der König vorbeigegangen. Als der sah, daß der Bäckermeister seine Tochter schlug, betrat er erzürnt den Laden und sagte zum Meister: «Du Grobian! Warum schlägst du dieses Mädchen hier?»

Nun, ihr könnt euch vorstellen, daß der Bäcker verlegen wurde, denn er schämte sich zu sagen, daß er seiner Tochter wegen ihrer Faulheit eine Ohrfeige gegeben habe. Und da ihm nichts Besseres einfiel, behauptete er das Gegenteil: «Herr König, ich schlage meine Tochter, weil sie ohne Unterbrechung arbeiten will. Sie versteht es so gut zu backen, daß sie nur halb soviel Mehl braucht wie ich, wenn ich backe. Aber sie will nicht aufhören zu backen. Und wohin soll ich mit all dem Brot?»

Da besann sich der König und sagte: «Nun, das sehe ich ein, daß du nicht mehr backen sollst, als die Leute bei dir kaufen. Aber wir am Hofe haben einen Bäcker, der wird mit der Arbeit nie fertig, denn wir haben viele Hunderte von Grafen, Offizieren, Damen und Herren. Und dazu ist der Bäcker sehr verschwenderisch. Ich glaube sogar, er stiehlt, denn er braucht jeden Tag drei Wagenladungen voll Mehl. – Weißt du was? Gib mir deine Tochter mit. Wenn sie so fleißig und so sparsam zu backen versteht, soll sie Hofbäckerin werden, und ich will sie gut bezahlen. Und du hast dann weniger Ärger.»

Was sollte der arme Bäcker dazu sagen? Er wagte nicht einzugestehen, daß er gelogen hatte. Und so nahm der König das Mädchen, wir wollen sie Jeanne nennen, mit in den Palast. Und er ließ sie in den Backsaal führen und mit einigen Säcken

Mehl einschließen, indem er ihr sagte: «So, hier kannst du deine Arbeitswut austoben und deine Sparsamkeit zeigen! Morgen früh werde ich nachsehen, ob du wirklich so tüchtig bist, wie dein Vater gesagt hat.»

Und damit ließ er das Mädchen allein.

Nun: das war eine schöne Sache! Das Mädchen hatte noch nie auch nur das kleinste Brot gebacken, und es verstand weder einen Sauerteig zu bereiten noch das Mehl zu sieben, und schon gar nicht zu backen. So fing Jeanne in ihrer Verzweiflung zu weinen an. Und wie sie so am Weinen war, da stand auf einmal eine alte Frau, eine Hexe oder Fee, neben ihr. Und die Alte sagte: «Jeanne, warum weinst du?» – «Ich weine, weil ich aus drei Säcken Mehl für den ganzen Hof Brot backen soll, und dabei kann ich doch überhaupt nicht backen. Und außerdem ist das Mehl viel zu wenig. Das verstehe sogar ich.» – «Sei nur ruhig», sagte die Hexe, «wenn du mir etwas versprichst, so will ich dir helfen, und du wirst für immer aus der Sorge sein.» – «Und was soll ich Euch versprechen?» – «Versprich mir, daß du mir das erste Kind bringen wirst, das du zur Welt bringst!»

Da überlegte Jeanne nicht lange; wer weiß, ob sie je heiraten und ob sie Kinder bekommen würde. Und sie sagte: «Einverstanden.» – «Gut. Sobald das Kind abgestillt ist, bringst du es mir in den Wald. Und hier hast du eine Nuß. Wenn du die Nuß aufmachst, so kommen Hornissen heraus und machen alle Arbeit, die du ihnen aufträgst; dann kehren sie wieder in die Nuß zurück.»

Nach diesen Worten verschwand die Hexe, und Jeanne saß mit der Nuß in der Hand allein da. Sie hielt die Nuß ans Ohr und hörte darin etwas summen. Da hatte sie zunächst eine große Angst. Aber die Sorge um das Brot war noch größer, und so machte sie endlich die Nuß auf. Da flog sogleich ein Hornissenschwarm heraus und summte: «Herrin, was willst du, daß wir tun sollen?» – «Backt mir Brot für den königlichen Hof!»

Im Handumdrehen hatten die Hornissen so viel Brot gebacken, daß die Backstube schier voll war, und dazu hatten sie nur einen Sack Mehl gebraucht.

Als der König am nächsten Morgen in die Backstube kam, war er doch sehr überrascht. Die Bäckerin übertraf alle seine Erwartungen. Und für den Berg Brote hatte sie nur einen Sack Mehl gebraucht.

Er sagte zur Königin: «Frau, wäre das nicht eine gute Schwiegertochter? Ein sparsameres und fleißigeres Mädchen werden wir nirgends finden.»

Die Königin war damit einverstanden, und da die Bäckerstochter sehr hübsch war, verliebte sich auch der Königssohn sogleich in sie. Und man feierte Hochzeit.

Und nachdem die Flitterwochen vorbei waren, ging die junge Prinzessin jeden Abend wieder in die Backstube, und sie vergaß nicht, ihre Nuß mitzunehmen, und die Hornissen buken jede Nacht Brot für den königlichen Hof.

Als dann die Prinzessin schwanger wurde, erlaubte man Jeanne freilich nicht mehr, in die Backstube zu gehen. Und so brachte sie ein gesundes Mädchen zur Welt.

Und als die kleine Prinzessin getauft wurde, war auch eine alte Frau in der Kirche; und als Jeanne hinausging, zupfte sie die Alte bei einem Zipfel ihres Kleides und flüsterte: «Vergiß nicht, was du mir versprochen hast.»

Jeanne hatte ihre Versprechen schon fast vergessen gehabt, und als sie nun daran erinnert wurde, hatte sie große Angst. Und je älter ihre Tochter wurde, und je spärlicher ihre Milch floß, um so mehr sorgte sie sich. Und eines Tages überraschte der junge Mann seine Frau, wie sie beim Stillen des Kindes weinte, und sie hatte schier mehr Tränen als Milch zu vergeben.

«Liebste, was hast du nur?» fragte der Königssohn. Da erzählte ihm Jeanne die ganze Geschichte, zeigte ihm die Nuß und ließ ihn hören, wie darin die Hornissen summten.

Da überlegte der Königssohn lange, und endlich fragte er

seinen Beichtvater um Rat. Das war ein kluger alter Mann, der in der Welt viel herumgekommen war. Und er schlug in einem Buch nach, las sehr lange. Und sagte schließlich: «Laßt nur mich machen! Gebt mir zuerst einmal die Nuß mit den Hornissen!»

Jeanne gab ihm die Nuß. Der Pfarrer machte sie auf, da kamen die Hornissen herausgeflogen: «Herr, was willst du, daß wir tun sollen?» – «Ihr seht wohl hier dieses Kind. Macht genau so ein Kind aus Wachs!»

Die Hornissen machten ein Kind aus Wachs, das der Tochter von Jeanne zum Verwechseln ähnlich sah, dann kehrten sie in ihre Nuß zurück.

Der Pfarrer aber sagte: «Gebt mir Kleider von der alten Kammerfrau!»

Man gab sie ihm, und der Pfarrer zog sie über seinen Habit an, so daß er wie eine dicke alte Amme aussah. Dann steckte er die Nuß in die Tasche, ließ sich die Wachspuppe in ein Kissen wickeln und in den Arm legen und machte sich auf den Weg in den Wald.

Als er beim Haus der Hexe ankam, rief sie heraus: «So, bringt man mir endlich die kleine Prinzessin? Ich wäre schon fast gekommen, sie mir zu holen.» – «Ja», sagte der Pfarrer, «hier ist die arme Kleine, und halb tot vor Kälte. Seht: die kleinen Händchen sind ganz steif.» – «Wir werden sie auf einen Stuhl neben dem Kamin stellen, dann wird es ihr wieder warm werden», sagte die Hexe.

Man stellte einen Stuhl neben den Kamin, legte die Kleine drauf, und die Hexe ging, um der vermeintlichen Amme einen Botenlohn zu holen. «Was willst du, Gevatterin: einen Schnaps oder einen Honigkuchen?» – «Honigkuchen sind etwas für alte Pfarrer», antwortete der Pfarrer, «gib mir lieber einen Schnaps, Gevatterin!»

Die Hexe holte einen Schnaps, der war sehr scharf, aber der Pfarrer war einiges gewöhnt und trank mit der Hexe die halbe Flasche leer. Die Hexe vertrug nicht soviel, und als sie endlich aufstand, stolperte sie, stieß an den Stuhl, und das Wachskind stürzte ins Feuer.

Die Hexe wollte das Kind herausholen, aber der Pfarrer stellte sich so, als wollte er helfen, hinderte aber die Hexe, und in einem Augenblick war das Kind verbrannt.

Die Hexe heulte vor Wut: «Gevatterin, du bist schuld mit deinem Rausch!» – «Was, Gevatterin? Wer hat denn den höllischen Schnaps gemacht?» – «Wenn das Kind tot ist, gilt der Vertrag nicht mehr.» – «Ja, wer hat denn schuld am Tode des Kindes?» – «Das werden wir ja sehen!» schrie die Hexe, «dann hole ich mir eben Jeanne selbst!» – «Und ob wir das sehen werden, wer wen holt!» schrie der Pfarrer noch lauter. Und er zog die Nuß heraus und machte sie auf. Und die Hornissen flogen heraus, sahen die Nuß in der Hand einer alten Frau, wie sie meinten, und riefen: «Herrin, was willst du, daß wir tun sollen?» – «Jagt mir diese Hexe bis ans Ende der Welt, und laßt sie nicht mehr zurückkommen, solange Menschen leben!»

Die Hexe schlug zwar wie eine Furie um sich, aber die Hornissen stachen sie hierhin und dorthin, bis sie endlich unter Verwünschungen die Flucht ergriff.

Der Pfarrer aber kehrte zum Palast des Königs zurück, zog die alten Kleider aus. Und dann ging er zum König und sagte: «Herr König, es ist nicht recht, daß Ihr Eure Schwiegertochter in die Backstube schickt. Wie leicht kann sie sich, wenn sie wieder schwanger ist, überanstrengen, und dann kommt ein Thronfolger zur Welt, der lahm ist oder krumm.» – «Herr Pfarrer», entgegnete der König, «das habt Ihr gut durchdacht. Also Schluß mit der Bäckerei! Soll doch der Vater von Jeanne kommen und backen. Denn wenn er auch Mehl stiehlt, so bleibt es doch in der Familie.»

Gesagt, getan. Jeanne konnte wieder bis in den Mittag hinein schlafen, und ihr Vater wurde Hofbäckermeister.

Von der Hexe aber hat man nie wieder etwas gehört noch gesehen.

23

Der Drache und die schöne Florine

Es war einmal ein König, der hatte drei Kinder: zwei Söhne und eine Tochter; diese hieß Florine und war sehr schön.

Als des Königs Weib starb, heiratete er wieder eine Frau, die selbst schon eine Tochter hatte; diese hieß Tritonne und war ebenso häßlich, wie Florine schön war. Sehr bald wurde die Stiefmutter eifersüchtig auf Florine, weil sie sah, daß jeder sie ihrer eigenen Tochter vorzog, und sie behandelte sie sehr schlecht.

Die Brüder Florines waren am Hofe eines jungen Königs; dem erzählten sie von der Schönheit ihrer Schwester. Der König wollte sie sehen und sie zu seiner Frau machen. Deshalb kamen die Söhne zu ihrem Vater zurück und baten ihn, Florine mit ihnen ziehen zu lassen. Der Vater gab die Erlaubnis, aber die Stiefmutter und ihre Tochter bestanden darauf, die drei Geschwister zu begleiten.

Der Tag der Abreise kam, und alle bestiegen ein großes Schiff. Als man etwas vom Ufer entfernt war, da riefen Florines Brüder:

«Florine, hörst du den Gesang der Sirene, die den Wal besänftigt?»

Florine fragte ihre Stiefmutter:

«Mutter, was haben meine Brüder gesagt?»

«Sie haben gesagt, du sollst dir ein Auge ausstechen!» antwortete die Stiefmutter. Und sie gab ihr ein kleines spitzes Messer. Florine stach sich ein Auge aus, und die Stiefmutter nahm es und steckte es in ihre Tasche.

Etwas später riefen die Brüder wieder:

«Florine, hörst du den Gesang der Sirene, die den Wal besänftigt?»

Florine fragte die Stiefmutter:

«Mutter, was sagen meine Brüder?»

Und die böse Frau antwortete:

«Sie sagen, du sollst dir auch das zweite Auge ausstechen!»

Florine stach sich auch das zweite Auge aus und gab es ihrer Stiefmutter. Und die Brüder riefen zum dritten Male:

«Florine, hörst du die Sirene, die den Wal besänftigt?»

Und Florine fragte wieder die Stiefmutter, was sie wollten. Diese antwortete:

«Sie sagen, du sollst ins Wasser springen!»

Als sie das sagte, stieß sie Florine ein wenig an, und die Stieftochter verschwand in der Flut.

Wie groß war die Überraschung der beiden Jünglinge, als das Boot am Ufer anlegte und sie von der Stiefmutter erfuhren, daß Florine ins Wasser gestürzt sei. Sie wagten nicht, zum König zu gehen, da sie ihm doch versprochen hatten, ein schönes Mädchen mitzubringen, und nun kamen sie nur mit der häßlichen Tritonne. Als der König sie rufen ließ, mußten sie die Stiefschwester wohl oder übel vorstellen. Der König wurde sehr zornig und befahl, die beiden Jünglinge sofort einzusperren, aber er heiratete trotzdem Tritonne, weil er nun einmal versprochen hatte, das junge Mädchen zu heiraten, das man zu ihm bringen würde.

Aber Florine war nicht tot. Auf dem Meeresgrund hatte sie ein Drache empfangen und ihr gesagt, daß sie nicht unglücklich sein werde, wenn sie bei ihm bleiben wolle, und Florine hatte zugesagt.

Sie war sehr lange bei dem Drachen, und eines Tages sagte sie zu ihm, daß sie traurig sei, die Pracht des Meeresbodens nicht bewundern zu können, weil sie blind sei. Der Drache versprach, ihr das Augenlicht wiederzugeben, wenn sie immer bei ihm bleiben wolle, und sie sagte zu.

Nun hatte aber der Drache, der sehr geschickt war, eine schöne Spindel aus Gold gebastelt, und er ging auf einen Marktplatz, um sie zu verkaufen. Bald kamen zwei schön gekleidete Damen, um mit ihm zu handeln.

«Wieviel wollt Ihr für diese Spindel haben?» fragten sie.

«Ich will ein Auge dafür haben.»

»Mein Gott, was für ein Gedanke! Ein Auge! Wo sollen wir denn ein Auge herbekommen? Sagt uns lieber, wieviel Geld Ihr haben wollt, und wir werden bezahlen.»

«Nein, ich habe euch gesagt, daß ich ein Auge haben will.»

Da sagte die junge Frau zu ihrer Mutter:

«Geben wir ihm doch das Auge Florines!»

Zuerst wollte die Mutter nicht, aber dann gab sie nach. Und sofort stieg der Drache zufrieden wieder auf den Grund des Meeres; er gab Florine das Auge, und als sie wissen wollte, woher er es habe, erzählte er, daß es zwei schöne Damen gewesen seien, die es ihm gegeben hätten.

Einige Zeit später hatte Florine den Wunsch, auch das andere Auge zu haben, und sie sagte es dem Drachen. Dieser bastelte aus Gold eine Spindel, und am nächsten Sonntag ging er wieder auf den Markt, um sie zu verkaufen. Die gleichen Damen kamen wieder und fragten nach dem Preis, weil sie die eine Spindel nicht ohne die andere gebrauchen konnten. Der Drache nannte den gleichen Preis.

«Gott», sagten die Damen, «was für eine seltsame Idee, dafür ein Auge zu verlangen!»

Aber der Drache bestand darauf, und sie mußten ihm auch noch das zweite Auge Florines geben. Diese aber war glücklich, ihr Augenlicht wiederbekommen zu haben. Nun erwachte auch in ihr der Wunsch, die Menschenwelt wiederzusehen.

Ein paar Tage später sagte sie zu dem Drachen:

«Ich würde so gern einmal an das Meeresufer gehen, aber das ist wahrscheinlich unmöglich...»

Der Drache sagte:

«Ich habe alles für dich getan, damit du dein Augenlicht wiederbekommen hast, und jetzt willst du mich verlassen.»

«Nein», antwortete sie, «ich verspreche Euch, daß ich Euch niemals verlassen werde.»

Darauf machte der Drache starke Ketten, die Florine an

ihrem Gürtel befestigte, und sie begab sich ans Ufer. Man hatte ausgemacht, daß sie, wenn sich jemand nähere, rufen sollte:

«Drache, zieh mich an der Kette, ich sehe einen Wal!»

Und so ging sie jeden Tag an das Meeresufer und machte sich schön. Wenn sie sich wusch, fiel Kleie von ihren Wangen, und wenn sie sich kämmte, rieselte Weizen aus ihren Haaren. Der König dieser Gegend aber hatte eine große Herde Schweine, die all das fraßen, was von Florines Haupt fiel, und wenn sie abends heimkamen, wollten sie nie fressen; die Diener berichteten darüber dem König, und der trug ihnen auf, die Tiere zu beobachten. Da sah man, daß sie zum Meeresufer liefen, aber man wußte nicht warum, denn man sah Florine niemals.

Eines Tages befahl der König den Dienern, den ganzen Tag aufzupassen. Sie sahen Florine, und sie gingen, um ihrem Herrn zu berichten, daß Kleie und Weizen vom Haupt des jungen Mädchens rieselten. Der König wollte sie sehen, und eines Tages ging er an das Meer. Als Florine ihn sah, wollte sie untertauchen, aber der König bat sie zu bleiben. Er sagte ihr, daß er sie aus der Gefangenschaft befreien werde, aber sie wollte nicht, da sie den Drachen nicht verlassen konnte. Endlich, nachdem Florine ihm ihre Geschichte erzählt hatte, erklärte sie, sie wolle versuchen herauszubekommen, wie sie entkommen könne. Am Abend sagte sie:

«Drache, ich möchte Euch etwas fragen. Was muß man tun, um die Ketten, die mich halten, zu zerbrechen?» Durch diese Frage wurde der Drache sehr böse und sagte:

«Jetzt sehe ich, daß du mich verlassen willst, da du daran denkst.»

Sie versprach ihm zu bleiben, flehte ihn aber an, ihr zu antworten, und er sagte schließlich:

«Hundert goldene Äxte müßten die Kette mit einem Schlag zerstören!»

«Aber wie soll das ein Mensch tun, das ist unmöglich!» rief Florine.

Am nächsten Tag kam der König ans Meer, um sich die Antwort zu holen. Florine verriet ihm, was ihr der Drache gesagt hatte. Da rief der König alle Goldschmiede der Gegend zusammen, um die goldenen Äxte zu schmieden. Schnell war die Arbeit getan.

Endlich kam der Tag, an dem der König Florine holen wollte, und am frühen Morgen begab er sich mit den Handwerkern und mit einer prächtigen Kutsche ans Meer.

Nachdem der König «eins, zwei drei!» gezählt hatte, schlugen die hundert Äxte auf einmal zu, die Ketten sanken auf den Meeresgrund, und Florine fuhr in dem schönen Wagen davon.

Als der Drache sah, daß die Ketten ohne Florine zurückkamen, stieg er schnell hinauf, aber er tat nichts, denn der Wagen war schon weit.

Als man am Schloß angekommen war, ließ der König die böse Stiefmutter und deren Tochter Tritonne, die der König gar nicht liebte, holen; auch die Brüder Florines ließ er rufen, um zu sehen, ob sie das Mädchen wiedererkannten. Man kann sich die Freude der beiden Jünglinge denken, als sie ihre Schwester sahen, aber auch den Verdruß der Stiefmutter und Tritonnes, die behaupteten, das Mädchen nicht zu erkennen. Endlich erkannte der König die Unschuld der Jünglinge, befreite sie aus ihrem Gefängnis und steckte statt ihrer Tritonne und die Mutter hinein.

Ein paar Tage später heiratete der König Florine; es war eine prächtige Hochzeit. Ich war eingeladen, und dort hat man mir diese Geschichte erzählt. Man wollte nicht, daß ich zu Fuß nach Hause ginge; da gab man mir eine gläserne Karosse, gezogen von vier Ratten; aber unterwegs bin ich einer Katze begegnet, die mir die Ratten aufgefressen hat, und ich mußte zu Fuß zurückgehen.

24

Das Schwert des heiligen Petrus

Es war einmal ein König, der war gerecht wie Gold und stark und kühn wie Samson. Arme und Reiche konnten ihn um seine Dienste bitten, und niemals verweigerte sie der wackere Mann. Er plauderte und lachte mit allen Menschen. Wenn aber jemand mordete oder raubte, da war es bei dem König aus mit dem Plaudern und Lachen: da walteten die Richter und Henker ihres Amtes.

Seine Frau war schön wie der Tag und fromm wie eine Heilige. Sie gab jeden Morgen, wenn sie von der Messe kam, reichliche Almosen an der Tür ihres Schlosses. Niemals sah man ihresgleichen, und niemals mehr wird man eine andere Frau sehen, die so sehr für die Armen und Kranken besorgt war.

Der König und die Königin hatten nur einen einzigen Sohn, der sieben Jahre alt war. Er war schön wie ein Herz und weise und gehorsam wie der kleine Jesusknabe.

Eines Tages setzte sich eben beim Schlage der Mittagsglocke der König mit seiner Gemahlin und seinem Sohn zu Tisch. Da trat plötzlich ein General in das Gemach.

«Guten Tag, Herr König und Frau Königin.»

«Guten Tag, mein General. Nimm hier Platz, mein Freund. Du wirst doch einen Teller Suppe mit uns essen?»

«Herr König, das ist ein schlechter Augenblick, um Suppe zu essen. Der König der Heiden zieht mit seiner Armee heran. Wir haben gerade noch Zeit, uns zur Schlacht zu rüsten.»

«Auf, mein General! Sammle rasch alle meine Soldaten. Laß die Glocken läuten. Bewaffne alle Männer, die noch marschieren können. Vor Einbruch der Nacht gedenke ich die Eingeweide dieser Lumpenkerle ans Licht gebracht zu haben. Fallt ihr über die Offiziere und die Soldaten her, ich nehme den König der Heiden auf mich.»

«Mein König», sprach da die Königin, «kämpft nicht gegen den König der Heiden! An ihm verlieren Eisen und Stahl jede Macht. Er kann nur durch das Schwert des heiligen Petrus sterben, aber schon seit langer Zeit hat der heilige Petrus es versteckt, und er wird nicht vom Paradies zu uns kommen, um uns zu sagen, wo wir es finden können.»

Da lachte der König hell auf.

«Liebe Frau, ich werde ja bald erfahren, ob man dir die Wahrheit gesagt hat. Steige mit unserem Kind zum höchsten Turm des Schlosses hinauf. Von dort aus werdet ihr mich bequem mit dem König der Heiden kämpfen sehen können. Auf, ihr Knechte! Rasch, mein Pferd! Rasch, meine Lanze! Rasch, mein wackeres Stahlschwert!»

Alles gehorchte. Der König sprang aufs Pferd. Die Königin und das Kind schauten von den Zinnen des höchsten Turmes des Schlosses dem Kampfe zu.

«Tapfer, Kameraden! Vor Einbruch der Nacht gedenke ich die Eingeweide dieser Lumpenkerle ans Licht der Sonne gezogen zu haben. Fallt ihr über die Offiziere und Soldaten her, ich nehme den König der Heiden auf mich.»

Und der König ritt voraus im schnellsten Galopp seines Pferdes. Die Königin und das Kind schauten von der höchsten Zinne des Schloßturmes zu. Aber die Königin hatte die Wahrheit gesprochen. Gegen den König der Heiden hatten Eisen und Stahl keine Gewalt. Er schlug mit einem einzigen Axtstreich dem guten König den Kopf ab, so daß er zwanzig Schritte weit wegflog.

Die Königin und das Kind schauten von den höchsten Zinnen des Schloßturmes zu. Alsdann flohen die Soldaten des Königs in hellem Entsetzen, sie liefen wie die Hasen und schrieen wie die Adler: «Wir sind verraten, wir sind verraten!»

Die Königin und das Kind schauten von den höchsten Zinnen des Schloßturmes zu. Sie waren blaß wie ein Leichentuch. Jedoch weinten sie nicht. Und dann nahm die Königin das Kind an den Händen und schaute ihm fest in die Augen.

«Hör mich an, mein kleiner Sohn, hör mich an. In kurzem werden wir in der Gewalt des Königs der Heiden sein. Ich will nicht, daß er dich umbringe. Tue, als ob du taubstumm wärest. Da wird dich der König der Heiden als einen Kranken verachten. Er wird dich am Leben lassen. Du aber denke stets daran, daß du niemals, niemals mit mir sprichst, außer wenn ich gesagt habe: Wir sind ganz allein, ganz allein.»

«Liebe Mutter, ich will Euch gehorchen.»

Nun begab sich die Königin in ihr Gemach hinab mit ihrem Kinde und legte ihr mondfarbenes Kleid an. Hierauf begaben sich beide zum Schloßtor, um dort den König der Heiden zu erwarten. Der Kleine gehorchte seiner Mutter und stellte sich, als ob er sein ganzes Leben lang taubstumm gewesen wäre.

In ihrem mondfarbenen Gewande war die Königin so schön, so schön, daß alsbald der König der Heiden in toller Liebe zu ihr entbrannte.

«Frau Königin, ich bin Herr in diesem Lande. Ich bin Herr in diesem Schlosse.»

«König der Heiden, Ihr sollt Gehorsam finden.»

«Frau Königin, gehört dieses Kind dir?»

«Ja, König der Heiden, es gehört mir. Der liebe Gott hat es taubstumm zur Welt kommen lassen.»

Aber der König der Heiden war auf der Hut.

«Kleiner, ich habe deinen Vater getötet!»

Das Kind rührte sich nicht, aber der König der Heiden war auf der Hut.

«Kleiner, ich werde dich auch umbringen.»

Das Kind rührte sich nicht, aber der König der Heiden war immer noch mißtrauisch.

«Kleiner, ich werde deine Mutter umbringen.»

Das Kind rührte sich nicht. Da war der König der Heiden nicht mehr mißtrauisch und glaubte, daß das Kind wirklich taubstumm sei.

«Frau Königin», sprach er, «ich habe eine tolle Liebe zu

dir. Du mußt meine Frau werden, sonst töte ich dich und dein Kind!»

«König der Heiden, tötet mein Kind, wenn es Euch gefällt. Ich schäme mich, diesen Schwächling zur Welt gebracht zu haben. Vielleicht würde ich Euch ebenso schwache Kinder bringen.»

«Königin, das ist mir gleich. Du mußt meine Frau werden, sonst töte ich dich und dein Kind.»

«König der Heiden, gönnt mir Frist, bis meine Trauerzeit zu Ende ist.»

«Königin, du mußt morgen meine Frau werden, sonst töte ich dich und dein Kind.»

«König der Heiden, ich will Euch gehorchen.»

Die Königin begab sich in ihr Gemach zurück und ging mit ihrem Kinde zu Bett. Da weinte sie sich die Augen aus.

«Heilige Jungfrau! Und morgen soll ich die Frau des Königs der Heiden werden.»

Der Kleine schwieg und stellte sich schlafend. Am nächsten Morgen erhob sich die Königin frühzeitig und legte ihr sonnenfarbenes Gewand an. Beim Ankleiden weinte sie sich wieder die Augen aus.

«Heilige Jungfrau! Und heute soll ich die Frau des Königs der Heiden werden.»

Der Kleine schwieg und stellte sich schlafend. Endlich ging die Königin hinaus. Drei Stunden später kam sie wieder, der Kleine schwieg, aber er stellte sich nicht mehr schlafend. Da fing die Königin an zu sprechen:

«Wir sind beide ganz allein, ganz allein.»

«Mutter, ich weiß, woher Ihr kommt mit Eurem sonnenfarbenen Gewande. Ihr seid eben mit dem König der Heiden vermählt worden.»

«Mein armer Freund, so ist es. Wenn du groß und stark geworden bist, vergiß nicht, was ich für dich leide.»

«Mutter, ich will Euch gehorchen.»

Nach neun Monaten gebar die Königin einen Knaben, der

nicht getauft wurde. An ihm wie an seinem Vater war die Kraft des Eisens und des Stahls verloren. Er schien wie ein vom Teufel Besessener. Der König der Heiden jedoch lachte und rieb sich die Hände.

«Das ist einer, der nicht taubstumm ist wie dieser Schwächling, den ich zu Unrecht am Leben lasse.»

»König der Heiden, bringt doch diesen Schwächling um, wenn es Euch gefällt. Ich aber würde ihn leben lassen; denn bald werden wir einen kleinen Diener für uns aus ihm machen können.» Diese Worte sprach die Königin, sie dachte aber in ihrem Herzen: «Heilige Jungfrau, welche Schande! Ich bin die Mutter eines Heiden. Wenn mein ältester Sohn groß und stark geworden ist, wird er nicht vergessen, was ich für ihn leide.»

Bis zu seinem vierzehnten Lebensjahre lebte der Sohn des Königs im Schloß und tat immer so, als ob er taubstumm wäre. Von dem Tage an, da seine Mutter den König der Heiden geheiratet hatte, hatte sie kein Wort mehr zu ihm gesprochen. Eines Abends jedoch sprach die Königin:

«Wir sind beide allein, ganz allein. Hör mich an: Armer Freund, du bist nun kein Kind mehr. In sieben Jahren wirst du ein Mann sein. Nimm hier diesen Stock, nimm diese Börse, und zieh hinaus in die Welt. Du kannst mir immer geheime Nachricht senden. Suche das Schwert des heiligen Petrus, mein armer Freund, und wenn du groß und stark geworden bist, vergiß nicht, was ich um dich erdulde.»

«Liebe Mutter, ich will dir gehorchen.»

Der Junge grüßte seine Mutter und zog hinaus. Am nächsten Tag sprach der König der Heiden zur Königin:

«Frau Königin, was ist aus dem Taubstummen geworden?»

«König der Heiden, der Taubstumme ist aus dem Schloß entlaufen. Eines Tages wird man uns berichten, daß man ihn tot in einem Straßengraben gefunden hat. Und das wird kein großer Verlust sein.» Diese Worte sprach die Königin, aber sie dachte in ihrem Herzen: «Nur Geduld! Wenn mein ältester Sohn groß und stark geworden ist, wird er nicht vergessen, was ich um ihn erdulde.»

Während eines Jahres wanderte der Sohn des Königs immer geradeaus, von Sonnenaufgang bis zum Einbruch der Nacht. Endlich gelangte er am Ufer des weiten Meeres in das Heideland, in das Land der Kiefern und des Harzes. Dort trat er in einen Bauernhof.

«Guten Tag, Herr Bauer und die ganze Gesellschaft.»

«Guten Tag, mein Freund! Was willst du von mir?»

«Bauer, habt Ihr keinen Knecht nötig, ich bin wohl erst fünfzehn Jahre alt, doch stark, geschickt und kühn.»

«Mein Freund, ich brauche einen Schäfer, der am Ufer des weiten Meeres eine Herde von dreihundert weißen und schwarzen Schafen hüten soll. Wenn du deine Sache gut machst, werde ich dir Nahrung und Unterhalt geben und dir jedes Jahr zwanzig Taler Lohn auf die Hand zählen.»

«Mein Herr, ich bin Euer Schäfer.»

Am nächsten Morgen pfiff der Sohn des Königs bei Anbruch der Morgendämmerung seinen zwei großen Hunden, öffnete die Tür zum Stall und zog hinaus, um am Ufer des weiten Meeres seine Herde von dreihundert weißen und schwarzen Schafen zu hüten. Bei Einbruch der Nacht kam er zurück und trug drei tote Wölfe auf seinem Rücken.

»Seht, Herr! Hier ist Eure Herde mit dreihundert weißen und schwarzen Schafen vollzählig beisammen. Dazu sind hier drei tote Wölfe. Denen habe ich den Hals umgedreht wie kleinen Hühnern. Macht nur gleich Eure Runde und sammelt die fälligen Eier und den Speck ein und hebt mir auch einen guten Teil davon auf.»

Am folgenden Tag pfiff der Sohn des Königs wiederum bei Tagesanbruch seinen beiden großen Hunden, öffnete die Tür zum Stall und kehrte an das Ufer des weiten Meeres zurück, um dort seine dreihundert weißen und schwarzen Schafe zu hüten. Es war Sommerszeit. Gegen Mittag legte sich der Junge zum Schlafen in den Schatten einer alten Eiche. Da jammerte am Baumstamm hängend ein Grünspecht.

«Quiu, quiu, quiu.»

«Du quälst meine Ohren, Grünspecht. Ich will schlafen. Was jammerst du denn so?»

«Quiu, quiu, quiu. Mein lieber Schäfer (in jener Zeit konnten die Tiere sprechen), ich hab wohl Grund zu jammern. Die Hornissen haben mich aus dem Nest verjagt, das ich mir im Stamm dieser alten Eiche gebohrt hatte.»

»Sei nur zufrieden, Grünspecht. Ich will dir dein Nest schon wieder verschaffen.»

Der Königssohn strich sein Feuerzeug an, entzündete eine Handvoll dürres Laub und räucherte die Hornissen aus.

«So, lieber Grünspecht! Jetzt geh in dein Nest zurück und ärgere mich nicht mehr mit deinem Geschrei. Ich will schlafen.»

«Quiu, quiu, quiu, Schäfer. Du hast mir einen großen Dienst erwiesen, und ich will es dir nach meinem Vermögen lohnen. Ich weiß, wer du bist. Ich weiß auch, woran du Tag und Nacht denkst. Du denkst daran, daß deine Mutter dir gesagt hat: ‹Zieh hinaus in die Welt. Du sollst mir heimlich Nachricht von dir geben. Suche das Schwert des heiligen Petrus, und wenn du groß und stark geworden bist, vergiß nicht, was ich für dich leide.› Mein lieber Schäfer, ich weiß nicht, wo das Schwert des heiligen Petrus ist. Wenn es sich aber darum handelt, deiner Mutter heimlich Nachricht zu überbringen, so sprich, ich will dir gehorchen.»

«Mein lieber Grünspecht, flieg hin und sage meiner Mutter: ‹Eurem Sohn geht es gut. Er hütet am Ufer des weiten Meeres eine Herde von dreihundert schwarzen und weißen Schafen, und er vergißt nicht, was Ihr für ihn erleidet.›»

Der Grünspecht flog davon wie eine Kugel. Bei Sonnenuntergang hämmerte er mit starken Schnabelhieben am Fensterladen der Königin herum. Die ganze Nacht arbeitete der Vogel unentwegt. Bei Tagesanbruch hatte der Fensterladen ein Loch. Da bemerkte der Grünspecht, daß die Königin allein war, und er schlüpfte hinein und hockte sich an das Kopfende ihres Bettes.

«Quiu, quiu, quiu. Guten Tag, Frau Königin. Es geht Eurem Sohn gut. Er hütet am Ufer des weiten Meeres eine Herde von dreihundert weißen und schwarzen Schafen, und er vergißt nicht, was Ihr für ihn leidet.»

«Hab Dank, mein lieber Grünspecht.»

Da flog der Grünspecht wiederum so schnell wie eine Kugel davon.

«Mein lieber Schäfer, dein Auftrag ist vollzogen.»

«Ich danke dir, Grünspecht. Von nun an, meine ich, sollten wir gute Freunde sein.»

«Mit Freuden, mein lieber Schäfer. Wenn du mich jemals brauchst, so rufe nur ganz laut: ‹Quiu, quiu, quiu.› Wo ich auch sei, was ich auch tue, ich werde dann alles für dich im Stiche lassen.»

So wurden der Sohn des Königs und der Grünspecht also gute Freunde. Von Sonnenaufgang bis Sonnenuntergang plauderten sie lange miteinander. Eines Tages aber geriet der Grünspecht in einen heiligen Zorn.

«Quiu, quiu, quiu! Schäfer, jetzt hütest du schon ein ganzes Jahr deine Herde von dreihundert weißen und schwarzen Schafen am Ufer des weiten Meeres. Bei diesem Geschäft wirst du das Schwert des heiligen Petrus niemals finden. Zieh doch hinaus in die weite Welt, und wenn du mich noch brauchst, so weißt du ja, was ich dir versprochen habe.»

«Leb wohl, Grünspecht! Morgen abend werde ich schon weit weg sein.»

Am nächsten Morgen nahm der Sohn des Königs bei Anbruch der Morgenröte Abschied von seinem Herrn und zog hinaus. Ein ganzes Jahr wanderte er von Sonnenaufgang bis zur finsteren Nacht immer weiter, immer geradeaus. Da überfiel den Königssohn eine große Müdigkeit, als er gerade durch einen weiten Wald wanderte. Er setzte sich im Schatten einer Eiche auf den Boden und holte aus seinem Sack ein Stück Brot. Es war Sommerszeit, und die Erde war ganz rissig von tiefen Spalten. Während er so mit gutem Appetit frühstückte, kamen sieben Eidechsen aus der Erde und sammelten die Brotkrümchen auf.

«Eßt nur, ihr Eidechsen! Eßt, meine lieben Freunde! Da habt ihr den Rest meines Brotes.»

Die sieben Eidechsen machten sich schnell darüber her und hatten es bald verzehrt.

«Ziu, ziu, ziu! Junger Mann, du hast uns einen großen Dienst erwiesen, und wir wollen ihn dir nach unserem Vermögen lohnen. Junger Mann, wir wissen, wer du bist. Wir wissen, woran du Tag und Nacht denkst. Du denkst daran, daß deine Mutter dir gesagt hat: ‹Zieh hinaus in die weite Welt! Suche das Schwert des heiligen Petrus. Wenn du groß und stark geworden bist, so vergiß nicht, was ich um dich leide.› – Junger Mann, wir wissen nicht, wo das Schwert des heiligen Petrus ist. Aber in der nächsten Weihnachtsnacht sollst du mehr erfahren, als wir wissen. Du bist aber dann noch nicht am Ende deiner Leiden. Wenn du uns jemals brauchst, so pfeife dreimal laut: ‹Ziu, ziu, ziu.› Wo wir dann auch seien und was wir auch tun, wir werden alles im Stiche lassen, um dir zu helfen.»

«Ich danke euch, meine lieben Eidechsen.»

Die sieben Eidechsen verschwanden wieder unter der Erde, und der Sohn des Königs setzte seinen Weg fort. Endlich kam die Weihnacht heran. Alles war vereist, und der Mond leuchtete über dem Felde, das vom Schnee ganz weiß war. Da sprach der Sohn des Königs zu sich selbst:

«Die Zeit, von der die sieben Eidechsen gesprochen haben, ist herangekommen. Wandere nur immer weiter, bis du erfahren hast, wo du das Schwert des heiligen Petrus findest.»

Um Mitternacht machte er unweit von einem Flusse halt. Da saß am Rande des Wassers ein armer Alter im grauen Bart und zitterte vor Kälte.

«Guten Abend, du armer Mann. Ein schlechtes Wetter für die Wanderschaft. Du zitterst ja vor Kälte. Trink einen Schluck aus meiner Flasche. Das wird dich aufwärmen.»

Der arme Alte trank einen kräftigen Zug aus der Flasche und zitterte nicht mehr.

«Ich danke dir, Freund. Jetzt aber trage mich auf die andere Seite des Wassers.»

«Mit Freuden, armer Alter. Steige mir nur auf den Rücken und halte dich fest. Jesus! Du wiegst ja nicht mehr als eine Feder.»

«Hab nur Geduld! Im Wasser werde ich schon mehr wiegen.»

«Das ist wahr. Jesus! Du drückst mich ja zusammen!»

«Hab nur Geduld! Am anderen Ufer werde ich nur mehr wie eine Feder wiegen.»

«Wirklich, so ist's. Hier, armer Mann, bist du am Ufer. Jetzt trink noch einen Schluck aus meiner Flasche, und möge der liebe Gott dich geleiten.»

«Junger Mann, ich bin kein Armer. Ich bin der heilige Petrus. Du hast mir einen großen Dienst erwiesen, junger Mann, und ich will dich nach meinen Kräften belohnen. Junger Mann, ich weiß, wer du bist. Ich weiß auch, woran du Tag und Nacht denkst. Du denkst daran, daß deine Mutter zu dir gesagt hat: ‹Zieh hinaus in die weite Welt, suche das Schwert des heiligen Petrus. Wenn du groß und stark geworden bist, so vergiß nicht, was ich um dich leide.› – Junger Mann, hört mich an. Wandere bis Tagesanbruch an diesem Fluß entlang und bete dabei zu Gott. Dann wirst du vor einem schwarzen und stinkenden Loch stehen, einem Loch, das hundert Klafter tief ist. Dahinein steige kühn und ohne Furcht und Zagen. Hilf dir mit Händen und Füßen. Unten aber werden deine Prüfungen noch nicht zu Ende sein. Du mußt lange, lange unter der Erde dahinwandern. Du wirst in deinem Wandersack jeden Morgen gerade genug Brot finden, um nicht Hungers zu sterben. Und in deiner Flasche wirst du jeden Morgen gerade genug Wein finden, um nicht zu verdursten. Hüte dich wohl, unterwegs etwas anderes zu essen oder zu trinken, und laufe immer weiter. Du wirst endlich unter dem Kalvarienberg ankommen, auf dem unser Herr Jesus Christus ans Kreuz geschlagen wurde. Dort steht eine große Kirche, worin siebenhundert Kerzen und siebenhundert Lampen Tag und Nacht brennen. Jedoch betritt niemals eine Menschenseele diese Kirche. Auf dem Hauptaltar der großen Kirche wirst du mein Schwert finden, und dann wirst du in dein Land zurückkehren, um dort den König der Heiden zu töten. Aber der König der Heiden hat einen Sohn. Ich verlange, daß dieser nicht sterbe, er ist dein Bruder durch deine Mutter.»

«Heiliger Pertus, ich will Euch gehorchen.»

Der heilige Petrus wanderte weiter. Der Sohn des Königs dagegen schritt unter Gebeten zu Gott bis zum Tagesanbruch am Ufer des Flusses dahin. Dann gelangte er an ein schwarzes, stinkendes Loch, das hundert Klafter tief war; und er stieg da hinab ohne Furcht und Zagen, indem er mit Händen und Füßen kletterte. Unten saßen Jünglinge und Mädchen an Tischen und schmausten und zechten.

«Heda, Freund, komm und schwelge mit uns.»

Aber der Sohn des Königs gedachte des Verbotes des heiligen Petrus. Er stieß mit einem gewaltigen Fußtritt den Tisch um und warf den Zechern die Flaschen und die Teller an den Kopf.

«Macht euch davon, ihr Lumpengesindel!»

Diese ganze schmutzige Gesellschaft verschwand im Handumdrehen, und der Königssohn machte sich auf die Wanderung. Lange, lange Zeit wanderte er unter der Erde dahin, ohne jemals einer Menschenseele zu begegnen. In seinem Zwerchsack fand er jeden Morgen gerade genug Brot, um nicht Hungers zu sterben, und in seiner Flasche fand er jeden Morgen gerade genug Wein, um nicht zu verdursten. Eines Tages aber hörte er eine Stimme gar kläglich schreien.

«Ach weh! Ach weh!»

Es war ein in Lumpen gekleideter Mann, der am Rande des Weges lag. Seine Haare waren so rot wie eine Rübe, und er stank schlimmer als hundert Stück Aas.

«Ach weh! Ach weh!»

«Was fehlt dir denn, mein armer Freund?»

«Ach weh! Ach weh! Ich kann keinen Fuß mehr vor den anderen setzen. Ich komme um vor Hunger und Durst. Hab Mitleid mit mir, junger Mann, und befreie mich aus meiner erbärmlichen Lage. Ach weh! Ach weh!»

Da dachte der Königssohn bei sich:

‹Ich muß doch Erbarmen haben mit dem Armen.› «Hier, mein Freund, iß dieses Stückchen Brot, trinke einen Schluck aus meiner Flasche. Auf! Reich mir den Arm. Ich will dich schon von hier wegbringen.»

Lange, lange Zeit wanderten der Sohn des Königs und der Mann mit den roten Haaren unter der Erde dahin, ohne jemals einer Menschenseele zu begegnen. Sie fanden jeden Morgen im Zwerchsack gerade genug Brot, um nicht zu verhungern, und in der Flasche gerade genug Wein, um nicht zu verdursten. Endlich gelangten sie unter den Kalvarienberg, wo unser Herr Jesus Christus ans Kreuz geschlagen worden war. Dort stand eine große und schöne Kirche, worin siebenhundert Kerzen und siebenhundert Lampen Tag und Nacht brannten. Jedoch hatte noch keine Menschenseele diese Kirche betreten. Der Königssohn ging hin zum Hochaltar der großen Kirche und ergriff das Schwert des heiligen Petrus. Hierauf kniete er nieder und betete zu Gott. Dann suchte er mit den Augen seinen Begleiter.

Aber o weh! Der Mann mit den roten Haaren war nicht mehr da. Die eiserne Tür der großen Kirche war mit drei Schlössern verschlossen. Draußen aber schob der Mann mit den roten Haaren die Riegel vor und schrie: «Ha, ha, ha, ich bin Judas Ischariot. Du wolltest das Schwert des heiligen Petrus holen. Nun versuche, hier herauszukommen.»

Judas Ischariot machte sich davon. Der Sohn des Königs aber verfiel in traurige Gedanken:

«Der heilige Petrus hat zu mir gesagt: ‹Deine Leiden sind noch nicht zu Ende.› Der heilige Petrus hat nicht gelogen. Gnädige Mutter Gottes, wer soll mich hier herausholen?»

Da schrie der Königssohn mit lauter Stimme:

«Quiu, quiu, quiu.»

Aber der Grünspecht kam nicht. Der Königssohn pfiff, so stark er konnte:

«Ziu, ziu, ziu.» Aber die sieben Eidechsen kamen nicht.

So lebte der Sohn des Königs ein ganzes Jahr einsam und allein unter dem Kalvarienberg in der großen Kirche, worin siebenhundert Kerzen und siebenhundert Lampen Tag und Nacht brennen. Er fand jeden Morgen in seinem Zwerchsack gerade genug Brot, um nicht zu verhungern, und in seiner Flasche gerade genug Wein, um nicht zu verdursten. Endlich hörte er ein leises Pfeifen unter der Erde.

«Ziu, ziu, ziu.»

Eine Stunde später zeigten sich die sieben Eidechsen. Sie hatten unter dem Pflaster der großen Kirche ein Loch ausgehöhlt, durch das ein Mann schlüpfen konnte.

«Ziu, ziu, ziu. Junger Mann, wir haben dich unter der Erde vernommen. Aber wir brauchten ein ganzes Jahr, um dir einen Gang zu graben. Jetzt schnell, schnell, nimm das Schwert des heiligen Petrus und mach dich auf.»

«Meine lieben Eidechsen, das soll geschehen.»

Drei Tage später hatten die sieben Eidechsen den Sohn des Königs wieder an das Licht des Tages auf die Erde gebracht.

«Habt Dank, ihr Eidechsen. Kehrt jetzt nach Hause zurück.»

Die sieben Eidechsen schlüpften wieder unter die Erde, und der Königssohn schrie mit lauter Stimme:

«Quiu, quiu, quiu.»

Diesmal hörte ihn der Grünspecht. Er kam heran, so schnell wie eine Kugel.

«Lieber Grünspecht, geh und sage meiner Mutter: ‹Euer Sohn hat das Schwert des heiligen Petrus gefunden und vergißt nicht, was Ihr für ihn duldet.›»

Der Grünspecht flog wie eine Kugel davon.

Ein ganzes Jahr hoffte die Königin, ohne jemand kommen zu sehen. Endlich klopfte ein Jakobspilger an das Tor des Schlosses.

«Ihr Knechte, sagt der Königin, daß ich schöne goldene und silberne Medaillen und schöne diamantene, vom Papst in Rom geweihte Rosenkränze verkaufe.»

Die Knechte gehorchten. Die Mutter aber sprach zu ihnen:

«Ihr Knechte, kehrt nur zu euren Geschäften zurück.»

Als die Knechte weggegangen waren, verriegelte der Jakobspilger die Tür von innen, schlug seinen langen Mantel auf und zeigte das Schwert des heiligen Petrus, das ihm am Gürtel hing. Hierauf sprach die Königin:

«Wir sind beide allein, ganz allein.»

«Guten Tag, liebe Mutter. Meine Wanderschaft ist zu Ende. Ich habe das Schwert des heiligen Petrus gefunden. Ich habe nicht vergessen, was Ihr für mich erduldet habt. – Wo ist der König der Heiden?»

«Mein Sohn, der König der Heiden ist auf der Jagd mit seinem Sohn. Sie werden in einer Stunde zurückkommen.»

«Mutter, in einer Stunde wird der König der Heiden aufgehört haben, Böses zu tun.»

«Mein Sohn, du hast dann erst die Hälfte deiner Arbeit getan. Heilige Jungfrau! Welche Schande! Ich bin die Mutter eines Heiden. Ich verlange, daß der Sohn ebenso wie der Vater sterbe.»

«Mutter, der heilige Petrus hat mir gesagt: ‹Ich verlange, daß dieser nicht sterbe, denn er ist dein Stiefbruder.›»

«Mein Sohn, ich bin nicht geboren, um dem heiligen Petrus zu widersprechen, aber dann verlange ich wenigstens, daß dein Bruder außerstande sei, sich zu verheiraten.»

«Mutter, das soll geschehen.»

Der Sohn des Königs legte seinen Pilgermantel ab, eilte in den Stall, wählte sich das beste Pferd aus, legte ihm Sattel und Zügel an und ritt im Galopp davon.

«Ho! König der Heiden, ich bin der Taubstumme. König der Heiden, ich habe das Schwert des heiligen Petrus gefunden. König der Heiden, hüte dich.»

Beim ersten Schwertstreich fiel der König der Heiden vom Pferde, von dem heiligen Schwert durchbohrt. Hierauf stieg der Sohn des Königs vom Pferde und sprach zu seinem Stiefbruder:

«Mein Bruder, spring vom Pferde, ich muß dich verschneiden.»

Als dies geschehen, kehrten beide in das Schloß zurück.

«Mutter, ich habe Euch gehorcht. Der König der Heiden lebt nicht mehr, und sein Sohn wird sich von nun an nicht mehr vermählen können.»

«Meine Söhne, ich habe hier auf Erden keine Aufgabe mehr. Lebt wohl! Ich werde in ein Kloster eintreten und den Rest meiner Tage in Gebeten zu Gott verbringen.»

Die Königin verließ das Schloß. Der Stiefbruder aber verlangte die Taufe und lebte wie ein großer Heiliger. An ihm hatten Eisen und Stahl ihre Gewalt wieder. Der neue König jedoch vermählte sich mit einer Prinzessin, die war schön wie der lichte Tag und treu wie Gold. Sie lebten lange Zeit im Glück und in Frieden.

25

Das kleine Rotkäppchen

Es war einmal ein kleines Mädchen, welches man das Rotkäppchen nannte. Seine Mutter legte ihm einen Topf mit Butter und einen Kuchen in sein Körbchen und sagte zu ihm:

«Mein Liebling, bring das deiner Großmutter!»

Das kleine Rotkäppchen machte sich auf den Weg, und unterwegs begegnete es dem Wolf, welcher zu ihm sprach:

«Kleine, wohin gehst du?»

»Ich gehe zu meiner Großmutter und bringe ihr einen Topf Butter und Kuchen.»

«Und welchen Weg schlägst du ein, den Weg der Steinchen oder den Weg der Nädelchen?»

«Den der Nädelchen, ich könnte einige auflesen.»

«Aber dein Korb wird dich stören. Gib ihn mir, ich will ihn dir tragen; ich gehe den Steinchenweg, und wir treffen uns an der Türe deiner Großmutter wieder.»

Und das kleine Rotkäppchen gab dem Wolf seinen Korb, und dieser beeilte sich, um zuerst anzukommen. Als er da war, klopfte er:

«Poch, poch!»

«Wer ist da?» fragte die Großmutter.

«Ich, deine kleine Enkelin, ich bringe dir einen Topf Butter und Kuchen!»

«Es ist gut, drück auf die Klinke, und stell alles auf den Tisch.»

Daraufhin trat der Wolf ein, stürzte sich auf die Großmutter und verschlang sie. Als er satt war, legte er das, was von ihr übriggeblieben war, in den Schrank, und das Blut stellte er in einer Schüssel auf den Tisch. Dann setzte er die Mütze der Alten auf und legte sich in ihr Bett.

Nun klopfte das arme kleine Rotkäppchen.

«Poch, poch!»

«Wer ist da?»

«Ich, deine Enkelin, ich bringe dir Nädelchen!»

«Gut, drück auf die Klinke, und leg sie auf den Tisch!»

«Ich hatte dir einen Topf Butter und einen Kuchen gebracht, Großmutter, aber ich bin dem Wolf begegnet; der hat mir meinen Korb abverlangt, und ich habe ihm ihn gegeben aus Furcht, gefressen zu werden.»

«Da hast du recht getan, Liebling!»

«Ach Großmutter, ich habe argen Hunger!»

«Da! Öffne den Schrank, darin findest du Fleisch. Iß davon!» Und während die Kleine von dem Fleische aß, sagte der Wolf: «Ho! Die Kleine ißt das Fleisch, das Fleisch ihrer Großmutter! Das Fleisch ihrer Großmutter!»

«Was sagst du da, Großmutter, daß ich dein Fleisch esse?»

«Ach nein, ich sagte, du solltest dich beeilen, daß du ins Bett kommst.»

«Ach Großmutter, ich habe argen Durst!»

«Da! Trink aus dieser Schüssel mit Wein, die auf dem Tische steht!»

Während sie trank, sagte der Wolf:

«Ho! Die Kleine trinkt das Blut, das Blut ihrer Großmutter! Das Blut ihrer Großmutter!»

«Was sagst du da, Großmutter, daß ich dein Blut trinke?»

«Ach nein, ich sagte, ich wäre nun bald hundert Jahre alt.»

«Ach Großmutter, ich bin sehr müde!»

«Gut, so leg dich zu mir!»

Als Rotkäppchen im Bett lag, fand es im Bett ganz behaarte Beine.

«Mein Gott, Großmutter, was hast du für viele Haare an den Beinen!»

«Das kommt vom Alter, mein Kind!»

«Mein Gott, Großmutter, was hast du für eine rauhe Stimme!»

«Damit du mich besser verstehen kannst, mein Kind!»

«Mein Gott, Großmutter, was hast du für lange Ohren!»

«Damit ich dich besser hören kann, mein Kind!»

«Mein Gott, Großmutter, was hast du für eine große Nase!»

«Damit ich dich besser riechen kann, mein Kind!»

«Mein Gott, Großmutter, was hast du für lange Zähne!»

«Damit ich dich besser fressen kann, mein Kind!» Und happ, verschlang es der Wolf.

26

Grosse-Botte und La Ramée

Es war einmal ein reiches Ehepaar, das nur einen Sohn hatte. Dieser wollte sich mit dem Mädchen seiner Wahl verheiraten, aber von dieser Hochzeit wollten seine Eltern nichts wissen, und das machte ihn krank.

Ärzte kamen, aber keiner erkannte seine Krankheit. Es gab nur einen jungen Doktor, der war aus der Stadt und wußte, was ihm fehlte. Er sagte: «Ein Verdruß hat ihn in diesen Zustand versetzt. Eurem Sohn darf man nicht Widerspruch leisten, sonst wird er nie von diesem Übel geheilt.»

«Ach!» sagten die Eltern, «heilt ihn doch, und niemals wollen wir ihm mehr widersprechen.»

Als der Sohn gesund war, bat er erneut, das Mädchen heiraten zu dürfen, das er sich ausgesucht hatte. Und er heiratete es.

Der junge Mann war Tuchhändler. Als er verheiratet war, ging er mit seiner Frau nach Paris.

Sie war schön und lieblich und tat sich mit dem Obersten eines Regiments zusammen.

Und eines Tages kommt der Oberst in den Laden des Gemahls. Er zeigt ihm einen Stoff und fragt ihn, ob er ihm dieses Tuch besorgen könnte. Er würde ihm so viel davon abkaufen, wie er für das ganze Regiment brauchte.

Der Tuchhändler hatte diesen Stoff zwar nicht, aber er sagte, er wolle ihn sich besorgen, und zog aus, ihn aus dem Ausland zu holen.

Während er dort weilte, entführte der Oberst die Frau des Tuchhändlers, mit allem, was sich in seinem Haus befand.

Als der Gatte zurückkam, sah er, daß bei ihm alles geschlossen war. Es war abends, und er sagte sich: meine Frau schläft. Er wollte sie nicht wecken, ihr vielleicht angst machen und ging deshalb in die Herberge zum Schlafen.

Als Abendessen verlangte er ein Hühnchen und eine Flasche Wein, und er fing zu speisen an. Während er so aß, kam die Wirtin und plauderte mit ihm. Sie erzählte ihm alles, was sich während seiner Abwesenheit bei ihm zu Hause zugetragen hatte. Der Tuchhändler konnte nicht mehr essen und nicht mehr trinken. Er sagte:

«Bringt es mir morgen früh wieder. Jetzt lege ich mich nieder.»

Am nächsten Morgen hatte er noch immer keinen Hunger. Er nahm sein Hühnchen und seine Flasche, und schon war er weg.

Er wollte weder zu sich noch zu seinen Eltern zurück und ging weiter, ohne zu wissen wohin.

Nach einem Stück Weg fühlte er sich schon langsam schwach. Da setzte er sich an den Straßenrand, um dort in der Sonne sein Hühnchen zu verzehren.

Ein kleines Wesen kam aus dem Wald heraus. Es war eine Fee.

«Du ißt zu Mittag?» sagte sie zum Händler.

«Ja, Alte», sagte er. «Wenn Ihr mit mir essen wollt, so teile ich es gerne.»

«Mit Freuden würde ich mitessen», sagte die Alte. Sie setzte sich neben ihn.

Während des Essens erzählte ihr der Tuchhändler von seinen Sorgen, wie er geheiratet hatte, wie er wegging und was dann geschah.

«Armer junger Mann», sagte die Alte zu ihm. «Ich bedaure Euch sehr. Ihr seid ein braver Bursche, und ich möchte etwas für Euch tun. Da habe ich etwas, was Euch bestimmt etwas tröstet.» Und sie überreichte ihm eine kleine Dose, die sie besaß. «Nehmt diese kleine Dose», sagt sie zu ihm, «da drinnen ist eine Salbe, mit der Ihr die Toten, wenn sie nicht länger als vierundzwanzig Stunden vorher gestorben sind, wiedererwecken könnt. Reibt sie damit ein und bewahrt sie gut, und verwendet sie, wenn Ihr sie brauchen könnt.»

Der Händler nimmt die Dose, dankt der Fee und zieht weiter seines Weges.

«Gelingt's, dann gelingt's», sagt er zu sich, «gelingt's nicht, dann eben nicht.»

Er kommt in eine Stadt und sieht überall schwarze Fahnen hängen. Er fragt, was geschehen ist, und man sagt ihm, daß reiche Leute ihre Tochter verloren hätten, ihre einzige.

Wie der Tuchhändler das erfährt, sagt er, er möchte den Vater der Toten sehen. Und als er ihn sah, sagte er zu ihm, daß er seine Tochter auferwecken wolle.

Der Vater wollte ihm zuerst einen Schlag versetzen: Leute, die gerade dabeistanden, bezeichneten den Händler als verrückt und dumm.

Er bat, man möge ihn tun lassen. Und meiner Treu, weil er schon so entschieden war, sagten die Leute zum Vater der Verstorbenen:

«Was kann er ihr auch Schlimmeres antun, als sie eh schon hat, laßt ihn nur ans Werk gehen!»

Der Tuchhändler wurde in das Zimmer geführt, wo sich die Tote befand. Er fing an die Tücher wegzunehmen, alle Schleier, alle schönen Gewänder, die sie anhatte, und rieb sie mit der Salbe aus seiner Dose ein. Plötzlich sieht er, wie das Mädchen die Augen öffnet. Er reibt noch fester, und sie richtet sich im Bette auf. Da befiehlt er ihr:

«Steh auf, und zieh das schönste deiner Kleider an!»

Gesagt, getan, und er führte sie am Arm zu ihren Eltern.

Da waren sie nun alle ihre Freunde am Weinen und Lachen. Sie küßten das Mädchen, berührten es und umarmten den Tuchhändler. Er mußte einige Zeit bei ihnen bleiben, und zeitweise glaubten sie, er wäre der liebe Gott. Zu guter Letzt wollte man ihn mit dem Mädchen verheiraten, das er von den Toten auferweckt hatte.

Der Tuchhändler sagte, daß sein Geschäft ihn rufe und er durch ganz Frankreich ziehen wolle und wieder zurückkomme, sobald er seine Reise hinter sich habe.

Alles Gold wurde ihm gegeben, das er nur wünschte, und da kehrt er nach Paris zurück.

Wie er dort ankommt, sieht er wieder überall schwarze Fahnen hängen. Alles war in Trauer, und er fragte, was geschehen sei.

«Da sagt Ihr nichts mehr!» sprachen die Leute. «Die Prinzessin, die Königstochter, ist gerade gestorben. Sie war so sanft und tat so viel Gutes!»

Er sagte, er wolle sie wieder ins Leben rufen, aber als Antwort drohte man ihm mit dem Gefängnis.

Er verlangte, den König zu sehen.

«Den kann man zur Zeit weder sehen noch sprechen», gab man ihm zur Antwort.

«Ich will in den Palast gehen», sagt der Tuchhändler.

Er machte so großes Aufsehen, daß man ihn in den Palast vorließ. Generäle sprachen den König in dieser Angelegenheit, und am Ende sagten auch sie zu ihm:

«Was riskiert Ihr schon? Laßt es ihn tun!»

Dann führte man den Mann in das Zimmer der Prinzessin. Dort waren ihre Zofe und ihre Amme als Wache, und sie weinten. Der Tuchhändler stieß sie alle ziemlich grob bei der Tür hinaus. Er warf alle Blumen und Kränze, die auf der Prinzessin lagen, auf den Boden, öffnete ihr Kleid und fing an, sie mit seiner Salbe einzureiben.

Und da beginnt die Prinzessin plötzlich ihre Augen aufzuschlagen, und der Händler befiehlt ihr:

«Steh auf, und nimm das schönste deiner Kleider!»

Als dies geschehen ist, nimmt der Tuchhändler die Prinzessin beim Arm und führt sie zu ihrem Vater zurück.

Als der Vater sie erblickte, stürzte er vor Überraschung zu Boden.

Jetzt mußte man mit dem Tuchhändler von Belohnung sprechen, und man wollte ihn mit der Prinzessin verheiraten. Er, der jedoch verheiratet war, sagte, er würde zuerst gerne Soldat sein.

Und schon ist er einfacher Soldat. Am nächsten Tag wurde er Gefreiter, am übernächsten Feldwebel, zwei Tage darauf war er bereits Leutnant. Später wurde er Hauptmann. Jeden Tag stieg er einen Grad. Dann trafen Briefe ein, die ihn zum Major ernannten, schließlich zum Oberbefehlshaber, auf daß er dem Obersten helfe.

So landete er im Regiment jenes Obersten, der ihm seine Frau entführt hatte. Seine Frau erkannte ihn sofort und warnte den Oberst.

«Du kannst es ruhig glauben, aber das kann er nie sein!»

Sie antwortete, daß sie sich keineswegs täusche und daß er es sei. Da sagte der Oberst zu ihr:

«Habe keine Angst! Wir werden ein großes Abendessen geben für alle Offiziere. Da wird auch er erscheinen, und du wirst sehen, daß er es bestimmt nicht ist.»

Der Tuchhändler erscheint zum Abendessen. Der Oberst erkannte ihn wieder, auch er erkannte den Oberst, und die Frau erkannte ihn ebenso. Aber keiner sagte etwas.

Der Oberst ging in seine Küche und befahl den Dienerinnen:

»Wenn die Reihe an ihm ist, steckt ihr ihm ein Silberbesteck in die Tasche!»

Die Mädchen reichten die Speisen und steckten das Silberbesteck in die Tasche des Tuchhändlers.

Plötzlich erscheint eine andere und sagt:

«Es fehlt ein Besteck!»

Alle Gäste durchsuchten ihre Taschen.

«Ich hab' es nicht», sagten sie. «Ich hab' es nicht! Wer hat das Besteck gestohlen?»

Der Tuchhändler fand das Besteck in seiner Tasche. Wenn er auch sagte, daß er es nicht hineingegeben hatte, das Besteck war trotzdem dort, und er wurde angezeigt.

Alle Offiziere waren Zeugen. Der Oberst ließ den Händler zum Tode verurteilen.

Im Regiment waren zwei Soldaten, die den Tuchhändler

sehr gern hatten. Sie waren wie seine Kameraden auf der Stube gewesen. Der eine hieß Grosse-Botte und der andere La Ramée. Der Tuchhändler sagte, daß er sie vor seinem Tod noch sehen wolle.

«Ich bin zum Tode verurteilt», sagte er zu ihnen. «Ich muß sterben, aber wenn ihr es wollt, so könnt ihr mich wieder zum Leben erwecken.»

«Wenn wir es können, werden wir es gewiß tun», sagten die Soldaten.

Er sagte zu ihnen:

«Geht in mein Zimmer, eßt und trinkt, was ihr könnt! Dann nehmt ihr vom Kamin eine Dose, die sich dort befindet, und kommt damit in den Friedhof, wo ich liege. Ihr dürft vierundzwanzig Stunden nicht vergehen lassen und müßt mich mit der Salbe, die in der Dose ist, einschmieren. Dann werde ich wieder auferstehen. Wenn ihr aber vierundzwanzig Stunden vergehen laßt, werde ich nicht mehr erwachen können.»

Grosse-Botte und La Ramée gingen ins Zimmer, aßen und tranken, soviel sie konnten. Dann überraschte sie der Schlaf, dem sie erlagen. Es blieb nur mehr eine Viertelstunde, und die vierundzwanzig Stunden waren vorüber.

Plötzlich wacht Grosse-Botte auf und weckt La Ramée. Sie nahmen die Dose und machten sich schleunigst auf den Weg in Richtung Friedhof. Sie hüpften über die Mauern, fingen an, den Tuchhändler auszugraben, den Sarg aufzubrechen und ihn mit der Salbe einzureiben.

Sie erweckten ihn wieder zum Leben, und da sagte er zu ihnen:

«Kommt, ich danke euch herzlich. Jetzt werde ich es ihnen heimzahlen!»

Am nächsten Tag hatte der Tuchhändler einen höheren Grad erreicht als der Oberst.

Sofort erteilt er den Befehl, daß er das ganze Regiment mustern wolle, alle und sogar die Frauen.

Er ließ Grosse-Botte und La Ramée zu sich kommen und sagte, sie sollten nichts für die Musterung vorbereiten, ihre Hemdzipfel aus den Hosen herausschauen lassen, schmutzig sein und sogar betrunken.

Alle Soldaten putzten ihre Uniformen, die Offiziere besichtigten die Stuben. Das war eine höllische Unordnung bei allen Regimentern. Die Frauen quälten sich, liefen, suchten ihre Kleider, um fein geputzt dazustehen.

Jetzt ist alles fertig, das Heer steht in Reih und Glied.

Als der Oberst an seinem Regiment vorbeigeht, sieht er gerade vor der Ankunft des Generals Grosse-Botte und La Ramée, die beide betrunken sind wie die Schweine.

Es war zu spät, er konnte sie nicht mehr verstecken und stellte sie ganz links ans Ende.

«So sieht er euch vielleicht nicht!»

Da sagten die Offiziere zum Obersten:

«Er kommt! Hier ist der General!»

Als der General sie gemustert hatte, sagte er, das Heer sei schlecht geführt und es gäbe dort nur zwei gute Soldaten, nämlich Grosse-Botte und La Ramée.

Die Offiziere dachten:

«Er ist verrückt.»

Und sie sagten es ganz laut, nachdem er den Befehl erteilt hatte, die Frau des Oberst und den Obersten erschießen zu lassen.

Nachdem der Oberst und seine Frau erschossen waren, verlieh der General seinen Grad an Grosse-Botte und den des Oberst an La Ramée.

Und er zog nach Paris und heiratete die Tochter des Königs.

Man feierte eine große Hochzeit. Gebratene Schweine liefen durch die Straßen, mit Messer und Gabel im Rücken. Es konnte abschneiden, wer wollte. Fässer rollten durch die vollen Straßen, wer wollte, der konnte trinken. Ich war so dumm wie die anderen und wollte herunterschneiden und trinken. Da gab mir einer einen Fußtritt in den Hintern, der mich bis hierher schleuderte – wo ich seither immer geblieben bin.

27

Der Zauberer

Es war einmal ein Mann, und er hatte so viele Kinder wie ein Sieb Löcher. Jedem von ihnen hatte er ein Handwerk beigebracht. Mit dem Jüngsten wußte er nicht, was tun, und er sagte zu ihm:

«Dich werde ich zu einem Zauberer in die Lehre geben.» Und dann führte er ihn zum Zaubermeister.

«Gut», sagte der Hexenmeister, «ich werde ihm das Handwerk beibringen. Aber kommt nicht gleich wieder zurück. Wenn Ihr wiederkommt, gehört Euer Sohn nur dann Euch, wenn Ihr ihn wiedererkennt.»

Als der Vater zurückkam, zeigte ihm der Zauberer eine Herde Schafe.

«Euer Sohn ist darunter», sagte er zu ihm, «Ihr müßt ihn herausfinden.»

Der Vater konnte seinen Sohn nicht herauskennen. Er mußte wieder umkehren, aber als er wegging, sagte ihm sein Sohn:

«Vater, wenn du wiederkommst, werde ich ein Truthahn und unter den anderen im Stall sein. Du mußt zu dem herangehen, der das schönste Rad schlägt, und du wirst sagen: das ist mein Sohn.»

Als der Alte wieder kam, waren alle Truthähne im Stall. Einer hüpfte und schlug sein Rad. Da sagte der Alte zu sich selber:

«Das ist mein Sohn.» Dann sagte er es dem Zauberer und nahm seinen Sohn mit sich fort.

Es war schon bald der dreiundzwanzigste, der Jahrmarkt von Saint Laurent.

«Jetzt, wo ich das Zauberhandwerk erlernt habe», sagte der Sohn zum Vater, «will ich mich in ein schönes fettes Schwein verwandeln.»

Er verwandelte sich in ein Ferkel, und sein Vater ging mit ihm auf den Markt von Saint Laurent. Er führte sein Schweinchen an einer kleinen Schnur, was den Leuten gefiel.

«Was machst du denn mit dieser Schnur?» fragten sie ihn. «Dieses fette Schwein würde auch so nicht weit laufen.»

«Das ist schließlich meine Idee, laßt mich mit meiner kleinen Schnur in Ruhe.»

Und da kommen schon die Metzger von Cognac (Cognaclefroid, Bezirk von Rochechouart) und wollen am Jahrmarkt einkaufen. Sie handeln um das Schwein und kaufen es für einhundert Taler. Sie rieben sich die Hände, denn das war eine abgemachte Sache.

«Ja», sagte der Alte, «aber auf allen Märkten, wo ich bin, behalte ich mir die Schnur.»

«Ach, behaltet Eure Schnur!» sagte der Händler. «Ich wüßte nicht was damit anfangen, da habt Ihr sie!»

Der Metzger gibt sie ihm zurück, bezahlt ihn, ladet das Schwein auf. Er geht fort und steckt es in seinen Stall.

«Morgen will ich es schlachten», sagte er bei sich.

Aber am nächsten Tag ist kein Schwein mehr im Stall. Das Ferkel war weg.

Dann ging es auf den Jahrmarkt von Sankt Georg in Chalus (Chalus Haute Vienne) zu.

«Morgen», sagte der Sohn zum Vater, «wirst du einen Zügel kaufen und mich damit auf den Jahrmarkt führen, denn ich will mich in ein Füllen verwandeln.»

Als sie auf dem Jahrmarkt waren, war er ein schönes Füllen, das schönste von allen: er wieherte und hob den Kopf.

Da kommt gerade der Zaubermeister vorbei und sagt zu sich selbst:

«Das ist der Junge!» Er geht zum Vater hin: «Wieviel willst du für dieses Füllen?» fragte er ihn.

«Fünfhundert Franken will ich haben», sagte der Vater.

Er zählte sie ihm in die Hand, und der Handel war beschlossen.

«Ja, aber seinen Zügel will ich behalten. Ich behalte ihn nämlich auf allen Jahrmärkten, wo ich bin.»

Der Zauberer bezahlte ihn, sprang auf das Füllen, ohne ihm Zeit zu lassen, sich die Zügel zu nehmen, und ließ das Pferd zehn Meilen in einem reiten, die Sporen im Leib, wie fliegendes Feuer.

Als er bei einer Herberge oder einer Gaststätte, ich weiß es nicht mehr genau, ankam, sagte er zum Knecht:

«Da hast du mein Füllen, gib ihm zu fressen und zu trinken, aber laß ihm die Zügel.»

«Das werde ich tun», sagte der Knecht.

Er reibt das Pferd, wie es sich gehört, gibt ihm trockenes Heu hin. Das arme Füllen schnüffelte, aber fraß nichts.

«Armes Füllen», sagte der Knecht, «bestimmt bist du am Verdursten. Warte, ich will dir zu trinken geben.»

Er führte es an einen Kanal, wo schön klares Wasser floß.

«Schau», sagte er, «hü hot hü hot, trink!»

Das Füllen roch am Wasser, aber trank nichts.

«Armes Füllen», sagte der Knecht, «diese Zügel hindern dich am Trinken.» Er löste die Zügel. Kaum hatte er sie aufgemacht, glitt das Füllen in den Kanal und verwandelte sich in einen kleinen weißen Fisch.

Der arme Stallbursche rannte nach Hause, um dem Zaubermeister zu berichten, was geschehen war.

«Ich habe die Zügel Eures Füllens gelöst», sagte er, «und schon hat es sich in den Kanal gestürzt, sich in einen kleinen, weißen Fisch verwandelt, und weg war es.»

Der Meister hatte nicht einmal Zeit zum Fluchen. Er lief zum Kanal, verwandelte sich in einen Fischotter und war hinter dem Fisch her.

Der Otter hatte ihn fast eingefangen, den kleinen Fisch. Dieser aber verwandelte sich in eine kleine weiße Taube, als er das sah.

Der Zauberer jagte nun als Geier hinter der kleinen, weißen Taube her. Jetzt hatte er sie. Die weiße Taube flog gerade über dem Schloß des Königs. Sie ließ sich als Orange in den Kamin fallen und landete auf den Knien der Prinzessin.

Der Zaubermeister geht zum Schloß, wo der König krank lag. Der Zauberer sagte, daß er sterben würde, wenn die Prinzessin ihm nicht die Orange gäbe. Das sagte man ihr, aber sie wollte sie nicht zurückgeben. Man sagte ihr, es ginge um die Gesundheit des Vaters, man bestand darauf. Da nahm sie sie und warf sie auf den Boden.

Und im Nu war die Orange in Hirsekörner verwandelt. Der Zaubermeister nahm die Gestalt von drei Kapaunen an und fraß alle Hirsekörner auf, außer einem kleinen, welches unter den Tischfuß gerollt war.

Aus diesem Korn wurde ein schöner Fuchs, der die drei Kapaune auffraß.

So hat der Junge triumphiert über seinen Meister.

28

Bärenhans

Es war einmal eine arme Witwe, die als Taglöhnerin arbeitete, um wenigstens so viel zu verdienen, daß sie nicht vor Hunger starb. Während der Zeit, wo man arbeitete, wohnte sie, wo man sie brauchte; dann, wenn der Winter mit seinen kurzen Tagen kam und der Frost die Erde verschloß, ging sie in den Wald, um etwas trockenes Holz zu sammeln, um ein Feuer damit zu entzünden.

Eines Tages, als sie mit ihrem Bündel auf dem Kopf heimkehrte, an einem neblig-trüben Tag, fing es langsam an zu schneien, und, ehe sie es sich versah, hatte die Arme den Weg verloren, den der Schnee unter einem weißen Tuch versteckte. Und sie konnte herumirren, soviel sie wollte, in dem düsteren Wald. Man konnte keinen Weg unterscheiden, keinen Laut außer dem des Schnees auf den Weidenzweigen, kein Licht jenseits des Waldes – und es wurde Nacht! Nach vielen Irrwegen fand sie einen Felsen, der über eine Höhle überhing.

«Gott sei Dank»! sagte die Witwe vor sich hin, «hier habe ich während dieser Nacht einen Unterschlupf, und morgen am Tag müßte es schon dumm zugehen, wenn ich nicht den Rückweg nach Hause fände.» Sie schlüpfte in die schützende Höhle und schlief sofort ein, so erschöpft war sie.

Am nächsten Morgen, als sie die Augen öffnete, sah die Arme zu ihrem großen Schrecken einen großen Bären, der sie berührte.

«Jesus, mein Gott! Heilige Muttergottes! Ich bin verloren», und sie fing an zu schreien.

Als der Bär diesen Schrecken sah, fing er an, ihr sanft die Füße zu lecken, dann erhob er sich auf die Hinterbeine und machte das Kreuzzeichen.

Die Witwe hörte, erschrocken und doch erleichtert, auf zu zittern und zu schreien: Ein Tier, das sich bekreuzigt wie ein Christ, so sagte sie sich, kann nicht ganz wild sein, und sie legte langsam ihre Hand auf den Kopf des Bären und fing an, ihn zu streicheln. Der Bär fing gleich an zu weinen wie ein Mensch.

Ein Jahr verging, vielleicht auch zwei, ohne daß jemand etwas von der Witwe hörte; alle Leute in ihrem Dorf meinten, sie sei im Wald gestorben und von den wilden Tieren aufgefressen worden. Als sie sie eines schönen Morgens daherkommen sahen, liefen die Leute vor ihr davon, meinten, sie sei ein Gespenst, riefen ihr zu, sie solle zum Friedhof zurückkehren und man würde auch Messen für sie lesen lassen, wenn es das war, was sie wollte. Ohne Zögern ging sie auf ihr Haus zu und hielt an ihrer Hand ein Kind, größer als sie, obwohl es eindeutig noch ein Kind war. Dieses Riesenkind redete wie ein Erwachsener. Kindlich an ihm waren nur seine milchweiße Haut, seine blauen Augen und sein Lachen. Lange, lockige, rotgoldene Haare fielen von seinem Kopf auf seine breiten Schultern und seine kräftige Brust. Rötliche Locken bedeckten seine Brust. In einer Hand hielt er eine Pappel, die er bog wie eine Weidenrute, und er übte sich mit Mühlsteinen im Werfen. Bekleidet war er mit einem Bärenfell, das er um seine Hüften gewunden hatte.

«Wer bist du?» fragte man ihn.

«Ich bin das Kind der Witwe», antwortete er, «und ich heiße Bärenhans. Ich bin klein und bin groß; wer mich sucht, findet mich.»

Bald wurden seine Stärke und seine Tapferkeit bekannt. Man konnte die Hilfeleistungen, die er erwies, ohne sich bitten zu lassen, nicht zählen. Er richtete die umgestürzten Karren auf, er machte Wagen wieder flott, die mit den Rädern tief im Schlamm steckten, er zog die Leute aus dem Wasser, die daran waren zu ertrinken. Kurzum, immer wenn irgendein Unglück sich ereignete, liefen sie zum Bärenhans, der sie mit einer Handbewegung ihrer Sorge enthob.

Einmal fing es an, an Mehl zu mangeln, weil die Windmühlen sich nicht mehr drehten, weil kein Wind wehte und man also das Korn nicht mehr mahlen konnte. Bärenhans bewegte eine Mühle nach der anderen mit seinem Atem, so daß das ganze Korn des Dorfes gemahlen werden konnte. Dann wieder löschte er das Feuer, das die Ernte verschlang, indem er Wasser darüberschüttete. Ein anderes Mal rettete er sein Dorf vor Hagel, Wind und Blitz, indem er seine Pappel wirbeln ließ. Die Leute verneigten sich vor ihm; sie hätten seine Fußspuren geküßt; zum Dank brachten sie ihm oft alle möglichen Waren als Geschenke in sein Haus: Pökelfleisch, Hammel, Hennen, Wein, Branntwein. Er lehnte das ab, ließ die

Geschenke zurückschicken und behielt nur den Honig, das Mehl und die Früchte von Garten und Feld.

«Niemals», sagte er, «werde ich etwas essen, was gelebt hat, niemals etwas trinken, was gegoren ist.»

«Das Geld, das Gold, das Silber», sagte er auch, «all das sind Erfindungen des Teufels, um den Menschen schlecht zu machen und seine Seele zu verderben. Wenn es nicht das Geld gäbe, wären alle mit dem zufrieden, was zum Essen und zur Kleidung nötig ist; es käme nicht vor, daß Geizhälse hundertmal mehr zusammenraffen, als sie zum Leben brauchen, während andere Menschen vor Hunger sterben. Die Erde gehört denen, die sie bearbeiten. Wir haben nichts als das, was durch unsere Arbeit entsteht und was wir zum Leben brauchen.»

So verehrten ihn die Unglücklichen, die Armen und die Schwachen; die Schlechten fürchteten ihn; die Taugenichtse, die Wucherer und die Diebe flohen ihn.

Eines Tages, als ein Armenfresser, einer von denen, die mit hundert Prozent verleihen, einem armen Tagelöhner sein Gespann und seinen Pflug genommen hatte für Geld, das er ihm geliehen hatte, ging Bärenhans zu ihm, um dem Armen seine Habe zurückzugeben. Der Wucherer, der gerade pflügte, empfing ihn mit Schimpfreden und gesalzenen Flüchen.

Bärenhans nahm Gespann und Pflug und warf alles in die Luft, so hoch wie eine Pappel.

Manchmal machten die Leute sich einen Spaß daraus, ihn hereinzulegen: Sie beauftragten ihn, mit einem Weidenkorb Wasser zu schöpfen; er ging, gutgläubig wie er war, an die Arbeit und fing an zu weinen, als er merkte, daß sie sich über ihn lustig machten. Niemals fand die Lüge bei ihm Eingang. Es ist die schwärzeste aller Sünden, sagte er, sich der Zunge, dieses göttlichen Werkzeugs, zu bedienen, um etwas glauben zu machen, was nicht ist, um die Wahrheit zu verbergen. Das war auch der Grund, warum er seine Mutter und sein Dorf verließ.

Eines Tages behielt seine Mutter trotz seines Verbots einen Schinken und Wein im Haus, die man als Geschenk gebracht hatte. Hans hatte eine feine Nase und auch feine Ohren: er hörte das Korn wachsen und die Ameisen laufen.

«Mutter», sagte er, «ich rieche Fleisch; Mutter, ich rieche Wein.»

«Du täuschst dich, mein Kind, du riechst es nur. Es ist wahr, sie haben all das gebracht. Aber ich hab es zurückgeschickt.»

«Mutter», entgegnete Hans, «ich gehe fort. Das Dach, das Fleisch, Wein und Lüge beherbergt, würde mich erdrücken.»

Seine Mutter konnte ihn soviel bitten, wie sie mochte, und um Verzeihung anflehen, er umarmte sie und ging fort in die Welt.

Wer weiß, wie viele Riesen, wie viele Drachen, wie viele Schlangen er erschlug. Überall riefen sie ihn zu Hilfe, um die arme Welt von irgendeiner Geißel zu befreien. Er löschte feuerspeiende Berge, lenkte die Rhone in ihr Bett zurück, die die Ebene überschwemmte, er erstach den Drachen, der eine Prinzessin gefangenhielt, er raubte die Karfunkel, die ein Salamander bewachte, und diese Karfunkel waren die Augen einer verzauberten Königin, er gab sie der Königin zurück, die sogleich wieder sehen konnte. Er tötete den Riesen, der das Blut der frischgeborenen Kinder trank.

Schließlich boten sie ihm Ehren und Reichtum, was er voller Entsetzen ablehnte. Er entsagte auch den süßen Küssen der Frauen, die seine Schönheit, seine Stärke und seine Güte anzog und erzittern ließ. Niemals näherte sich eine Frau ihm mehr als auf die Länge der Pappel, die er immer in der Hand hatte. Nicht daß er etwas gegen das weibliche Geschlecht gehabt hätte, er beschützte schlechtbehandelte Mädchen, half ihnen gegen Schwindler und gegen Stiefeltern. Auf seiner Reise von einem Ende der Erde zum anderen befreite er hundert Mädchen, die ein grausamer alter König im Krieg gefangen hatte und die er verwunden ließ, um in ihrem Blut zu baden und so sein Leben zu verlängern. Schließlich kam ihm das Gerücht zu Ohren, daß das Grab unseres Herrn Christus in die Hände von Plünderern gefallen sei. Er stach auf seinem Bärenfell in See, und der Wind trug ihn schnell aufs Meer hinaus. Eines Tages traf er den großen Höllenteufel, der auf seinem Meerroß ritt.

«Kehr um, Bärenhans», rief der Teufel ihm zu und wirbelte seinen roten Dreizack. «Ich bin stärker als du, ich bin dein Meister. Kehr um, sag ich dir, wenn du nicht sterben willst.»

«Ich fürchte nichts», entgegnete Bärenhans, «niemand kann mein Meister sein.»

Und sie fuhren aufeinander los. Öfter als zwanzigmal griffen sie einander an, ohne daß einer das Übergewicht bekommen hätte. Doch schließlich, als er sah, daß seine Kräfte gegen den Teufel bei weitem nicht ausreichten, merkte Bärenhans, daß er eine Sünde begangen hatte, daß er gelästert hatte, als er sagte, daß er nichts fürchtete, daß niemand sein Meister sei.

«Großer Gott», rief er, «du bist es, der mir meine Stärke verliehen hat, du bist mein Herr. Heiliger Michael, leih mir dein Schwert!»

Kaum hatte er es gesagt, da stürzte der Teufel und verschwand in den Tiefen des Meeres. Sein roter Dreizack wühlte das Wasser in der Umgebung auf, und es heißt, daß das Wasser an dieser Stelle heute noch kochen soll.

Er ging dann in Palästina an Land, wo er, nach vielen Kämpfen mit den Plünderern, das heilige Kreuz befreite, dann kehrte er wieder auf diese Seite des Meeres zurück, wo man ihn um seine Hilfe gegen die Geißeln anflehte, die noch übrigblieben.

Eines Tages, als er gute Arbeit geleistet hatte und müde war, da setzte er sich auf eine Brücke. Da kam der Ewige Jude vorbei, der mit seinen fünf Sous in der Tasche seines Weges ging.

«Bärenhans», sagte der alte Jude, «ich bin siebenmal um die Erde gewandert, die Geißeln sind verschwunden, die Ungeheuer sind in die Erde zurückgekehrt, deine Aufgabe ist beendet, du kannst ausruhen, mein Kind. Ich wollte, ich könnte einmal ausruhen.» Und der Alte, der nicht bleiben kann, setzte seinen endlosen Weg fort.

Bärenhans kehrte zu seinem Dorf zurück, sein Haus war zerstört und seine Mutter tot. Da weinte er und ging durch den Wald davon, auf die Höhle zu, wo er geboren worden war, und keiner hat seitdem mehr von ihm gehört.

Das also ist die Geschichte vom Bärenhans, so wie sie mir mein Großvater – Gott hab ihn selig – so oft erzählt hat, und so wie ich sie später in alten Büchern wieder gelesen habe.

29

Der starke junge Mann

Eine verwitwete Frau hatte ein Kind und ließ es bis zu seinem zweiten Lebensjahr an ihrer Brust trinken. Dann wollte sie es abstillen, aber das Kind wollte nicht mehr von ihrer Brust gehen, und die Mutter mußte es bis zum vierten Lebensjahr weiterernähren. Dann sprach sie zu ihm: «Aber Kind Gottes! Du willst mir doch nicht das ganze Leben aussaugen?» – «Oh nein, Mütterchen, ich möchte dessen nicht beraubt werden bis zu meinem zwanzigsten Lebensjahr.» – «Kind, du wirst mich ums Leben bringen, und wenn ich tot sein werde, wie wirst du dich dann durchs Leben schlagen?» – «Mütterchen, du wirst nicht sterben, laß mich die Zeit, um die ich dich bitte, an deiner Brust trinken, und wenn ich zwanzig Jahre alt bin, dann verspreche ich, dich ohne Arbeit zu erhalten.» – «Wie wirst du mich von nichts erhalten können, willst du stehlen gehen oder was sonst?»

Mit zwanzig Jahren war er ein sehr schöner Bursche. – «Geh und trag ein Bündel Holz zusammen», sagte ihm seine Mutter. – «Ja.» – Er nahm eine Hacke, ging in den Wald und schlug Holz. Am anderen Tag kam er zurück, um sie zu holen, denn er hatte die Hälfte des Waldes abgeschlagen. Er sagte zu seiner Mutter: «Jetzt hast du Holz für lange Zeit; ich möchte schauen, daß ich was verdiene, ich werde als Knecht gehen.»

Er kam in ein Dorf und sah ein großes Haus; er lief hin, ging zu dem Hausherrn und fragte, ob sie einen Diener brauchen könnten. Sie fragten ihn, ob er das Feld bestellen und Holz schneiden könne. Er antwortete, daß er sich darauf verstehe. Er wurde aufgenommen und blieb diesen ganzen Tag ohne Arbeit, am nächsten Tag aber führte man ihn auf ein Feld, das seit langer Zeit nicht gepflügt worden war. – «Das werde ich erledigen», sprach er zu sich selbst, «damit will ich schon fertig werden.» – Als man ihm das Mittagessen brachte, fand man ihn sitzend, denn er hatte das ganze Feld umgestochen. – «Sag dem Herrn, er möge mit der Schaufel kommen und nachsehen, ob die Arbeit gut getan sei!» Der Herr fand die Arbeit gut und gründlich verrichtet und schickte den Knecht in den Wald. «Schlage den ganzen Wald und bringe auf deinen Schultern die ganze große Ladung auf einmal nach Hause!» – Der Herr erschrak, als er sah, daß er den ganzen Wald abgeholzt hatte. Der Knecht hatte die ganze Arbeit vollbracht, aber wenn er auch gut arbeitete, so richtete er auch Schaden an. Der Herr ließ ihn wieder gehen, zahlte ihn und schickte ihn zu einem König.

Der junge Mann ging nun fort und zog zu dem Ort, den man ihm angesagt hatte. Er klopfte an, man machte ihm auf und ließ ihn beim König vorsprechen; dieser fragte ihn: «Was kannst du arbeiten, und was willst du tun?» – «Ich werde alles das tun, was Ihr wünscht, aber Ihr müßt es mir zeigen.»

Man ließ ihn im Innern des Schlosses arbeiten, aber alles, was man ihm gab, zerbrach er, denn er hatte zuviel Kraft und war zu stark. Dann schickte man ihn zum Arbeiten hinaus in die Felder und Wälder zum Umstechen, zum Hacken und Holzschneiden. Aber der junge Mann war so kräftig und verrichtete so viel Arbeit, daß ihn der König nicht mehr behalten konnte. Der König schrieb ihm einen Brief und sagte ihm: «Zieh dahin und mache ausfindig, was in diesem Brief steht, und wenn du es mir bringst, werde ich dich erhalten, ohne daß du arbeiten mußt.»

Der junge Mann hatte nicht lesen gelernt und zeigte den Brief jedem, dem er begegnete. Der erste, den er traf, war ein junger Bursche: «Kannst du mir diesen Brief vorlesen?» – «Wüßtest du, was man von dir verlangt und wohin man dich schickt, dann gingst du nicht.» – «Und was kann man denn schon so Großes von mir verlangen?» – «Daß du den Teufel aus der Hölle holst.» – «Das will ich tun.» – Da er Angst hatte, der erste hätte ihn belogen, zeigte er den Brief vielen anderen. Alle sagten ihm dasselbe. Und allen antwortete er: «Das will ich tun.»

Im ersten Ort, wo er haltmachte, traf er einen Schmied. «Wieviel Arbeiter hast du?» – «Ich habe zwei.» – «Das ist nicht genug.» Und er ging weiter. Er suchte den zweiten Schmied des Dorfes auf und fragte ihn: «Wieviel Arbeiter hast du?» –«Ich habe vier.» – «Das sind nicht genug.» Und dann ging er weiter in eine große Stadt. Den ersten Schmied, dem er begegnete, fragte er: «Wieviel Arbeiter hast du?» – «Ich habe sechs in meinem Dienst.» – «Dich bräuchte ich. Mach mir Zangen aus hundert Zentnern und einen ebenso schweren Hammer.» Als er Hammer und Zange hatte, zahlte er den Schmied und zog aus, den Teufel aus der Hölle zu holen.

Als er dort ankam, klopfte er an die Tür. Der Teufel kam heraus: «Was willst du?» – «Ich soll dir diesen Brief überbringen.» – Er tat so, als ob er ihm den Brief geben wollte, aber ließ ihn fallen. «Heb ihn mir auf», sagte der Teufel. «Nein», sagte der junge Mann, «er gehört dir, und du warst nicht imstande, ihn aufzufangen. Heb nur du ihn auf. – Heb nur du ihn auf.» Wenn der Teufel ihn schon haben wollte, sollte er ihn sich auch holen. Der Teufel mußte sich bücken, und der andere, der seine Zangen schon bereithielt, packte ihn beim Kopf, nahm ihn auf den Rücken und machte sich dann auf den Weg. Der Teufel sagte zu ihm: «Laß mich gehen.» Und der andere: «Bleib da.» Und als der Teufel sich bewegte, versetzte er ihm einen harten Schlag mit dem hundert Zentner schweren Hammer auf den Kopf. Und der Teufel wagte es nicht mehr, den Mund aufzutun.

Der junge Mann ging zum König und brachte ihm den Teufel in die Mitte des schönen Hofes. Der junge Mann sagte ihm: «Ihr habt mir einen Brief gegeben, ich sollte den Teufel aus der Hölle holen. Jetzt habt Ihr ihn, macht mit ihm, was Ihr wollt, und zahlt mir, was Ihr mir versprochen habt.» Und der König zahlte ihn.

Der junge Mann ging nach Hause zurück: «Mutter, ich habe dir versprochen, daß ich dir ein schönes Alter bereiten werde; da hast du alles, was ich verdient habe.» – «Kind Gottes, wie hast du dir in einer so kurzen Zeit soviel Geld ersparen können? Ich habe viel Kummer gehabt.» – «Sei nicht traurig, ich habe es mir ehrlich verdient, ich habe den Teufel aus der Hölle geholt, und für diese Arbeit wurde ich sogar bezahlt.»

LEGENDEN-
UND SAGENMÄRCHEN

30

Der heilige Johannes und der alte Soldat

Es war einmal ein Soldat, der war in dreißig Jahren Militärdienst halb krumm und lahm geworden. Und da er nicht mehr viel taugte, gab man ihm drei Sous und entließ ihn.

Er packte also seinen Tornister, steckte das Entlassungsgeld in die Tasche und machte sich auf den Heimweg. Als er so auf der Straße wanderte, sah er an einem Kreuzweg einen alten Bettler stehen. Der sprach ihn an: «He, Kamerad, hast du nichts für einen armen, alten Mann?» – «Hier nimm: drei Sous. Leider habe ich nicht mehr, sonst würde ich dir geben.» – «Aber wenn du alles weggibst, was bleibt dann dir?» – «Ach, da laß nur Gott sorgen! Ich werde schon nicht gleich verhungern.» – «Und wo gehst du denn hin?» – «Ich will nach Hause.» – «Und darf ich dich da begleiten?» – «Freilich, wenn du Lust hast. Komm nur mit! Zu zweit wandert es sich besser.»

Und als sie eine Weile marschiert waren, fragte der alte Soldat: «Wie heißt du denn?» – «Ich heiße Johannes.» – «Also gut, Johannes! Aber kannst du denn auch ein wenig arbeiten?» – «Ich denke schon.»

Am nächsten Tag kamen die beiden zu einem Bauern. «Wollen wir hier einige Tage bleiben und uns die Wegzehrung für den weiteren Marsch verdienen?» fragte der Soldat den heiligen Johannes. – «Das wollen wir.»

Sie gingen zum Hof, der Bauer brauchte gerade Erntearbeiter und sagte: «Wenn ihr zehn Tage bei mir arbeitet, werde ich euch Essen und Trinken geben, und wenn ihr weiterzieht, dann sollt ihr noch für zehn Tage Essen und Trinken mitnehmen können.»

Die beiden waren mit dieser Bedingung einverstanden und blieben auf dem Hof. Sie arbeiteten, und sie arbeiteten nicht wie zwei, sondern wie zwanzig. Und als die zehn Tage vorbei waren, hatten sie die ganze Ernte eingebracht, sie wußten nicht wie. Der Bauer hätte zufrieden sein können, denn so schnell und gut hatte er seine Ernte nie unter Dach und Fach gebracht. Aber er ärgerte sich, daß er den beiden noch für weitere zehn Tage Essen und Trinken versprochen hatte. Und als am nächsten Morgen der Soldat kam, um Essen und Trinken für die Wanderschaft abzuholen, sagte der Bauer: «Ihr habt jeden Tag das Doppelte meiner Knechte gegessen und getrunken, und jetzt wollt ihr noch weiteres Essen? Packt euch! Ihr Halunken! Sonst hetze ich den Hund auf euch!»

Da ging der alte Soldat traurig hinaus, wo der heilige Johannes schon reisefertig wartete. «Der Schuft will uns betrügen und uns keine Marschverpflegung geben.» – «Sage ihm: wenn er uns nicht das Versprochene gibt, dann werfen wir seine Scheune mit der ganzen Ernte um!» – «Aber warum soll ich so aufschneiden?» – «Geh nur und tu, wie ich dir sage!»

Der alte Soldat geht wieder zum Bauern hinein in die Stube und sagt: «Wenn du uns nicht das Versprochene gibst, dann werfen wir dir deine Scheune um mit der ganzen Ernte!» Da lachte der Bauer laut und sagte: «Ihr beiden alten Krüppel, die ihr nicht einmal einen Balken aufheben könntet! Du mußt deine Sprüche schon einem andern erzählen.» – «Nun, wir werden ja sehen», sagte der Soldat, dem – er wußte auch nicht wie – der Mut gewachsen war.

Er ging also hinaus, und der neugierige Bauer hinterdrein.

«Er will also nicht?» fragte der heilige Johannes. – «Nein!» antwortete der Soldat grimmig.

Da stellte der heilige Johannes seinen Reisesack ab und sagte: «Komm!»

Und sie gingen zur Scheune hinüber, und der Bauer lachend hinterdrein. Aber das Lachen verging ihm schnell, denn der heilige Johannes lehnte sich mit der Schulter an einen Eckbalken und der alte Soldat an einen andern, und schon neigte sich die Scheune zur Seite.

«Halt, halt!» schrie der Bauer in Angst. «Ich gebe euch, was ihr wollt! Laßt mir nur die Scheune stehen.» – «Gut!» sagte der heilige Johannes. «Du wirst uns also das Versprochene geben, und du wirst deinen Knechten in Zukunft doppelt soviel wie bisher zu essen und zu trinken geben, denn sonst kommen wir wieder. Und du kannst mir glauben: dann werfen wir nicht nur die Scheune, sondern auch das Haus um.»

Der Bauer gab ihnen, sie steckten es in ihre Säcke und wanderten weiter.

Nach einigen Tagen kamen sie in eine Stadt. Da sagte der Soldat: «Wollen wir uns hier um Arbeit umsehen? Wir haben sonst kein Stück Brot mehr.» – «Gut! Suchen wir uns Arbeit.»

Wie sie so durch die Stadt gingen, kamen sie zu einem Gerber. Als sie dort fragten, ob er Arbeiter suche, sagte er ja, weil er dachte, die beiden Alten kämen ihn billiger als die andern Arbeiter. Wiederum wollten die beiden zehn Tage arbeiten und dafür für zehn Tage Brot, Käse und Wein haben.

Der Gerber dachte erst: ‹Die beiden Alten werden nicht viel schaffen.› Aber er wunderte sich, denn so gute Arbeiter hatte er noch nie gehabt.

Als die zehn Tage um waren, ging der alte Soldat zu ihm und sagte: «Die Arbeit ist getan. Gib uns unsern Lohn, wie du versprochen hast!» – «»Unverschämtes Volk!» sagte der Gerber. «Zehn Tage habt ihr bei mir geschmaust und getrunken wie Studenten, und jetzt wollt ihr noch mehr? Schaut, daß ihr verschwindet, sonst rufe ich die Polizei! Wir werden ja sehen, wer hier Forderungen stellt!»

Da ging der alte Soldat hinaus. «Will er uns nichts geben?» fragte der heilige Johannes. «Nun, so sag ihm: wenn er uns nichts zu essen gibt, dann nehmen wir die beiden Torflügel mit!» (Man muß nämlich wissen, daß der Gerber einen großen Hof besaß, der von einer Mauer umgeben und mit einem großen Tor mit doppelten Flügeln aus schwerem Eichenholz und mit eisernen Beschlägen geschlossen war.)

Der alte Soldat ging also wieder in das Haus des Gerbers hinein. «Was willst du noch, du Tagedieb?» schrie der Gerber. – «Hör zu», sagte der alte Soldat gelassen, «wenn du uns nicht Essen und Trinken wie versprochen gibst, nehmen wir als Pfand die beiden Torflügel mit.» Da lachte der Gerber, bis ihm die Tränen kamen: «Altes Großmaul»! rief er, «wenn ihr die Torflügel davontragt, dann schenke ich sie euch!»

Der alte Soldat ging hinaus, und der Gerber folgte ihm.

«Nimm du den rechten Torflügel!» sagte der heilige Johannes, «ich nehme dann den linken Torflügel.»

Und sie gingen hin, hängten die schweren Torflügel aus und trugen sie, als wären es leichte Brettchen, die Straße hinunter. Der Gerber aber rannte entsetzt hinterdrein und rief: «Halt! Halt! Laßt mir meine Torflügel da! Ich habe ja nur Spaß gemacht.» – «Paß gut auf!» sagte der heilige Johannes, «du gibst uns das Essen wie ausbedungen, und dazu noch den Armen dieser Stadt hundert Sous, oder du siehst deine Torflügel nie wieder.» – «Ja, ja! Ich bin einverstanden und gebe sofort.»

Da trugen der heilige Johannes und der alte Soldat die Torflügel wieder zurück, hängten sie in die Angeln ein, empfingen Brot, Käse und Wein und wanderten weiter.

Sie wanderten immer weiter ins Land hinein, und endlich

kamen sie in eine Hauptstadt. Aber als sie zu dem Hause kamen, in dem der Soldat einmal seine Eltern gehabt hatte, da waren alle gestorben.

«Was machen wir nun?» fragte der alte Soldat. – «Nun, wir werden zum König aufs Schloß gehen und fragen, ob man Arbeiter braucht.» – «Gut, gehen wir!»

Als sie ins Schloß kamen, sagte man: «Alte Leute werden hier nicht gebraucht.» Aber ein Baumeister des Königs, der sie im Hof stehen sah, rief sie hinein und sagte: «He, ihr könnt für heute nacht bei mir schlafen, und zu essen sollt ihr auch bekommen. Vielleicht könnt ihr mir einen Rat geben, denn es scheint mir, daß ihr viel in der Welt herumgekommen seid.» – «Das sind wir.»

Am nächsten Morgen kam der Baumeister in die Stube, wo die beiden geschlafen hatten, und sagte: «Hört einmal: ich soll dem König einen neuen Palast bauen. Das Schloß ist fertig bis auf einen Turm, den will der König ganz hoch gebaut haben, damit er über die Stadt hinwegschauen kann. Und mit diesem Turm ist es wie verhext! Sooft wir hoch genug sind, um das Dach aufsetzen zu können, stürzt der Turm ein. Wißt ihr, was da zu machen ist?» – «Gut», sagte der heilige Johannes, «sagt dem König, daß hier zwei Facharbeiter sind, die den Turm bauen können, aber die ihre Bedingungen nur dem König sagen!» – «Ich will es tun.»

So ging der Baumeister zum König und meldete ihm die Sache. Und am nächsten Tag wurden der heilige Johannes und der alte Soldat zum König geführt.

«Also, ihr beiden Alten wollt den Turm bauen? Ihr seht mir schon danach aus!» sagte der König. – «Majestät, wenn wir ihn nicht bauen, baut ihn niemand.» – «Und, du Großmaul, was stellst du für Bedingungen?» – «Majestät: erstens soll dieser Turm ‹Turm des heiligen Johannes› heißen, und zweitens soll dieser Soldat Stadthauptmann werden.»

Da lachte der König und meinte: «Wenn ihr den Turm

tatsächlich so hoch baut, wie ich ihn haben will, so nehme ich eure Bedingung an.»

Was soll man erzählen? Die beiden bauten zum Erstaunen aller den Turm. Er wurde so hoch, daß man schwindlig wurde, wenn man hinaufschaute. Als der Turm fertig und das Dach gedeckt war, ließen sich die beiden wieder zum König führen. «Majestät, alles ist so, wie ihr befohlen.»

Da kratzte sich der König hinterm Ohr und brummte: «Zu bauen versteht ihr, weiß der Himmel! Aber wer hat das Geld dazu gegeben, he? Wir werden ihn den «königlichen Turm» nennen, und du, Soldat, sollst hundert Goldstücke erhalten, denn zum Stadthauptmann kann ich nur einen Edelmann ernennen.»

Da sagte der heilige Johannes: «Majestät, wenn Ihr Euch nicht an die Bedingungen haltet, so werfen wir den Turm um.»

Da lachte der König und konnte schier nicht mehr aufhören. Aber die beiden gingen ruhig aus dem Saal hinaus, und als der König durchs Fenster schaute, sah er zu seinem Entsetzen, daß die beiden ihre Schultern gegen das Fundament des Turmes stemmten und daß der ganze Turm wankte und sich neigte. Da schrie er: «Halt! Halt! Um der Barmherzigkeit Gottes willen! Zerstört mir nicht den Turm des heiligen Johannes!» – Da drehte sich der alte Soldat um: «Habt Ihr Turm des heiligen Johannes gesagt, Majestät?» – «Jawohl, Herr Stadthauptmann!» rief der König.

Und so wurde der alte Soldat Stadthauptmann, und der Turm des heiligen Johannes steht heute noch.

31

Der heilige Eligius, der Schmied

Ihr wißt, daß der heilige Eligius Schmied war. Und er war ein berühmter Schmied, ohne Zweifel der beste der Umgebung, jedoch als Mensch hart und stolz. Natürlich ist man nicht von Geburt an heilig. So stolz war er, daß er glaubte, Meister über alle Meister zu sein. Er begnügte sich nicht damit, es zu sagen, er hatte es niedergeschrieben. Er hatte beim Eingang seiner Schmiede ein schönes Schild angefertigt, auf dem jedermann lesen konnte: «Meister über alle Meister».

Meister über alle Meister! Handelt nicht so wie dieser Mann, meine Kinder! Und selbst wenn es stimmte, es war nicht an ihm, es zu behaupten. Er hatte nicht das Recht, die anderen zu erniedrigen, um sich selbst zu rühmen.

Dieser Schmiedemeister war gewissenhaft, geschickt und fähig. Die Arbeiter jedoch fürchteten ihn wegen seines Stolzes. Beim leisesten Fehler, beim geringsten Schnitzer tadelte er sie streng und duldete keine Widerrede. Meister über alle Meister! Er war nicht der erste geschickte Mann auf der Erde, und er wird nicht ewig leben. So wie alle anderen wird auch er Rechenschaft ablegen müssen.

Eines Tages kam ein Arbeiter ins Dorf, der in der Schmiede nach Arbeit fragte. Sein Aussehen war nicht das eines sehr kräftigen Mannes, und er sah nicht wie ein Schmied aus. Dennoch stellt ihn Eligius an. Er schätzte ihn nach seinem Äußeren und gab ihm keinen hohen Lohn. Er dachte, daß dieser junge Mann, der, was den Lohn betraf, nicht sehr anspruchsvoll war, leichter zu leiten sei als ein weniger junger und kräftigerer Geselle.

Zu dieser Zeit nannte man die Arbeiter Gesellen, und sie zogen durch ganz Frankreich, um alle Geheimnisse ihres Handwerks gut zu kennen. Dieses Wort «Geselle» war nicht schlecht.

Eligius hatte die Absicht, beim ersten Fehler des Arbeiters bös zu werden. Aber diese Mühe war schon überflüssig, und wenn er zwar meinte ihn zu unterschätzen, so war er doch sehr überrascht. Der junge Mann war ebenso geschickt wie ruhig. Es gelangen ihm die feinen Arbeiten genauso gut wie die schweren in der Schmiede. Machte der Meister ein schwieriges Schloß, so brachte der Arbeiter am nächsten Tag ein noch schöneres fertig, und noch dazu viel schneller. Wenn Eligius mit der Zange eine Eisenplatte aus dem Feuer zog, nahm sie der Arbeiter ohne sich zu brennen mit den Fingern. Niemals hatte der Schmiedgesell weniger gut gearbeitet als der Meister, sondern immer besser.

Und dieser eigenartige junge Mann rühmte sich nicht und redete kaum. Obwohl Eligius mit seinem Charakter und mit seiner Geschicklichkeit sehr zufrieden war, hätte er einen solchen Gesellen nicht lange behalten können, wäre es nicht alles anders gekommen.

Eines Tages fuhr im Dorf ein großer Zug vorbei, eine mit vier (oder vielleicht sogar sechs) Pferden bespannte Kutsche. Das Straßenpflaster funkelte nur so. Der Vorreiter oder der Kutscher verlangten, daß die Pferde auf der Stelle beschlagen würden, denn die Reise wäre noch lange. Eligius war nicht böse, einen neuen Kunden zu bedienen, irgendeinem reichen und mächtigen Herren zu zeigen, was er könne.

«Wieviel Zeit brauchst du, um meine Pferde zu beschlagen?» fragte der Mann, der in der Kutsche war.

«Weniger als ein anderer», sagte Eligius. «Habt Ihr nicht mein Schild gesehen?» Und er rief seinen Arbeiter, der ihm die Füße des Pferdes halten mußte.

«Wir könnten uns etwas beeilen», sagte der Arbeiter mit ruhiger Stimme. Und noch bevor irgend jemand die Zeit hätte finden können, den Mund aufzutun, hieb der Arbeiter die Füße des ersten Pferdes ab, welches dabei nicht einen Tropfen Blut verlor. Als dies geschah, wagte niemand zu sprechen. Eligius selbst prahlte nicht mehr.

Die Hufe des Pferdes wurden gerichtet, neue Eisen aufgenagelt und im Handumdrehen die Füße wieder festgemacht.

Eligius versuchte das zu unternehmen, was sein Geselle getan. Er hieb ziemlich sauber den Fuß eines anderen Pferdes ab. Schnell hatte er den Saum abgetrennt und die Hufeisen genagelt, den Fuß jedoch vermochte er nicht mehr zu befestigen. Der Geselle kam ihm ohne eitle Überlegenheit zu Hilfe. Keines der Pferde schien zu leiden, und es floß kein Tropfen Blut.

Diesmal hatte Eligius verstanden. Er kniete nieder und bat den Arbeiter um Verzeihung.

«Gott allein ist Meister über alle Meister, und ich weiß nicht wer du bist, ich jedoch bin nichts als ein armer eitler Mensch.»

Der liebe Gott hatte natürlich einen seiner Engel zu Eligius, dem Schmied, geschickt. Man kennt nicht den Grund aller Dinge. Vielleicht weil der Schmied saubere Arbeit liebte, hat Gott gnädig zur Rettung seiner Seele beigetragen. Eligius hat sich gänzlich verändert und ist ein Heiliger geworden. Ein König machte aus ihm einen Minister, und er ist der Schutzheilige der Schmiede geworden.

32

La Pardonnée

Es war einmal ein Gemeindevorsteher – zu dieser Zeit nannte man ihn Dorfpfarrer – und ein sehr junges und schönes Waisenkind, das bei seinem alten Onkel, dem Priester, lebte. Der Onkel war Pfarrer der kleinen Gemeinde von Naucelles, eineinhalb Meilen von Aurillac. Das junge Mädchen war noch mehr fromm als hübsch, und zweifellos hatte der alte Onkel nicht viel Mühe, über sie zu wachen. Ihr Taufname war Luce, aber oft – zu dieser Zeit hießen nämlich die Klosterfrauen noch «Tauben» ebenso wie «Nonnen» – nannte man sie Mongette (Täubchen), obwohl sie keine Gelübde abgelegt hatte. Mongette war es, die die Altäre der Kirche pflegte, die sie mit Laubgewinden und frischen Blumen schmückte. Vor allem nahm sie sich des Altars der Jungfrau Maria an. Vor diesem Altar kniete sie, wenn sie nichts Dringendes zu erledigen hatte. An die Jungfrau und Gottesmutter richtete sie die inbrünstigsten Gebete und Opfergaben an Blumen. Dieses Mädchen war hübscher als die anderen und war das gelehrteste und feinste des Dorfes. Dabei war sie auch die Schüchternste und die Zurückhaltendste. Man hatte sich schließlich daran gewöhnt, in ihr nur die Sakristeischwester des Priesters, ihres Onkels, zu sehen, ein Mädchen zwischen Himmel und Erde, die die Frömmigkeit von allen Anbetern fernhielt und die niemals heiraten würde.

Zur Zeit, wo Mongette in Naucelles lebte, brach ein fürchterlicher Krieg aus, so wie es zu viele gibt, und das muß der Hundertjährige Krieg gewesen sein. Die Abtei von Saint-Géraud – der Papst Gerbert war ihr bekanntester Schüler – war damals sehr berühmt und mächtig. Ihr Abt hatte den Rang eines Bischofs und hatte den Titel des Grafen von Aurillac. Der Abt war also Führer des Militärs und zugleich religiöser Leiter, und als solcher mußte er die Verteidigung des Landes sicherstellen.

Wurde die Gegend von Aurillac bedroht, so mußte man im Fall eines Angriffs den Grafen und das Heer verständigen. Aus Vorsicht hatten Hauptleute um die Stadt herum sehr hohe Türme gebaut, und einige Soldaten mußten sich dort aufhalten mit dem Befehl, eine erste Verteidigung sicherzustellen und Alarm zu geben. Die kleine Garnison von Naucelles wurde unter die Aufsicht eines jungen Ritters gestellt, der tapfer und von gutem Aussehen war und das Vertrauen des Abtes und die Bewunderung der Waffenleute verdiente. So wurde er in der Tat ein wehrhafter Ritter, selbst wenn er kein Kronprinz war und nicht von den höchsten Herren Frankreichs stammte. Man sagte, daß die Allerreichsten Rüstungen trugen, in die Gold und Edelsteine eingelegt waren.

Bei der Messe und der Sonntagsvesper waren die Dorfbewohner von der Eleganz des Hauptmanns wie geblendet. Und die Bauernmädchen, die sonst mit den Burschen des Dorfes nicht sehr schüchtern waren, wagten es kaum, den wunderbaren Soldaten anzusehen. Dem Ritter war es ein leichtes, unter den anderen rasch die zarte Nichte des Gemeindevorstehers herauszufinden, die besser aussah als die anderen und noch dazu so bescheiden war.

Mongette hatte ihrerseits von ihrem Onkel Berichte über die Heldentaten Rolands und die Eroberung des Heiligen Gral gehört, sie hatte selbst sogar zwischen ihrer Spindel und ihren frommen Blumengeflechten manche Ritterlegende gelesen. Und dies tat sie mit einer Phantasie, die aufgeweckter, mit einer Seele, die feinsinniger war als jene ihrer Jugendgefährtinnen. Wie hätte sie da der Anwesenheit des jungen Ritters gegenüber gleichgültig bleiben können, der in ihren Augen den Mut und die tapfere Haltung eines heiligen Georg so vollkommen verkörperte. Dabei konnte sie die halbgeöffnete Falle nicht vorausahnen, sie sah auch die Gefahr nicht. Das Böse war nicht in ihr, in ihm nicht der Wunsch, Böses zu tun. Der schöne Hauptmann hieß Hugues. Wenn sein Aussehen das eines vornehmen Herrn war, so war er auch im Herzen voll Edelmut. Er wußte genau, daß Mongette niemals ein Soldatenmädchen sein würde. Und wenn er ihretwillen die Überraschungen und Gefahren des Krieges nicht gefürchtet hätte, hätte er sie gerne, so wie es damals Brauch, zur Frau gewählt.

Hugues hat also Mongette nie seine Liebe erklärt, und die beiden jungen Leute hatten nichts anderes ausgetauscht als Blicke. Blicke jedoch, die wahrscheinlich redeten. Der Zufall, der schuld ist am Guten und am Bösen, der den Lauf der Ereignisse beschleunigt oder zurückhält, dieser Zufall wollte, daß der Abt, Graf von Aurillac, den Garnisonschef von Naucelles zurückberief, weil er ihn bei sich brauchte. Und nun ratet einmal, was Mongette unternahm?

Die so fromme, kleine Mongette ging vor den Altar der Jungfrau Maria, den sie so oft mit Blumen geschmückt hatte, und sie betete unter Schluchzen: Ihre Tränen waren noch reichlicher als ihre Gebete. Dann ging sie aus der Kirche hinaus, und ohne jemandem etwas zu sagen, schlug sie den Weg nach Aurillac ein.

Wie war es ihr nur gelungen, Unterschlupf zu finden für die Nacht und den Gefahren der Straße zu entrinnen? Ist das, was geschieht, nicht vorherbestimmt? Es war ihr ein leichtes, den schönen Hauptmann wiederzufinden. Von da an hatte sie vor nichts mehr Angst und glaubte, sie sei im Paradies. Wie konnte sie nur die ganze Schande auf sich nehmen? Im voraus war ihnen die Zeit bemessen und ließ weder Raum zum Überlegen noch für Schuldgefühle.

Mongettes Glück dauerte nur einen Monat, und sie hatte ihr ganzes Leben, um alles zu bereuen. Denkt an den Arm, der den Stein zurückhielt!

Es kam zu einer Straßenschlacht zwischen bösen Leuten und Soldaten. Hugues eilte herbei, die Unordnung zu schlichten. Da es sich aber um eine Kleinigkeit handelte, nahm er sich nicht die Zeit, seine Rüstung anzuziehen und seinen Helm aufzusetzen, und er behielt lediglich den Samthut auf. Ein Kerl versetzte ihm einen Hieb mit einem Eisenstock, einen so heiligen Schlag, daß das Haupt des armen Ritters gespalten war. Und im Sterben sprach er noch den Namen von Mongette.

Wie kann man Mongettes Verzweiflung beschreiben, die sich selbst den Tod ihres Freundes zur Schuld machte, weil sie ihn von den strengen Regeln des Krieges ablenkte. Sie weinte und jammerte und war in ihrem Herzen so verwundet wie das schöne Haupt des Ritters. Sie weinte, bis sie krank wurde und zu sterben glaubte. Wie hätte sie aufhören können zu lieben, wo sie noch auf eine Wiederbegegnung in der Ewigkeit hoffte?

Barmherzige Leute brachten Mongette ins Krankenhaus. Einem guten Mönch, der den Kranken beistand, war es bald gelungen, dieses junge, ungewöhnliche Mädchen herauszufinden, dessen Reue so groß war, daß die Schuld sie nicht erniedrigte. Und der liebe Gott wollte Mongette heilen.

Aber wie konnte sie nach Naucelles zurückkommen, wo sie alle Leute verachten würden und ihr Onkel sie wahrscheinlich verdammte? Der Mönch fand für Mongette eine Arbeit. Sie malte für die Abtei Heiligenbildchen, verzierte die Katechismen und zeichnete Miniaturen für Meßbücher und Psalter.

Und immer wurde sie noch ernster und noch geschickter. Niemals hatte sie aufgehört, die Muttergottes zu lieben, selbst fern von ihrem Altar.

Es wurde Herbst, und Mongette kam es vor, als hieße sie eine Stimme nach Naucelles zurückgehen. So als würde sie eine Stimme zurückrufen, der man nicht widerstehen kann. Wie schmerzhaft mußte ihr dieser Heimweg vorkommen, der dennoch sein mußte. Wie verschieden waren doch die beiden Wege, die sie hinter sich hatte. Aber Mongettes Herz war voller Liebe geblieben. Und trotz Schande und Angst führte sie eine Hand immer weiter vorwärts.

Am Fuß des hohen Turms von Naucelles begegnete sie dem ersten Menschen. Es war der Mesner ihres Onkels, der gerade in seinem Feld beschäftigt war. Der arme Mann war kurzsichtig, und Mongette wagte es, ihn anzusprechen.

«Habt Ihr in Naucelles nicht ein junges Mädchen gekannt, das Mongette hieß?»

«Sie ist immer noch hier», sagte der Mesner, «und wenn Ihr in unsere Kirche kommt, werdet Ihr sie wahrscheinlich gerade beim Gebet vor dem Altar finden.»

«Er muß einfältig geworden sein», dachte Mongette.

Aber so wie das Wasser in den Bach rinnt und weil sie eben

nicht anders konnte, ging sie geradeaus auf die Kirche zu. Dort würde sie sich in Schutz befinden. Und sie näherte sich dem Altar der Jungfrau Maria, wo sie einige Monate früher so sehr geweint hatte.

Und sie ging also auf den Altar zu... Aber wie groß war Mongettes Überraschung, als sie am selben Platz, wo sie selber so oft gekniet hatte, eine andere Mongette sah. Diese sah ihr ganz gleich, so wie sie im Frühling war, mit ihrem unschuldigen Gesicht und dem Kleid, das sie damals trug! Und die wirkliche Mongette konnte es kaum fassen und fing zu weinen an.

Die andere Mongette drehte sich um und sagte zu ihr mit Sanftmut:

«Jetzt bist du also zurückgekommen, Mongette. Ich habe auf dich gewartet.»

«Wer seid Ihr?» fragte Luce ganz zitternd.

«Ich bin die Jungfrau Maria, die du immer angerufen hast, der du deine Verzweiflung anvertraut hast; deren Bild du im Krankenhaus gezeichnet hast. Ich habe dir deinen Platz gehütet und gebe ihn dir wieder zurück. Niemand hat von deiner Abwesenheit erfahren.»

Da fiel Mongette nieder, um der Königin des Himmels zu danken. Jene war jedoch schon verschwunden.

Die kleine Mongette wurde wieder die ergebene Nichte des Gemeindevorstehers und das fromme junge Mädchen von einst. Und niemand hätte ihr Geheimnis erfahren, diese Qual, die zugleich auch ihr Reichtum war, niemand hätte von ihrem Leiden was erfahren und von ihrer Erlösung, wenn die demütige Mongette vor ihrem Tode nicht öffentlich bekannt hätte.

Und deshalb hat man im kleinen Friedhof von Naucelles lange diese Grabinschrift lesen können: «La Pardonnée.»

33
Der Schatz

In jener fernen Zeit, als Jesus noch mit seinen Jüngern durch die Welt wanderte, kamen sie in einer wilden Gegend an einem Baum vorbei, und unter dem Baum sahen sie eine Kiste stehen. Die Jünger sahen die Kiste von weitem und fragten:

«Herr, was steht dort in der Wildnis für eine Truhe?»

Er antwortete: «Seht nach!»

Da gingen die Jünger hin, öffneten die Truhe und sahen, daß sie bis oben voll Goldmünzen war. Auch Jesus sah im Vorbeigehen die geöffnete Truhe, aus der das Gold funkelte, aber er hielt sich nicht auf, sondern schritt ruhig seines Weges. Da wunderten sich die Jünger, liefen dem Meister nach und sprachen: «Herr, hast du nicht das viele Gold gesehen?»

«Ja, was soll's?»

«Herr, dort liegt genug für uns alle, um nie mehr Not zu leiden. Erlaube, daß wir uns davon die Taschen füllen!»

»Nein», sagte Jesus, «jetzt noch nicht. Wartet!»

Da folgten ihm die Jünger murrend und verstanden nicht, warum sie nicht vom Golde nehmen sollten. Jesus aber sprach:

«Warum lauft ihr den Dingen nach, welche die Menschen am meisten verwirren? Habt Geduld, und ihr werdet sehen, was es mit dem Geld auf sich hat.»

Als Jesus mit seinen Jüngern schon weit von diesem Ort weg war, kamen dort zwei Freunde vorbei, die miteinander eine Reise machten. Als sie die Truhe sahen, gingen sie hin, öffneten sie und fanden das viele Gold. Da sagte der eine zum andern: «Liebster Freund, jetzt haben wir ausgesorgt. Wir werden brüderlich teilen und ein schönes Leben führen.»

«Ja», sagte der andere, «das werden wir. Aber wie können wir den schweren Schatz wegschaffen?»

Da sprach der erste:

«Höre, Bruder: Nimm einige Münzen und geh in die nächste Stadt! Dort kaufst du ein Lasttier und kommst damit zurück. Dann wollen wir dem Tier den Schatz aufladen und heimkehren.» Der andere war damit zufrieden, und er nahm einiges Geld, während der erste beim Schatz blieb, um ihn zu bewachen.

Als sich die beiden aber getrennt hatten, kam ihnen der gleiche böse Gedanke: ‹Wie mache ich es, daß der Schatz mir allein gehört?› Und jeder machte auf seine Weise einen Plan, um den anderen umzubringen.

Als derjenige, der um das Lasttier gegangen war, in die Stadt kam, ging er erst zu einem Bäcker und kaufte einige Brote. Dann ging er in eine Apotheke und sagte:

«Ich brauche ein starkes Gift, um Ratten und andere schädliche Tiere zu töten.» Und der Apotheker verkaufte ihm das stärkste Gift, das er besaß. Das tat der Böse nun in die Brote. Dann ging er auf den Markt und kaufte einen Maulesel. Und mit dem kehrte er in die Wildnis zu seinem Freunde zurück.

Als er bei seinem Freunde ankam, band er den Maulesel an den Baum, unter dem die Truhe stand, und sagte zu seinem Gefährten:

«Ich habe gleich in der Stadt gegessen; aber sieh: ich habe auch an dich, teurer Freund, gedacht und dir diese Brote mitgebracht.»

Da antwortete sein Freund, der den Schatz bewacht hatte:

«Bester, ich danke dir, aber jetzt habe ich keinen Hunger. Ich werde die Brote unterwegs essen. So versäumen wir keine Zeit und kommen noch in die Stadt, ehe es dunkel wird.»

Und sie nahmen die schwere Truhe, um sie dem Maulesel aufzuladen. Und als der, der den Maulesel gekauft hatte, sich bückte, um den Gurt unter dem Bauch des Maulesels durchzuziehen, erstach ihn sein Freund von hinten mit einem spitzen Dolch, den er bei sich führte.

«Nun gehört der Schatz mir, und ich habe keine Eile», sagte der Verräter. Dann nahm er eines der Brote, setzte sich nieder und begann zu essen. Bevor er jedoch das Brot aufgegessen hatte, fiel er tot um. Und wie es so kam: nun lag er neben seinem Feind, der einst sein Freund gewesen war.

Am nächsten Tag aber führte Jesus seine Jünger wieder in jene wilde Gegend, und die Jünger sahen mit Schaudern die beiden Toten. Da erzählte ihnen Jesus, was sich zugetragen hatte. Dann ließ er eine Grube machen und das Gold hineinschütten. Den Maulesel aber führten sie mit sich fort.

34

Woher Gold und Silber kommen

Vor langer, langer Zeit – wir alle hier waren noch nicht geboren – herrschte auf der Erde große Armut, denn der Teufel hatte sich zum Herrn der Erde gemacht, und alle Bauern und Hirten mußten ihm einen Zehnten abliefern. Am besten ging es noch den Händlern und Kaufleuten, denn die konnten den Teufel am leichtesten betrügen. Aber so ein armer Bauer oder Hirt, was konnte er schon machen? Da erschien der Teufel – oder einer seiner Boten – und sah nach: soundsoviel Weizen, soundso viele Fässer Wein, soundsoviel Stück Vieh. Der Teufel strich seinen Teil ein, gleichgültig, ob es für die Familie des einzelnen Bauern noch reichte oder nicht.

Aber bei den Händlern und Kaufleuten, die hier und da ein heimliches Lager mit Waren hatten, war es schon schwerer für den Teufel, zu seinem Anteil zu kommen. Es ist daher nicht überraschend, daß der Teufel eine besondere Wut auf die Händler hatte, sie nachts im Wald oft überfiel, ihnen alles abnahm und sie ausplünderte wie ein Räuber.

Nun zog einmal ein Kaufmann über Land, der hatte schon

sieben Reiche durchreist und überall mit seinen Waren einen guten Gewinn erzielt. Wenn aber der Teufel erschien, um seinen Anteil einzukassieren, sagte der Kaufmann zu ihm: «Ich kann jetzt noch nicht abrechnen, denn ich habe noch Schulden, und von diesen Waren hier muß ich noch einiges abliefern, anderes habe ich auf Kredit bezogen.»

Aber einmal wurde es dem Teufel zuviel, und er beschloß, den Kaufmann hereinzulegen. Als der mit seinen Pferden und seinem Wagen auf einer Fähre über einen großen Fluß setzte, hing sich der Teufel auf der einen Seite an den Rand des Floßes, die Fähre bekam Schlagseite, und der Kaufmann drohte mitsamt den Pferden und dem Wagen ins Wasser zu stürzen.

Der Teufel aber schrie: «Versprich mir das bei dir zu Hause, von dem du nichts weißt, dann lasse ich los.» Der Kaufmann dachte: ‹Das, von dem ich nichts weiß? Was kann es sein? Vielleicht hat meine Frau etwas eingekauft.› – Er sagte laut: «Ja, einverstanden! Du bekommst bei mir daheim das, wovon ich nichts weiß.»

Da ließ der Teufel die Fähre fahren, und der Kaufmann kam heil ans Ufer. Und nachdem er seine Geschäfte abgewickelt hatte, kehrte er heim.

Wie groß aber war sein Schreck, als daheim seine Frau sagte: «Mann, freu dich! Wir bekommen ein Kind, denn ich bin schwanger.»

Und als die Zeit der Frau vorüber war, gab sie einem Sohn das Leben. Und der Kaufmann, der wußte, was ihm bevorstand, ließ gleich den Pfarrer rufen und am gleichen Tag seinen Sohn auf den Namen Piero taufen.

Am nächsten Tag erschien der Teufel, um den kleinen Buben abzuholen: «Gib mir das, von dem du nichts wußtest!» – «Hier ist das Kind.»

Da heulte der Teufel laut und sagte: «Ihr Elenden! Ihr habt es ‹gesalzen›! (So nennen nämlich die Heiden die getauften Christen.) Du hast den Vertrag gebrochen!» – «Davon kann nicht die Rede sein, denn wir haben überhaupt nicht davon gesprochen. Nimm also das Deine nach dem Vertrag, und laß mich in Frieden!»

Der Teufel nahm unter Verwünschungen den kleinen Buben mit in die Hölle.

Nun, in der Hölle wächst alles sehr, sehr schnell; so schnell wächst alles wie ein Weizenfeld unter der Sonne. Nach einem Jahr war Piero zu einem stattlichen Burschen herangewachsen. Der Teufel wollte ihn nun mit seinen andern Dämonen ausschicken, um überall seinen Anteil einzutreiben, aber Piero hielt zu den Menschen und brachte immer weniger heim als die andern Teufelchen.

Nachdem sich der Teufel einige Zeit mit dem Burschen herumgeärgert hatte, sagte er: «Warte! Du wirst noch klein beigeben! Ich sperre dich ein, bis du schwarz wirst! Wir wollen doch sehen, ob ich nicht aus dir einen Teufel machen kann!»

Und er warf Piero in ein dunkles Loch, in dem nur Schlangen und Ratten herumliefen. Aber das Ungeziefer tat Piero nichts zuleide, sondern die Schlangen und Ratten sagten zu ihm: «Piero, du bist kein Verdammter, und deshalb tun wir dir nichts. Sei ruhig und habe Geduld! Wenn der Teufel aus dem Hause ist, bilden wir dir eine Leiter, und dann kannst du darauf hinaufsteigen und aus dem Loch entfliehen.» – «Aber wohin soll ich denn fliehen, wo der Teufel doch auf der ganzen Erde herumläuft. Ich kann mich nirgends verstecken; er würde mich überall entdecken.» – «Du mußt zum Himmel hinaufsteigen und dich an Herrn Sonne wenden. Herr Sonne ist zwar sehr heiß, aber Hitze bist du ja von der Hölle her gewöhnt.» (Und so war es nämlich auch. Als der Teufel mit Piero auf dem Arm in die Hölle gekommen war, hatte er einen Zauberspruch über das Kind gemurmelt, damit ihm die Flammen nicht schadeten.)

Als der Teufel die Hölle verlassen hatte, um wieder auf der Erde seinen Zins einzutreiben, sprangen die Ratten – jeweils zwei und zwei – einander auf die Rücken, und die Schlangen legten sich so dazwischen, daß es wie Sprossen einer Leiter wurde. Und auf dieser Leiter stieg Piero aus dem Loch hinaus.

Kaum war Piero der Hölle entronnen, da rannte er auf ein hohes Gebirge und sprang von dort zum Himmel und lief zum Herrn Sonne.

«Herr Sonne, würdet Ihr mich vor dem Teufel verstekken?» – «Ich will es gern versuchen, aber ich fürchte, der Teufel wird es bald durchschauen.»

Und Herr Sonne nahm Piero unter seinen leuchtenden Mantel.

Als der Teufel heimkam, ging er sofort zu der Schlangengrube, um nach dem Piero zu schauen. Aber er fand nur das Gewürm. Von Piero war keine Spur.

«Dieser Elende!» schrie der Teufel, «er ist aus der Grube gestiegen und mir entronnen. Aber er wird nicht weit kommen.»

Und der Teufel lief auf der ganzen Erde umher, und auch alle kleinen Teufelchen mußten suchen helfen, aber Piero war nirgends zu entdecken. Endlich, als er den Flüchtling nicht finden konnte, schaute der Teufel zum Himmel hinauf. Da sah er Herrn Sonne, und der war dick wie eine schwangere Frau. Er mußte irgend etwas unter dem Mantel versteckt haben.

«Ha, habe ich euch!» schrie der Teufel erbost, «Herr Sonne, gebt sofort meinen Piero heraus!»

Aber Herr Sonne sagte zu Piero: «Ich werde mit dir zur andern Seite des Himmels laufen. Vielleicht gelingt es uns, dem Teufel zu entrinnen. Wenn nicht, so spring du voraus und laufe zu Frau Mond. Sie kann im Finstern dich vielleicht eher verstecken. Ich aber bleibe etwas zurück, damit der Teufel nicht sieht, wohin du läufst.»

Während aber Herr Sonne mit dem Burschen über den Himmel lief, holte der Teufel seinen Bogen und seine Pfeile heraus und sagte: «Das werden wir ja sehen, ob es sich Herr Sonne erlauben kann, gegen meine Befehle zu handeln!» Und er schoß einen Pfeil auf Herrn Sonne ab, und Herr Sonne schrie auf, und Blut tropfte aus seiner Wunde und rann auf die Erde hinab und wurde dort zu Gold.

«Schieß nicht mehr, Teufel», rief Herr Sonne, «und schau her: dein Piero ist nicht mehr bei mir.»

Der Bursche war nämlich so davongelaufen, daß immer Herr Sonne zwischen ihm und dem Teufel war.

Der Teufel kratzte sich am Kopf. Das ging ja wie verhext zu! Herr Sonne breitete seinen Mantel weit aus, und darunter war kein Piero zu sehen!

Und er machte sich auf den Heimweg, um in einem Zauberbuch nachzulesen, wo Piero sein könne. Und kaum hatte er sein Zauberbuch aufgeschlagen, da fand er darin, daß Piero zu Frau Mond geflohen war. Und er machte sich wieder auf, um Piero zu verfolgen.

Indessen war Piero zu Frau Mond gekommen: «Frau Mond, der Teufel ist hinter mir her; würdet Ihr mich verstecken?» – «Piero, gern will ich das tun. Aber ich fürchte, der Teufel wird dich bei mir finden. Wenn er also kommt, dann werde ich meinen Mantel ausbreiten, so weit es geht. Dann laufe du auf der andern Seite zu den Sternen und frage nach dem heiligen Michael, denn nur der kann dir gegen den Teufel helfen.»

Da bedankte sich Piero bei Frau Mond und ruhte sich etwas aus, denn von der Hetzjagd taten ihm die Füße weh. Und schon kam der Teufel angebraust und schrie: «Frau Mond, liefert mir sogleich den Piero aus, denn er gehört mir!» – «Hol ihn dir doch selber!» antwortete die Frau Mond und lief mit Piero so schnell sie konnte auf die Sterne zu.

Da spannte der Teufel wiederum seinen Bogen und schoß einen Pfeil auf Frau Mond ab, und er traf sie in den Rücken, so daß ihr Blut aus der Wunde spritzte, und das Blut tropfte auf die Erde hinunter und wurde zu Silber.

Frau Mond aber rief: «Teufel, hör auf zu schießen! Ich habe deinen Piero nicht.» Und sie rollte ihren Mantel ein, so daß sie nur mehr halb so dick war und wie eine Sichel am Himmel stand.

Piero hatte einen guten Vorsprung, aber der Teufel erspähte ihn noch, und er begann auf den Himmel hinaufzusteigen und hinter Piero herzulaufen. Der Bursche aber hatte die Sterne um Hilfe angerufen, und sie wiesen ihm den Weg zum heiligen Michael. Und als Piero den heiligen Michael sah, rief er: «Heiliger Michael, hilf mir!» – «Habe keine Angst», sagte der heilige Michael, «wir werden diesen Fall gleich in Ordnung bringen. Hier droben hat der Teufel nichts zu bestimmen, mag er auch drunten der Herr sein.»

Unterdessen kam der Teufel in großer Eile angestürzt und schrie: «Heiliger Michael, gib mir den Piero heraus, denn mir gehört er.» – «Der Bursche steht unter meinem Schutz, denn du hast ihn nur durch Zwang und Betrug erworben», entgegnete der heilige Michael.

Da wurde der Teufel sehr zornig, und er spannte wieder seinen Bogen und schoß einen Pfeil auf den heiligen Michael ab. Aber der hatte sich vorgesehen, und er hielt seinen Schild vor, und der Pfeil prallte am Schilde ab und flog wieder zurück und traf den Teufel am linken Bein. Und da spritzte das Blut des Teufels aus dem verletzten Fuß und tropfte auf die Erde herunter und wurde zu Pech.

Der Teufel mußte abziehen, ohne etwas erreicht zu haben, und seit jenem Tage kam es, daß er hinkt.

Es gibt Leute, die meinen, aus dem Piero sei später der heilige Petrus geworden, aber das stimmt nicht. Vom heiligen Petrus gibt es eine andere Geschichte, und die werde ich euch vielleicht ein andermal erzählen.

Nun wißt ihr, woher das Gold, das Silber und das Pech kommen. Und da der Teufel das Blut der Sonne und des Mondes als seine Beute betrachtet, kehrt es immer wieder in seine Taschen und in die Beutel seiner Helfershelfer und

Freunde zurück. Am Pech aber bleibt man leicht kleben, denn wer mit dem Teufel zu tun hat, kommt so leicht nicht wieder von diesem schwarzen Gesellen los.

35

Der Paradiesvogel

E*in Mönch* aus dem Kloster Chaumont hatte die Gewohnheit, sich täglich tiefen Betrachtungen hinzugeben.

Eines Tages ging er in den nahen Wald, der zum Kloster gehörte und den man noch heute den «Wald der Patres» (le Bois-des-Pères) nennt, um sich dort seinen gewohnten geistigen Übungen der mystischen Kontemplation mit mehr Ruhe hingeben zu können. Da erblickte er plötzlich einen Vogel, dessen Federkleid von strahlender Schönheit war und dessen Gesang noch mehr entzückte als sein Aussehen. Er flatterte von Zweig zu Zweig vor ihm her.

Der gute Pater dachte, daß er den Vogel mit Leichtigkeit fangen könne. Er jagte ihm also nach. Sobald er ihn zu erhaschen glaubte, schlüpfte ihm das flinke Federvieh durch die Finger. Wurde er hingegen vor Erschöpfung ganz mutlos, so flog der Vogel geschwind zu ihm, stellte sein schönes Gefieder zur Schau, ließ sein bezauberndstes Liedchen erklingen, und der gute Mönch gewann wieder Mut und gab sich doppelte Mühe, ihn zu fangen.

Hat er schließlich den Vogel erwischt, den viele Paradiesvogel nennen? Wohin hat ihn die Jagd nach ihm geführt? In der Geschichte, die man mir erzählt hat, wird nichts davon erwähnt.

Wie dem auch sei; Pater Anselm glaubte, daß er nur wenige Stunden aus gewesen sei, aber er hatte sich beträchtlich in der Zeit geirrt. Da suchte er sich nun zu orientieren;

nur die Sonne war unverändert geblieben. Alles um ihn her schien anders und nicht mehr so wie vorher. Da, wo ein Feld war, standen jetzt große Bäume, und dort, wo man fürs Kloster die besten Kräuter zu sammeln pflegte, lag jetzt eine Wiese.

Nachdem er seinen Weg gesucht, verloren und nun doch wieder gefunden hatte, lief er eilends nach Hause und läutete schließlich an der Pforte des Klosters, das er nicht mehr wiedererkannte. Nach mehrmaligem Läuten kam der Pförtner gelaufen.

«Das ist doch das Kloster Chaumont, nicht wahr?»

«Wie Ihr sagt, Hochwürden.»

«Seid Ihr der Pförtner?»

«Ja.»

«Das ist nicht möglich! Wo ist denn Bruder Hieronymus, der soeben noch da war? Ihr tragt doch gar nicht unser Ordenskleid?»

«Von welchem Orden sprecht ihr?»

«Vom Orden des Heiligen Benedikt von Cluny. Wir sind doch Benediktiner.»

«Nein, wir sind Franziskaner, und ich bin es auch.»

«Franziskaner im Kloster von Chaumont?»

Pater Anselm rieb sich die Augen. Er glaubte zu träumen. Nach einem Augenblick des Schweigens sagte er:

«Führt mich zum Prior. Jean de Chalençon, zu meinem Prior, der sein Zimmer neben dem meinen hat.»

Jetzt glaubte der Pförtner, er habe es mit einem Mann zu tun, der den Verstand verloren hatte, und nur aus Mitlied sagte er:

«Wartet hier, ich werde den Pater Superior verständigen.»

Dieser kam zufällig ins Sprechzimmer, und Pater Anselm redete ihn an:

«Ich bin erst vor wenigen Stunden, mit der Erlaubnis unseres Priors, vom Kloster weggegangen, um im Wald spazierenzugehen, und jetzt ist alles wie verwandelt, als hätte jemand mit einem Zauberstab die Orte und Leute berührt. Ich erkenne überhaupt nichts mehr wieder. Erst vor kurzem habe ich mich hier vom ehrwürdigen Jean de Chalençon getrennt, und ich finde ihn ebensowenig wie die übrigen, und man sagt mir, daß Ihr jetzt der Leiter dieses Hauses seid.»

Der Pater Superior machte genauso große Augen und glaubte wie der Pförtner, er habe einen armen Narren vor sich.

Pater Anselm schilderte jedoch seine Erlebnisse mit solcher Genauigkeit, mit solcher Logik und Überzeugung, daß dem Superior endlich ein Licht aufging und er sich an den Namen Jean de Chalençon erinnerte, von dem Pater Anselm unaufhörlich sprach.

«Das ist tatsächlich der Name des letzten Priors der Benediktiner von Chaumont, aber dieser heilige Mann ist vor mehr als zweihundert Jahren gestorben, und eben nach seinem Tod wurde das Kloster durch eine päpstliche Bulle unserem Orden vermacht.»

Nach einer Weile fügte er hinzu:

«Ich erinnere mich auch dunkel daran, daß ich in den Annalen des Hauses gelesen habe, ein Benediktinermönch namens Anselm, der die Gewohnheit hatte, sich tiefen Betrachtungen hinzugeben, sei eines Tages plötzlich verschwunden. Man habe überall nach ihm geforscht, um zu erfahren, was aus ihm geworden sei, aber es sei unmöglich gewesen, seine Spuren zu entdecken. Dieser Mönch, das seid wohl Ihr?»

Pater Anselm senkte den Kopf. Der Prior versuchte vergebens, ihn zurückzuhalten, aber er eilte davon und ward nie mehr gesehen.

36

Die armen Seelen

Es lebte einmal vor gar langer Zeit ein Mädchen namens Isabeau, das sehr unglücklich war. Sie hatte ihre Mutter verloren, und ihr Vater hatte in zweiter Ehe eine Frau namens Séraphine geheiratet, die alt und häßlich war, so häßlich, daß die Bewohner des Dorfes ihr den Rücken zuwendeten, um sie nicht anschauen zu müssen. Isabeau hatte am meisten von allen unter der Bosheit ihrer Stiefmutter zu leiden.

Isabeau war von ihrer Mutter mit dem Pierre verlobt worden, einem flotten Burschen, der bei der Arbeit fest zupackte und beim ersten Hahnenschrei aus dem Bett war.

Um ihre Stieftochter zu kränken, jagte die böse Séraphine Pierre davon und verbot ihm ihr Haus. Isabeau und Pierre, die sich sehr liebhatten, beschlossen jedoch, einander zu sehen, und sie trafen sich nach dem Angelusläuten zum Stelldichein hinter der Gartenhecke. Aber kaum waren sie beisammen, da sahen sie, wie Séraphine mit einem Stock bewaffnet dahergelaufen kam. Sie ergriffen die Flucht, aber die böse Stiefmutter holte Isabeau ein und schlug sie ohne Erbarmen.

Isabeau war tief betrübt und zerfloß in Tränen. Da sie Angst hatte, man würde sie noch grausamer schlagen, wenn sie nach Hause zurückkehrte, ging sie geradewegs weiter. Lange zog sie so die Straße dahin, ohne sich um den Weg zu kümmern, und als sie plötzlich merkte, wo sie war, da befand sie sich inmitten der großen Heide. Erschöpft vor Müdigkeit setzte sie sich zu Füßen eines Felsblocks nieder und begann bitterlich zu weinen. Dann schlief sie allmählich ein.

Als sie erwachte, stand der Mond hoch am Himmel, und die Sterne leuchteten. Isabeau fürchtete sich, in dieser öden und verlassenen Gegend ganz allein zu sein. Sie erzitterte, als sie das Käuzchen schreien hörte, diesen Vogel, der Unglück bringt, und sie erschrak, als sie die Sterne am Himmel erbleichen sah, denn man hatte ihr gesagt, die Sternschnuppen seien die Seelen der Verstorbenen, die ins Jenseits wandern.

Plötzlich, in der Stille der Nacht, schien es ihr, als hörte sie die Uhr des Dorfes zwölf schlagen, und gleich darauf sah sie, wie das Heidekraut erzitterte und sich bewegte. Sie erblickte zuerst ein kleines Männchen, nicht größer als ein Kind, das unter einem Stein hervorkam. Es hatte einen großen Kopf und einen langen, weißen Bart, der bis zur Erde herabfiel. Bald darauf gesellte sich zu ihm eine alte, kleine, ganz runzelige Frau, die älter als hundert Jahre zu sein schien. Dann kam unter jedem Stein, aus jedem Heidestrauch ein ähnliches kleines Wesen hervor. Man sah Tausende von diesen Gestalten, genauso viele wie ein Holztrog Hirsekörner faßt, und alle eilten umher und tummelten sich geschäftig. Schließlich begannen alle zu tanzen und zu singen:

«Alle armen Seelen
Alle armen Seelen.»

Das Mädchen wollte fliehen, aber eines der kleinen Wesen faßte sie bei der Hand und sagte:

«Seht! Das ist Isabeau, ein Menschenkind, das mit uns tanzen und singen wird!»

«Ja, tanz mit uns, Isabeau, und sing mit uns!» stimmten alle anderen mit ein.

«Wie soll ich denn mit euch tanzen?» antwortete das arme Mädchen, «ihr singt ja immer das gleiche.»

«Sing du das Lied weiter, sing, Isabeau! Du kannst unsere Qualen beenden; wir sind büßende Seelen und sind dazu verdammt, von Mitternacht bis zum Morgen zu singen und zu tanzen, und zwar so lange, bis wir ein Loblied auf den Herrn erfunden haben. Seit mehr als hundert Jahren arbeiten wir daran, und bis jetzt haben wir nur das fertiggebracht, was du soeben gehört hast.»

Und alle kleinen Seelen begannen aufs neue flehentlich zu rufen: «Sing das Lied weiter, Isabeau, sing es weiter, sing!»

Das Mädchen dachte einen Augenblick nach, dann nahm es eine der büßenden Seelen bei der Hand und sang:

«Alle armen Seelen
Alle armen Seelen
Loben ihren Herrn und Meister.»

Jubelnd vor Freude begannen alle armen Seelen noch wilder zu tanzen und wiederholten dabei, was Isabeau sie soeben gelehrt hatte.

So tanzten sie bis zum Morgengrauen. Isabeau war völlig erschöpft vor Müdigkeit. Aber die armen Seelen hörten nicht auf, sie mit ihren zarten Stimmchen anzuflehen:

«Sing weiter, Isabeau, sing noch weiter!»

«Für heute ist's genug», erwiderte sie, «aber ich komme wieder, bevor der Hahn viermal gekräht hat.»

«Als Belohnung für den Dienst, den du uns erwiesen hast», sagte die Seele, die am ältesten zu sein schien, «verlange etwas: wir geben dir, was du dir wünschst.»

«Nun gut! Meine böse Stiefmutter will mich nicht zu meinem Bräutigam lassen: gebt mir etwas, das sie zwingt, sich zu entfernen, wenn ich bei ihm bin.»

«Nimm diesen Ring», fuhr die arme Seele fort, «jedesmal wenn du ihn an den Finger steckst, muß deine Stiefmutter zu ihren Kohlköpfen laufen und sie zählen, und sie wird so lange ausbleiben, wie du es willst.»

Isabeau nahm den Ring und ging heim zu ihrem Vater. Als sie zu Hause ankam, stand die Sonne schon hoch am Himmel; da begegnete sie Pierre, der, in der Hoffnung, sie zu treffen, um den Hof schlich. Kaum hatte die böse Stiefmutter sie gesehen, da nahm sie einen Stock und lief herbei, um sie zu schlagen, aber Isabeau steckte ihren Ring an, und sogleich ließ ihre Stiefmutter den Stock fallen und eilte mit großen

Schritten auf ihren Garten zu, wo sie ihre Kohlköpfe zu zählen begann. Als sie im Garten fertig war, ging sie aufs Feld, und nachdem sie dort alle gezählt hatte, fing sie wiederum von vorne an. Als sie nach Hause kam, war sie so müde, daß sie nicht einmal mehr daran dachte, Isabeau zu schlagen.

Am nächsten Tag kam Pierre abermals zu seiner Braut, und diese schickte ihre Stiefmutter zu den Kohlköpfen.

Isabeau hätte ihren Liebsten gerne immer bei sich gehabt und wollte unbedingt, daß er noch länger bleibe; aber Pierre, der ein wankelmütiges Wesen hatte, wurde ihrer Liebe bald überdrüssig und sagte zu dem Mädchen:

«Du brauchst deine Stiefmutter nicht mehr zu ihren Kohlköpfen zu schicken; ich mag nicht mehr zu dir kommen. Heute gehe ich mit Miette zum Tanz. Sie ist hübscher als du, und sie hat keine so roten Augen vom vielen Weinen. Leb wohl, Isabeau.»

Das arme Mädchen grämte sich gar sehr.

«O weh!» sagte sie, «mein Ring hat mir zu nichts anderem verholfen, als meinen schönen Pierre zu verlieren, den ich von Herzen liebhab. Noch heute abend werde ich ihn den büßenden Seelen zurückgeben.»

Als es Abend war, lenkte sie ihre Schritte aufs neue der Heide zu und wanderte lange durch die Finsternis. Ihr Herz schlug heftig, und der leiseste Lärm ließ sie zusammenfahren.

Als sie an die Stelle kam, wo sie vor drei Tagen eingeschlafen war, war es fast Mitternacht; so dauerte es nicht lange, bis sie ihre büßenden Seelen wiedersah, die sie umringten und ihr zuriefen:

«Ah! Da ist ja Isabeau, die wieder mit uns tanzen und singen wird!»

Sie nahmen sie bei der Hand, zogen sie in ihren Kreis und sangen wie beim erstenmal:

«Alle armen Seelen
Alle armen Seelen
Loben ihren Herrn und Meister.»

«Aber das genügt noch nicht», sagte Isabeau.

«Sing weiter, Isabeau, sing noch weiter!» sagten alle Seelen. Da sang das Mädchen:

«Alle armen Seelen
Alle armen Seelen
Loben ihren Herrn und Meister,
Der die Menschen erlösen wird.»

Voll Entzücken begannen die kleinen Seelen zu tanzen, bis der Morgen kam.

Beim ersten Lichtstrahl war der Tanz zu Ende. Die älteste der armen Seelen trat vor Isabeau hin und sagte zu ihr wie beim erstenmal:

«Du hast uns wieder einen großen Dienst erwiesen, Isabeau. Verlange, was du willst, wir werden es dir gewähren.»

«Hier ist euer Ring», sagte Isabeau, «er hat mir nur Unglück gebracht. Durch ihn habe ich meinen Bräutigam verloren. Er liebt ein anderes Mädchen, das er hübscher findet als mich. Ich möchte schön sein, sehr schön, damit er mich immer liebt.»

Da nahm die älteste Seele eine Kette von ihrem Hals und band sie dem Mädchen um und sagte zu ihm:

«Geh jetzt, du bist nun schöner als der Tag. Keine der Menschentöchter wird schön sein wie du; aber du wirst glücklich sein und wirst uns vielleicht vergessen. Ohne dich werden wir jedoch nie unser Lied zu Ende bringen. Komm wieder zu uns zurück, Isabeau!»

«Was immer auch kommen mag, ich werde wiederkommen, bevor der Hahn viermal gekräht hat.»

Isabeau machte sich wieder auf den Weg ins Dorf zurück, aber sie verirrte sich. Da sie an einem Bauernhof vorbeikam, wo man gerade das Getreide drosch, fragte sie die Drescher nach dem Weg. Kaum hatten sie sie erblickt, da hörten sie zu arbeiten auf, warfen den Dreschflegel zu Boden und stürzten mit einem Schrei des Entzückens auf Isabeau zu.

«Oh! Wie ist sie schön! Wie ist sie doch schön!»

Alle umringten sie und boten sich an, sie zu ihrem Vater zurückzubringen. Der eine trug ihr seinen Wagen an, der andere seinen Esel, ein dritter seinen Rücken. Aber als die Frauen das sahen, drohten sie dem Mädchen und hoben ihre Fäuste: Sie schwenkten ihre Besen und Rechen und nannten sie eine Dirne und ein schamloses Frauenzimmer.

Isabeau machte sich wieder auf den Weg, aber je weiter sie kam, desto größer wurde der Zug ihrer Anbeter. Alle Männer, denen sie begegnete, schlossen sich ihr an. Sie fühlten sich zu ihr hingezogen wie das Eisen zum Magnet. So gelangte sie schließlich zum Dorfplatz. Pierre sah sie und wurde von Bewunderung erfüllt. Trotz ihres Ärgers freute sich Isabeau darüber gar sehr, aber die böse Séraphine geriet in heftige Wut. Sie stürzte auf das Mädchen zu, um es zu schlagen. Es gelang ihr auch, aber als sie das schöne Halsband sah, da riß sie es herunter und band es sich um den Hals. Sogleich sah sich die Alte, trotz ihres runzeligen Gesichtes und ihres wackeligen Kopfes, von allen Männern umringt, die da waren. Sie drängten sich an sie heran, um ganz in ihrer Nähe zu sein und um sie zu sehen, und drückten und stießen sie an den Rand des Gemeindebrunnens, bis die böse Alte, schon ganz verdrossen und halb erstickt, endlich erkannte, daß das Halsband, das sie trug, an allem schuld war. Sie riß es sich vom Hals und warf es ins tiefe Wasser. Sogleich löste sich der Zauber, und die Männer zerstreuten sich und lachten und machten sich über die Alte lustig, die sie einen Augenblick zuvor noch bewundert hatten. Zu Hause angekommen, rächte sich das böse Weib an Isabeau für all das Mißgeschick, das ihr soeben zugestoßen war. Sie versetzte ihr eine Tracht Prügel, und sogar Pierre kam und warf dem Mädchen vor, daß sie sich nachts weiß Gott wo herumtreibe und dann einen Schwarm von Männern mit nach Hause bringe.

«Übrigens werde ich nicht mehr kommen», sagte er zu ihr, «denn ich gehe jetzt zu einem Mädchen, das um vieles reicher ist als du.»

Isabeau weinte den ganzen Tag und die ganze Nacht.

«Ich sehe», sagte sie, «daß mir die Gaben der büßenden Seelen kaum von Nutzen waren. Warum habe ich nicht Reichtum von ihnen verlangt? In der kommenden Nacht werde ich wieder zu ihnen gehen und sie darum flehentlich bitten.»

Als es Abend war und alle schliefen, lenkte sie ihre Schritte ein drittes Mal zur großen Heide, und um Schlag zwölf erschienen die büßenden Seelen.

«Wir haben auf dich gewartet, Isabeau», sagten sie zu ihr. «Hast du an unser Lied gedacht? Sing, Isabeau, sing doch wieder!»

Und die kleinen Seelen begannen wie toll um das Mädchen zu tanzen und sangen wie beim zweitenmal:

«Alle armen Seelen
Loben ihren Herrn und Meister,
Der die Menschen erlösen wird.»

Von Zeit zu Zeit hielten sie inne und sagten:

«Sing weiter, Isabeau, sing noch weiter!»

Das Mädchen dachte lange nach, schließlich begann sie zu singen:

«Alle armen Seelen
Loben ihren Herrn und Meister,
Der die Menschen erlösen wird,
Die Guten und die Bösen.»

Alle Seelen sangen das Lied nach. Aber es dauerte nicht lange, da brachen sie ihren Reigen ab und begannen zu jubeln und zu schreien. Durch Tanzen und Springen gaben sie ihrer Freude Ausdruck, und die ganze Heide schien in einem Glückstaumel zum Leben zu erwachen.

Und alle riefen:

«Hab Dank, Isabeau, du hast uns erlöst. Unser Lied ist fertig, und wir dürfen jetzt in die ewige Seligkeit eingehen. Wünsch dir etwas, Isabeau, wünsch dir etwas! Wünsch dir, was du willst.»

«Um meines Pierre willen», sagte sie, «wünsche ich mir Reichtum.»

«Du wirst ihn haben, du wirst ihn haben!» riefen tausend zarte Stimmchen. «Du wirst reich sein, reicher als der König.»

Und eine der kleinen Seelen faßte Isabeau bei der Hand und sagte:

«Geh jetzt, Menschenkind, jede deiner Tränen wird von nun an eine Perle oder ein Diamant von unschätzbarem Wert sein!»

Dann trat der kleine Alte mit dem langen, weißen Bart an sie heran. Er hielt in seiner Hand einen winzigen Gegenstand, eine einfache Nadel.

«Da, nimm diese Nadel», sagte er zu ihr. «Solange sie an deiner Bluse steckt, wird Pierre dich allein lieben. Leb wohl, Isabeau!»

Alsbald begann es zu tagen, und die Runde der kleinen Seelen löste sich allmählich vom Boden der Heide, erhob sich wie ein Morgennebel langsam zum Himmel, stieg empor und verschwand im verbleichenden Blau des Himmels.

Isabeau kehrte zu ihrem Vater zurück. Sie war betrübt, daß die büßenden Seelen nun fort waren, aber doch glücklich, wenn sie daran dachte, daß Pierre zu ihr zurückkommen würde.

Als sie ins Haus trat, fiel ihre böse Stiefmutter mit geballten Fäusten über sie her und begann sie zu schlagen und mit Schimpfworten zu überhäufen. Isabeau weinte, und ihre Tränen, die zu Perlen und Diamanten geworden waren, fielen zu Boden. Sobald die böse Séraphine sich von ihrem Staunen wieder erholt hatte, begann sie, ganz toll und trunken vor Freude über diese Reichtümer, ihre arme Stieftochter wie besessen zu schlagen und rief: «Weine nur, weine, du Unglückselige! Weine, so wein doch nur noch mehr!»

Um die kostbaren Tränen aufzufangen, brachte sie den Eimer, den Holzzuber, den Backtrog, die Holzschüsseln, die Salzkiste und alle gerade erreichbaren Behälter. Bald waren sie voll mit Perlen und wunderbaren Diamanten.

Pierre, der eben des Weges daherkam, spürte in diesem Augenblick ein heftiges Verlangen, wahrscheinlich auf Grund der Nadel der steten Liebe, die das Mädchen besaß. Er geht ins Haus hinein, und ohne auf die Reichtümer zu achten, die er mit Füßen tritt, sieht er nur eines, nämlich wie seine Verlobte von der bösen Stiefmutter geschlagen wird. Außer sich vor Entrüstung, fällt er über diese her, packt sie bei der Kehle und hält sie so fest. Da rief ihm die Alte zu:

«Schlag sie, Pierre, schlag sie doch! Sie weint Perlen!»

Pierre ließ sie nicht los, und wütend vor Zorn, daß sie ihre Stieftochter nicht mehr schlagen konnte, um zu noch größerem Reichtum zu kommen, erstickte sie und war auf der Stelle tot.

Wenige Wochen später heiratete Pierre seine Isabeau. Alle fanden, daß sie den Eindruck eines recht glücklichen Paares machten. Sie waren die Reichsten im Land und bekamen vierzehn Kinder. Pierre verlangte niemals mehr danach, seinen Reichtum zu vermehren, indem er seine Frau zum Weinen brachte. Er liebte sie mit steter Liebe bis zu ihrem Tod.

Die guten Frauen, wenn sie diese Geschichte beendet haben, fügen noch hinzu: «Isabeaus Stiefmutter war sehr böse. Nichts kann eine Mutter ersetzen, meine Kinder. Liebt und ehrt die eure.»

37

Der heilige Josef und die Säge

Wie alle wissen, war der heilige Josef ein Zimmermann. Aber in jener Zeit war das Handwerk eines Zimmermanns noch nicht so leicht wie heute, denn sein Werkzeug war ziemlich primitiv. Ein Beil, ein Meißel und ein großes Messer mußten ihm für seine Holzarbeiten genügen.

Eines Tages, als der heilige Josef gerade seine Werkstatt verlassen hatte, kam ein böser Dämon hinein, und um dem Heiligen einen Schabernack zu spielen, nahm er das Messer und schlug eine Reihe von Kerben in die Schneideseite des großen Messers. Dann rieb er sich die Hände und sagte für sich:

«Jetzt will ich mich hinter der Tür verstecken und mich an der Wut des Josefs ergötzen, wenn er zurückkommt und merkt, daß er mit diesem Messer nicht mehr arbeiten kann.»

Der heilige Josef kam zurück und wollte sich wieder an seine Arbeit machen. Es war gerade ein Brett zu schneiden, er nahm also das große Messer und wollte gerade beginnen, als er sah, daß das Messer voller Einschnitte war.

«Wer ist denn dieser Schuft, der sich erdreistet hat, mir mein Werkzeug kaputtzumachen?» schrie der Heilige voll Wut. Die einzige Antwort war das gräßliche Lachen des Dämons, der sich hinter der Tür versteckt hatte.

Da verstand der heilige Josef, wer ihm diesen Streich gespielt hatte. Nach einem Augenblick der Verärgerung sah er sich die Klinge genau an und sagte:

«Will doch sehen, ob nicht aus diesem Streich etwas Nützliches werden kann.»

Und er probierte das Messer aus, indem er es hin- und herzog: ritsch-ratsch, ritsch-ratsch. Und das Holz ließ sich so schneller schneiden als vorher, denn aus dem Messer war eine Säge geworden.

«Dank dir, lieber Gott!» sagte der heilige Josef, «danke dafür, daß du mir jemanden geschickt hast, der mir das Messer eingekerbt hat. Jetzt kann ich viel leichter und besser arbeiten!»

Stellt euch vor, wie da der Dämon hereingefallen war. Er verzog sich mit dem Schwanz zwischen den Füßen in die Hölle und ließ sich in der Werkstatt des heiligen Josef nicht mehr sehen.

38

Gott wird es Euch lohnen

In jener Zeit, als der gute Jesus überall ein wenig herumschaute, kam er eines Tages in die große Stadt.

Überall am Wege waren Arme jeder Art:

alte Männer, die gepfändet worden waren, alte, häßliche Frauen, Krüppel, Waisenkinder, die nach Brot schrien; sie kamen aus allen Ecken hervor und baten die wohlhabenden Passanten um milde Gaben: «Verlaßt mich nicht in meinem elenden Los!»

Nachdem sie ihr Almosen bekommen hatten, sagten all die Armen: «Gott wird es Euch lohnen! Vergelt's Gott!»

Als er immer wieder das gleiche hörte, wurde es Sankt Peter, der mit unserm Herrn herumzog, schließlich zu dumm. Er konnte nicht mehr an sich halten und ließ sich dazu hinreißen, zum lieben Gott zu sagen: «Herr, ich will nicht mehr mit dir gehen, weil du überall Schulden machst! Da kommt ja ganz schön viel zusammen! Ich höre all die Bettler ständig sagen: ‹Gott wird's Euch lohnen! Vergelt's Gott!› Nie im Leben wirst du für so viele Arme zahlen können. Die Reichen werden dir noch eines Tages den Gerichtsvollzieher ins Haus schicken!»

«Peter», sagte der Herr darauf, «wenn du nicht mehr bei

mir bleiben magst, wenn du dich in meiner Gesellschaft nicht mehr wohl fühlst, kannst du sofort gehen.»

Peter ging und brummte vor sich hin: «Die reden sich leicht: Er wird's lohnen, er wird's vergelten!» Er war aber noch keine zehn Schritte weit gegangen, da stieg Jesus auf einen Weißdorn, der über und über voll weißer Blüten war. Er schüttelte die Zweige ein bißchen; ein Blütenregen rieselte von den Zweigen – doch noch ehe sie den Boden berührten, wurde jede Blüte in ein schönes Silberstück verwandelt, und die Silberlinge klingelten so hell und hübsch, daß Peter unwillkürlich den Kopf wandte.

Als er den Schatz da liegen sah, machte er rasch kehrt, kniete nieder und fing schnell an, die schönen Münzen zusammenzuraffen, die auf dem Boden davonrollten.

«Peter! Peter», rief ihm der gute Jesus zu, «wart ein wenig! Tritt nicht so in dem Segen herum! Laß das ganze Geld liegen, denn ich brauche es, um meine Schulden zu bezahlen!»

Und da begriff Sankt Peter die Lehre, er bereute, und er folgte weiter seinem Herrn und Meister.

39

Der Mann in Weiß

Einem alten Soldaten, der im Krieg ein Bein verloren hatte und nun von Tür zu Tür betteln gehen mußte, ist folgendes zugestoßen:

Dieser alte Soldat begab sich eines Tages auf den Weg von Nérac nach Agen mit einem einzigen Stückchen Brot in seinem Beutel.

Als er in die Nähe des Dorfes Moncaut kam, setzte er sich an den Rand des Straßengrabens. Der arme Mann wollte gerade zu essen beginnen, als er einen Mann auf sich zukommen sah, der von Kopf bis Fuß in Weiß gekleidet war. Er trug einen weißen Hut, weiße Kleider, weiße Schuhe und hatte einen langen weißen Stock in der rechten Hand.

«Was macht Ihr da, mein Freund?»

«Wie Ihr seht, mein Herr, esse ich ein Stück Brot. Ich will es gern mit Euch teilen, wenn Ihr wollt.»

«Ich sage nicht nein, mein Freund.»

Der weißgekleidete Mann setzte sich an den Rand des Straßengrabens neben den alten Soldaten, der ihm die Hälfte von seinem Stück Brot gab. Als sie gegessen hatten, stand der Mann in Weiß auf und sagte:

«Ich danke Euch, mein Freund. Ihr könnt nun Eures Weges ziehen. Heute wird es Euch an nichts fehlen. Noch bevor Ihr in Euer Häuschen zurückkommt, werdet Ihr Brot für einen ganzen Monat in Eurem Beutel haben.»

Der Soldat machte sich wieder auf den Weg. Von jedem Bauerngut rief man ihm zu, er solle kommen und sich etwas zu essen holen. Als er am Abend in sein kleines Häuschen zurückkam, hatte er Brot für einen ganzen Monat im Beutel.

Am selben Tag begegnete der Mann in Weiß unterwegs einem Kutscher, der drei Klosterfrauen im Wagen hatte.

«Ehrwürdige Schwestern, ich bin müde. Laßt mich in Eurem Wagen Platz nehmen.»

«Geht nur zu Fuß weiter. Es ist kein Platz mehr für Euch.»

Da packte den Kutscher das Mitleid mit dem Mann in Weiß, und er ließ ihn neben sich sitzen.

«Habt Dank, mein Freund. Eure Nächstenliebe wird belohnt werden.»

So fuhren sie, bis sie nur noch eine Viertelstunde von Nérac entfernt waren. Dann stieg der Mann in Weiß aus und sagte zum Kutscher:

«Mein Freund, ich habe Euch gesagt, daß Eure Nächstenliebe belohnt werden wird. So gewiß werdet Ihr Eure Frau von ihrer sieben Jahre langen Krankheit geheilt finden. Wenn Ihr heimkommt, wird sie gerade dabei sein, Euch eine Suppe zu bereiten.»

Und der Mann in Weiß verschwand.

Als der Kutscher nach Nérac kam, waren die drei Klosterschwestern tot. Aber seine Frau stand an der Tür und rief:

«Beeil dich, Mann, sonst wird die Suppe kalt.»

40

Die Messe der Wölfe

Die *Wölfe* sind Tiere wie alle andern. Sie haben keine Seele. Für sie ist mit dem Tod alles aus. Einmal im Jahr jedoch versammeln sich die Wölfe in ein und derselben Gegend zur Messe. Die Messe wird von einem Wolf-Pfarrer gelesen, der seinen Beruf ich weiß nicht wo gelernt hat. Genau um Mitternacht am letzten Tag im Jahr, zu Sylvester also, steigt der Wolf-Priester zum Altar hinauf. Es soll auch Wolf-Bischöfe, Wolf-Erzbischöfe und einen Wolf-Papst geben, aber niemand hat sie jemals gesehen. Was die Wolf-Pfarrer anbetrifft, so ist das eine andere Sache. Ihr werdet gleich den Beweis dafür bekommen.

In Mauvezin lebte einmal ein braver Mann, der das Handwerk eines Wagners ausübte. Einer seiner Söhne arbeitete bei ihm als Lehrling. Eines Tages nach dem Abendessen sagte der Vater zu seinem Sohn:

«Mein Freund, du bist heute genau einundzwanzig Jahre. Alles, was ich dir beibringen konnte, kannst du jetzt genau so gut wie ich. Es ist nun an der Zeit, daß du dich selbständig machst. Halt die Augen offen und überleg dir gut, wo du dich niederlassen willst. Hast du einmal einen gewissen Stock an Kunden, dann findest du sicher auch bald eine Frau.»

«Ihr habt recht, Vater. Es ist an der Zeit, daß ich mich selbständig mache. Was das Heiraten betrifft, so habe ich das schon lange vor. Meine Braut wohnt in Montfort. Es ist ein bildhübsches und grundehrliches Mädchen. Ich werde mich also in Montfort als Wagner niederlassen.»

Sieben Tage später hatte der junge Mann das getan, und es fehlte ihm nicht an Kunden. Sieben Monate später heiratete er sein Mädchen. Beide lebten ruhig und glücklich wie die Fische im Wasser.

An einem Winterabend, sieben Tage vor Sylvester, waren der Wagner und seine Frau gerade beim Abendessen, als sie den Hufschlag eines dahingaloppierenden Pferdes hörten. Das Pferd blieb vor der Tür ihres Hauses stehen.

«He! Wagner! He! Wagner!» rief der Reiter.

Der Wagner öffnete das Fenster und erkannte einen seiner Freunde aus Mauvezin.

«Was willst du von mir, mein Freund?»

«Ich habe eine schlechte Nachricht für dich, Wagner. Dein Vater ist krank, schwer krank. Wenn du ihn noch lebend sehen willst, dann mach dich sofort auf den Weg nach Mauvezin.»

«Hab Dank, mein Freund. Ich mache mich sofort auf den Weg. Steig ab und trink einen Schluck.»

«Hab Dank, Wagner. Ich habe anderswo noch wichtigen Geschäften nachzugehn.»

Der Reiter machte sich im gestreckten Galopp davon, und der Wagner suchte sofort den Wahrsager der Gemeinde auf.

«Guten Abend, Wahrsager.»

«Guten Abend, Wagner. Ich weiß, warum du hier bist. Dein Vater ist krank, schwer krank. Sei beruhigt, er wird nicht sterben. Aber er wird wie ein Verdammter in der Hölle leiden, bis er von dem Heilmittel genommen hat, das er braucht. Dieses Heilmittel ist der Schwanz eines Wolf-Pfarrers, den dein Vater ganz und gar, mit Haut und Haar, Fleisch, Knochen und Mark verzehren muß. Willst du tun, was notwendig ist, um diesen Schwanz eines Wolf-Pfarrers zu bekommen?»

«Ich will es gern tun, Wahrsager, und ich werde dir zahlen, was du verlangst.»

«Wenn dein Vater wieder fast gesund ist, werde ich meinen Lohn, nämlich deine Ohren, mit eigenen Händen holen.»

Nach diesen Worten verwandelte der Wahrsager den Wagner in einen Wolf, der auf der Stelle im vollen Galopp in den Wald von Boucone lief. Die Wölfe nahmen ihn in ihre Gemeinschaft auf. Sechs Tage und sechs Nächte lang half er ihnen, Kälber und Schafe zu stehlen.

Am letzten Tag des Jahres, zu Sylvester also, sollte ein Wolf-Pfarrer genau in der Mitte des Waldes von Boucone die Mitternachtsmesse lesen, und die Wölfe mußten einen Ministranten herbeischaffen, der bei der Messe ministrieren sollte. Da sagten die Wölfe zueinander:

«Wer von uns kann ministrieren?»

«Ich», antwortete der Wagner.

«Nun gut, Bruder, du wirst es machen.»

Eine Stunde vor Mitternacht hatte der Wagner genau in der Mitte des Waldes einen Altar aufgestellt und die Kerzen angezündet. Vor dem Altar warteten die Wölfe auf den Wolf-Pfarrer, der für die Messe gekleidet Schlag Mitternacht erschien. Die Messe begann, und der Wagner ministrierte bis zum letzten Evangelium. Dann jagten die Wölfe in vollem Galopp davon, so daß nur noch der Wolf-Pfarrer und sein Ministrant übrigblieben.

«Warte einen Augenblick, Wolf-Pfarrer. Ich helfe dir beim Ablegen der Meßkleider.»

Der Wagner ging von hinten an den Wolf-Pfarrer heran, öffnete sein großes Maul und biß ihm den Schwanz bis zum Arsch ab. Der Wolf-Pfarrer lief heulend davon. Gleich darauf befand sich der Wagner, ohne zu wissen wie, im Haus des Wahrsagers von Montfort.

«Da bist du wieder, Wagner. Schau in diesen Spiegel.»

Der Wagner betrachtete sich im Spiegel. Er war wieder ein Mensch geworden. Aber er hatte noch die Ohren eines Wolfes, und der Schwanz des Wolf-Pfarrers steckte zwischen seinen Zähnen. «So, und jetzt heißt es zahlen, Wagner, und zwar mit deinen Ohren.»

Der Wahrsager riß dem Wagner die Wolfsohren ab. Sogleich wuchsen zwei Christenohren an ihrer Stelle.

«Und jetzt hast du etwas, Wagner, das deinen Vater gesund machen wird.»

«Hab Dank, Wahrsager!»

Der Wagner ging schnell nach Mauvezin und befahl seinem Vater, den ganzen Schwanz des Wolf-Pfarrers mit Haut und Haar, Fleisch, Knochen und Mark aufzuessen. Der Kranke wurde auf der Stelle gesund und lebte noch viele Jahre lang.

41

Der Kaufmann und seine ungetreue Frau

Es war einmal ein Kaufmann, der sehr reich war, und da Reichtum immer den Frauen in die Augen sticht, kam es dazu, daß ihn das schönste Mädchen weit und breit heiratete, obwohl er selbst krumm von Gestalt und ein Glatzkopf war.

Der Kaufmann war in seine junge Frau verliebt wie ein Narr, er erfüllte ihr alle Wünsche und Forderungen, auch wenn sie sehr teuer waren. Ja, eines Tages kam es dahin, daß er von Liebe erfüllt zu seiner Frau sagte: «Wenn du je vor mir sterben solltest, o Liebste, so würde ich drei Tage und drei Nächte ununterbrochen an deiner Leiche weinen.» – «Und ich», entgegnete ihm die Frau, «würde aufhören zu essen und an deiner Leiche vor Hunger sterben.»

Gerührt von soviel Liebe – wie er meinte – verwöhnte der Kaufmann seine Frau noch mehr als vorher.

Nun wollte es der Zufall, daß die junge Frau erkrankte. Sie bekam Fieber. Der Kaufmann ließ die besten Ärzte rufen, aber alle ärztliche Kunst war umsonst. Die Frau starb.

Der Kaufmann war untröstlich. Er ließ ihr ein kostbares Totenhemd aus feinster Seide und mit teuren Spitzen nähen und weinte an ihrer Leiche einen Tag und eine Nacht, und noch einen Tag und eine Nacht und einen dritten Tag. In der Nacht, bevor die Frau beerdigt werden sollte, waren alle Leute von der Totenwache eingeschlafen, nur unser Kaufmann weinte wie die ganze Zeit vorher. Da erschien ihm der Erzengel Michael und fragte: «Warum weinst du nun schon den dritten Tag und die dritte Nacht?» – «Ach», antwortete der Mann, «ich weine, weil meine Frau gestorben ist. Sie war mein Ein und Alles. Nie ist ein Mensch so innig geliebt worden wie ich. Ja, wäre ich gestorben, so hätte meine Frau aufgehört zu essen und wäre im Hungertod mir gefolgt.» – «Soll ich denn deine Frau dir wieder lebendig machen?» fragte der heilige Michael. – «Ich wäre dir unendlich dankbar, wenn du das tun würdest!» sagte der Kaufmann.

Nun, der heilige Michael war gerade der Rechte, um die Frau wieder lebendig zu machen. Er rief sie also ins Leben zurück, der Kaufmann stammelte seinen Dank, und der Erzengel entschwand.

Da nun der Kaufmann seine Frau umarmt hatte, schämte er sich, daß sie so im Hemd dalag. So konnte er sie nicht nach Hause führen, und so sagte er: «Warte hier einige Minuten, ich will schnell heimlaufen und dir Kleider und Schuhe holen.»

Und damit machte er sich auf.

Kaum aber war der Kaufmann weggegangen, da kam ein schöner junger Prinz vorbei, der wollte sehen, wer da aufgebahrt sei, und zu seiner Überraschung fand er ein hübsches junges Mädchen in einem weißen Seidenhemd.

Nun, es kam dahin, daß der Prinz fragte, ob sie schon verheiratet sei, und sie sagte: «Nein, ich bin noch ledig.» Da nahm sie der Prinz mit in seinen Wagen und führte sie heim in seinen Palast. Und es dauerte nicht lange, da heiratete er die Frau des Kaufmanns.

Der Kaufmann aber kam zurück, fand seine Frau nicht vor, weckte die Leute von der Totenwache und fragte, wo sie denn hingegangen sei. Aber niemand wußte eine Antwort.

Nach einiger Zeit kam der Kaufmann in die Hauptstadt, und wie er am Palast des Königs vorbeiging, sah er seine Frau aus dem Fenster schauen. Da wurde er fröhlich und rief: «Frau, wie kommst du hierher? Endlich habe ich dich wieder gefunden!»

Die Frau aber tat, als ob sie ihn nicht kenne, und sagte: «Unverschämter, was willst du? Scher dich weg!»

Der Kaufmann aber ließ sich nicht so schnell abweisen, er ging zum Prinzen und sagte, seine Frau sei im Palast. Der Prinz sagte: «Was deine Frau angeht, so stehen hier viele Frauen in unserm Dienst, und ich kümmere mich nicht darum, ob eine dabei ist, die ihrem Manne davongelaufen ist. Aber wir werden ja sehen.»

Und er ließ alle Frauen und Mädchen herbeiholen, die im Palast in Dienst standen. Aber der Kaufmann konnte seine Frau nicht darunter entdecken.

Zuletzt aber kam auch die Prinzessin in den Saal.

«Hier ist ja meine Frau!» rief der Kaufmann aus. – «Dieser Unverschämte», sagte die Frau des Kaufmanns, die nun Prinzessin geworden war, «er hat mich schon einmal mit der Behauptung verfolgt, ich sei seine Frau.» – «Nun», sagte der Prinz, «das wird sich erweisen. Diener, gebt diesem Mann hier eine ordentliche Tracht Prügel!»

Aber die Diener konnten den Kaufmann schlagen, so viel sie wollten, er blieb bei seinem Wort, die Prinzessin sei seine Frau. Endlich ließ der Prinz den Mann ins Narrenhaus sperren, denn er hielt ihn für verrückt.

Als er so manches Jahr im Narrenhaus verbracht und so manche Prügel eingesteckt hatte, erschien ihm eines Tages der heilige Michael und fragte: «Was sagst du? War es gut, daß ich deine Frau wieder lebendig gemacht habe?» – «Nein», entgegnete der Kaufmann, «es war nicht gut! Besser wäre sie tot geblieben!» – «Nun, dann wollen wir sie wieder tot machen», sagte der heilige Michael.

Und da erwachte der Kaufmann an der Leiche seiner Frau, und er hörte auf zu weinen und sagte: «Besser du als ich.»

42

Der Kuß des verwunschenen Mädchens

In einem Dorf bei Roquefort lebte einmal ein Mädchen, das war ganz besonders hübsch. Es war das schönste Mädchen weit und breit, und deshalb wurde es sehr umworben. Unter den Burschen, die das Mädchen begehrten, war auch der Sohn einer Hexe, ein scheußlich anzusehender, buckeliger und schielender Kerl.

Es ist klar, daß der Krüppel mit seiner Bewerbung bei Jeannine kein Glück hatte, da sie doch von so vielen anderen und stattlicheren Burschen umschwärmt wurde. Als der Bucklige mehrmals bei ihr vorgesprochen hatte und jedesmal – wenn auch freundlich – abgewiesen wurde, faßte ihn ein heftiger Zorn. Er erzählte alles seiner Mutter, und die Hexe sagte:

«Warte nur, Söhnchen, wir werden das Mädchen schon noch dahin bringen, daß sie dich heiratet. Und wenn sie es nicht tut, so soll sie auch niemals einen andern Burschen finden!»

Einige Tage nach diesem Gespräch ging die Hexe mit ihrem Sohn zu dem Hause Jeannines.

«Mädchen», sagte die Alte, «warum willst du meinen Sohn nicht heiraten? Er hat genausoviel Geld wie alle andern, und vielleicht noch mehr.»

Jeannine wagte natürlich nicht zu sagen, daß ihr der Krüppel nicht gefiele, weil er so häßlich sei, und so sagte sie nur:

«Ich kann ihn nicht heiraten, weil ich einen andern liebe.»

Da schrie die Hexe ergrimmt:

«Nun, entweder wirst du meinen Sohn heiraten, oder du mußt dein ganzes Leben ledig bleiben!»

«Nun gut, so bleibe ich mein Leben lang eben unverheiratet.»

Da schrie die Hexe:

«So billig kommst du nicht davon. Ich werde schon machen, daß dich alle Burschen der Gegend hassen und fürchten. Denn jeder, der dich küßt, der muß sterben. So sei es und so ist es!»

Zunächst machte sich das Mädchen nicht sehr viel aus dem Fluche, denn sie dachte sich, so schlimm würde es schon nicht kommen. Aber als sie sich dann eines Tages beim Tanzen von einem Burschen, der ihr sympathisch war, küssen ließ, und als diesem am nächsten Tage die Pferde durchgingen und ihn zu Tode schleiften, da begann sie sich doch zu fürchten. Zunächst zogen sich auch die jungen Männer von ihr zurück, aber nach einem Jahr – oder etwas mehr –, da begannen sich wieder Liebhaber einzustellen. Und nachdem das Mädchen eine Zeitlang mit einem Burschen gegangen war und sie sich verloben wollte, ließ sie sich dazu verleiten, ihm einen Kuß zu geben. Und wenige Tage danach lag der Bursche tot im Bett.

Da wurde Jeannine verzweifelt, und sie wurde im Ort vom jungen Volk gemieden wie eine Aussätzige. So lebte sie lange Zeit verzweifelt und zurückgezogen. Und sie gab die Absicht auf zu heiraten.

Nun kam da eines Tages ein junger Mensch zugezogen, der in der Provence zu Hause war und vom Fluch der alten

Hexe nichts wußte. Und er sah das Mädchen und verliebte sich in Jeannine. Und auch dem Mädchen gefiel der Bursche, der Henri hieß. Nach einer Weile wollte der Bursche sich mit dem Mädchen verloben, aber sie verweigerte das und erzählte ihm unter Tränen ihre Geschichte und daß sie nun Angst habe, ihm würde das gleiche Unheil widerfahren wie seinen beiden Vorgängern.

Der Bursche wollte aber so schnell nicht nachgeben, und er sagte:

«Gedulde dich! Wenn ich zum Fest in meine Heimat fahre, werde ich unsern alten Pfarrer um Rat fragen, der ist weise und erfahren. Vielleicht weiß er ein Mittel oder einen Zauber gegen den Fluch.»

Und als der Bursche in sein Heimatdorf kam, ging er zum Pfarrer und sagte:

«Herr Pfarrer, so und so...»

Der alte Pfarrer dachte eine Weile nach und sagte dann:

«Die Sache ist ganz einfach. Es ist nur nötig, daß deine Braut den Sohn der Hexe küßt, dann wird sich alles ändern.»

Der Mann bedankte sich bei seinem Pfarrer und kehrte in das Dorf von Jeannine zurück. Und er erzählte dem Mädchen den Rat seines Pfarrers. Lange wollte Jeannine nicht, aber da sie keinen andern Rat wußte, entschloß sie sich doch, die Sache auszuführen.

Eines Tages, als der Bucklige vor ihrem Hause vorbeiging und wie gewöhnlich durch die Scheiben in die Stube hineinspähte, machte sie ihm mit der Hand ein Zeichen und winkte ihn hinein. Der Krüppel dachte triumphierend: ‹Nun gibt sie doch nach!› und ging in das Haus. Im Hausgang umarmte ihn das Mädchen und küßte ihn. Kaum hatte sie ihn geküßt, da wurde ihm so schlecht, daß er kaum mehr stehen konnte. Er schleppte sich mühsam nach Hause und warf sich aufs Bett.

Als seine Mutter heimkam und ihn auf dem Bett liegen sah, fragte sie:

«Söhnchen, was ist mit dir?»

Da antwortete er:

«Jeannine hat mich geküßt.»

Da schrie die alte Hexe:

«O du Dummkopf, du hättest doch mir davon sagen müssen, damit ich den Fluch von ihr genommen hätte!» Sie schrie und schrie, aber es nützte nichts, der Bucklige mußte sterben, und die Hexe nahm sich aus Gram selbst das Leben.

Jeannine und Henri konnten nun ohne Gefahr heiraten. Und das taten sie auch.

43

Das Mahl der Toten

Mit den Toten soll man nie Späße treiben, sonst hat es üble Folgen. Und damit ihr seht, wie es da gehen kann, erzähle ich euch jetzt diese Geschichte.

Vor Jahren ist einmal ein vornehmer Herr über einen Friedhof gegangen, und da es dunkel war, stolperte er, weil etwas auf dem Wege lag. Er bückte sich, hob es auf und sah: einen Totenschädel. Ein anderer hätte den Schädel zum Gebeinhaus getragen und dort vorsichtig niedergelegt. Der Herr aber legte ihn auf das nächstbeste Grab und sagte überdies zu dem Totenschädel: «Da wir uns hier nun schon einmal getroffen haben, können wir die Bekanntschaft ja weiterpflegen. Ich lade dich für über eine Woche zu mir zum Nachtmahl ein.» Und damit ging er heim.

Nach einer Woche hatte er den Vorfall bereits wieder vergessen, aber als er abends beim Nachtmahl saß, klopfte es an die Türe.

«Geh und sieh, wer so spät noch etwas von mir will!» befahl der Herr seinem Diener. Der Diener ging ans Tor und kehrte zitternd in den Saal zurück: «Herr, Herr, ein Totengerippe steht draußen.» – «Nun, so bitte es herein, und hole noch ein Gedeck!» befahl der Herr.

Der Diener tat zitternd, wie ihn der Herr geheißen, der Tote kam herein und setzte sich dem Herrn gegenüber zu Tisch.

«Willkommen», sagte der Herr, «ich sehe, du bist ein höflicher Toter und hast meine Einladung angenommen. Du sollst dafür auch ein Mahl bekommen, wie du es vielleicht im Leben nie gegessen hast.» Der Herr sagte das, denn er war ein Feinschmecker.

Es gab eine Zwiebelsuppe, einen Hammelbraten mit Butter, Salat, Käse und Früchte, und man begoß alles reichlich mit einem vorzüglichen Wein. Der Tote hielt wacker mit und aß alles, was auf seinen Teller kam.

Am Schluß sagte der Mann: «Willst Du noch ein Glas Cognak, Gast?» – «Ja, Hausherr, wenn du einen guten hast.» – «He, Diener, bring uns noch Cognak.»

Als sie auch den Cognak getrunken hatten, fragte der Herr: «Gast, hast du sonst noch einen Wunsch?» – «Ja», sagte der Tote, «besuche doch du mich auch in sieben Tagen!» – «Das verspreche ich dir und will es halten», entgegnete der Herr.

Als der Tote gegangen war und der Diener das Geschirr abgeräumt hatte, sagte er: «Herr, Herr, das kann nicht gutgehen.» – «Was kann nicht gutgehen, du Dummkopf?» – «Daß Ihr einen Toten eingeladen und ihm auch noch versprochen habt, ihn zu besuchen, das kann nicht gutgehen.»

Da wurde denn nun der Herr doch etwas nachdenklich. Er überlegte hin und her, aber er wußte keinen Ausweg.

Die Woche verging, und dem Herrn wurde immer etwas seltsamer zumute. Am siebten Tag machte er einen Spaziergang, und da begegnete ihm eine alte Frau: «Herr, Barmherzigkeit! Schenkt einer armen, hungernden Witwe eine Kleinigkeit!» – «Gut», sagte der Herr, «wer weiß, ob ich morgen noch lebe. Hier, nimm meine ganze Geldbörse. Da wirst du für den Rest deines Lebens keine Sorgen mehr haben.» – «Vergelte es Euch Gott tausendmal! Aber Herr, warum macht Ihr so ein besorgtes Gesicht? Und warum habt Ihr gesagt: ‹wer weiß, ob ich morgen noch lebe.›?» – «Ach, das ist eine lange Geschichte...» – «So erzählt mir eben Eure Geschichte.» – «Also gut, Mütterchen. Was ist auch schon viel verloren, wenn ich es erzähle? Hört, die Sache verhält sich so: Ich habe einen Toten zum Nachtmahl eingeladen, und er hat die Einladung angenommen. Er ist gekommen und hat mit mir gespeist; und zuletzt hat er mich für heute nacht zu sich zum Mahl eingeladen.» – «Ach, Herr, wenn Ihr es richtig anstellt, ist das nicht so schlimm. Geht nur pünktlich auf den Friedhof, und vergeßt nicht, Geschenke mitzunehmen!» – «Ja, aber was soll man für Geschenke mitnehmen? Für Tote...» – «Nun, nehmt Geschenke mit, als würdet Ihr einen Freund und seine Familie besuchen! Und fürchtet Euch nicht, dann bleiben auch die Toten freundlich.»

Am Abend ging der Herr beladen wie ein Packesel auf den Friedhof. Als er zu dem Grab kam, war es geöffnet. Der Tote stand schon da und hielt eine Leiter. «Hier geht es hinunter, Herr, wenn's Euch beliebt.»

Der Herr läßt sich nicht anmerken, daß ihm das Herz klopft und die Zähne klappern, er setzt seinen Fuß auf die Leiter und steigt hinunter. Am Ende der Leiter stand ein Skelett in einem Frauenkleid, das hatte eine Fackel in der Hand und sagte: «Folgt mir!» Und es ging einen dunklen Gang entlang, an dem lagen links und rechts Gräber, und der Herr schritt hinterher, und der Tote, der bei dem Herrn zu Gast gewesen war, machte den Schluß.

Nach einer Weile kam man zu einer Tür, die ging von selbst auf, und man kam in einen Saal, der war mit roten Tüchern geschmückt. Und in dem Saal war ein langer Tisch, auf dem standen viele Kerzen und Teller und Besteck.

«Hier wohne ich», sagte der Tote; und da kamen aus der

Tür eines andern Raumes noch mehrere Tote, Männer, Frauen und Kinder.

«Erlaubt, daß ich Euch meine Familie vorstelle!» sagte der Tote. Und jedem, den ihm der Tote vorstellte, gab der Herr ein Geschenk. Und die Toten bedankten sich und freuten sich über ihre Gaben.

Dann ließ der Tote das Mahl auftragen, und man aß nicht schlechter, als das Abendessen im Hause des Herrn gewesen war. Und man trank sehr guten Wein, und der Herr wurde sehr vergnügt und sagte: «Nun, ihr versteht zu leben!»

Da antwortete der Tote: «Mein Herr, ich war zuerst verärgert über die Behandlung. Aber ich sehe, Ihr seid ein gütiger Herr. Noch niemals hat jemand meiner Familie so viele Geschenke gebracht. Und deshalb will ich auch auf Rache verzichten und Euch überdies hilfreich sein, wenn Ihr jemals Hilfe braucht.» Und nachdem man sich gut unterhalten hatte, führte der Tote den Herrn wieder zu der Leiter und half ihm, aus dem Grabe zu steigen.

Nicht lange danach ging unser Herr eines Abends spazieren, da überfiel ihn eine Bande von Mördern, die ihm ans Leben wollten. Dem Herrn blieb nichts anderes übrig, als die Flucht zu ergreifen. Als er zur Mauer des Friedhofs kam, hatten ihn die Mörder fast eingeholt. Voll Angst lief er über den Friedhof, und als er an dem Grab jenes Toten vorbeikam, den er zu Gast geladen hatte, stand dort das Gerippe und sagte: «Freund, hier herein!» Und hielt die Leiter fest, damit der Herr sicher hinuntersteigen konnte.

Die Mörder aber suchten den ganzen Friedhof ab und entdeckten endlich das Grab mit der angelehnten Leiter. Sie hielten Rat und beschlossen endlich, dort hinunterzusteigen, denn der Gesuchte konnte sich nur dort versteckt haben. Kaum aber waren sie unten, da ertönte ein Donner, die Erde tat sich unter ihnen auf, und sie stürzten in einen Abgrund.

Den Herrn aber führte sein toter Freund wieder sicher an

die Oberfläche zurück. Und sooft der Herr später zum Friedhof kam, vergaß er nie, ein Geschenk mitzunehmen und es bei dem bewußten Grabe abzulegen.

44

Die Patin und ihr Patenkind

E*in Mann* und eine Frau hatten ein Rudel Kinder. Unsereiner zählt alles nach Rudeln, die Tiere, die Bäume und die Leute. So wurden es schließlich die Onkel und Tanten dieser Kleinen leid, ihre Paten zu sein, und niemand wollte mehr ein Kind übers Taufbecken halten, wenn wieder eines getauft werden mußte. Bei diesen Leuten kam es nicht mehr in Frage, den Fuchs herbeizurufen: die Tiere sprachen nicht mehr.

Der Vater mußte somit weit gehen, um Taufpaten zu finden, und für ihn war es mühsam, vor allem während der schlechten Winterszeit.

Eines Tages, es war gerade ein so schlechtes Wetter, daß man nicht einmal einen Hund hätte draußen schlafen lassen können, und der Vater hatte vier oder fünf Stunden Weg durch das Gebirge bis zu einer entfernten Base, die er bitten wollte, die Patenschaft zu übernehmen. Plötzlich, als er in einen Wald kam, den er durchqueren mußte, traf er eine alte weißhaarige Frau. Sie fragte ihn, wohin er bei so schlechtem Wetter nur gehen könne. Der Mann erklärte ihr kurzerhand, worum es ging; er war erleichtert, mit jemandem auf seinem Weg sprechen zu können. Und die Alte antwortete ihm:

«Wenn Ihr schon so weit geht, um eine Patin zu finden, könnte ich Euch vielleicht die Patenschaft abnehmen.»

Der Mann zögerte, dachte einen Augenblick nach und antwortete dieser Frau, daß er sie als Patin gerne nehmen wolle, weil er das Kind sehr bald taufen möchte. Dann fragte der Vater die weißhaarige Frau nach ihrem Namen.

«Ich bin der Tod», sagte die alte Frau, «aber habt keine Angst, ich werde meinem Patenkind nichts Böses tun.»

Der Mann bedauerte, daß er sich nicht auf die Zunge gebissen hatte, anstatt zu reden. Denn wenn man den Tod als Patin hat, so will man nicht zu früh an sie denken.

Da man das kleine Kind am nächsten Morgen taufen konnte – es war ein Bub –, nahm der Mann die alte Frau gleich mit. Aber er getraute sich nicht, seiner Frau den Namen der Patin zu sagen, aus Angst, sie zu beunruhigen. Die Taufe ging gut vorüber, die Patin übergab ihrem Patenkind schöne Geschenke, die Eltern nahmen sie so gut auf, wie sie nur konnten, und nach einem guten Mahl kehrte die Frau wieder zurück.

Das Kind wurde größer. Es wurde schöner und stärker als seine Brüder und Schwestern und als die anderen Buben seines Alters. Als er so mit vielleicht fünf oder sechs Jahren in die Schule ging, war er den anderen Schülern bei weitem voraus und war der Klassenbeste. Seine Taufpatin kam ihn einmal im Jahr besuchen und ermunterte ihn in seiner Arbeit. Mit zwölf Jahren wußte er soviel wie sein Lehrer, und man wollte ihn auf die höhere Schule schicken. Er ging in irgendeine große Stadt, wo er Griechisch und Latein lernte. Er beschloß Arzt zu werden, und dann wurde er in eine noch größere Stadt geschickt, vielleicht sogar nach Paris. So wurde er schließlich ein sehr fähiger Arzt und ein feiner Herr.

Seine Patin kam ihn wieder besuchen und sagte zu ihm:

«Stelle ich mich an den Fuß des Bettes eines Mannes, einer Frau oder eines Kindes, wirst du ihrer Familie sagen können, sie brauchen nicht zu verzweifeln, und du wirst ihnen versprechen können, den Kranken zu retten. Siehst du mich aber am Kopf des Bettes stehen, so sage, daß du nichts versichern kannst, denn der Kranke wird verloren sein.»

Sie war mächtiger als ihr Patenkind, diese Patin! Es war ihr zu verdanken, daß sich der junge Arzt nicht irrte und daß sein Ruf immer besser wurde. In alle Ecken der Umgebung wurde er geholt, man rief ihn inständig zu kommen, und nur mit großer Mühe konnte er der Nachfrage seiner Kranken nachkommen. Im Zimmer der Kranken war er es allein, der den Tod am Fuß oder am Kopf des Bettes sah. Und wahrscheinlich hatte er keine Angst vor ihr, weil sie ja eine gute Patin war.

Das Patenkind wurde zu einem sehr reichen und kranken Mann gerufen, der ihm eine große Summe Geld versprach, wenn es ihm gelinge, ihn zu heilen. Der Arzt verlangte nicht mehr. Aber er sah, daß seine Patin vom Kopf des Bettes des reichen Mannes nicht wegging. Da sagte er zur Familie, daß er kaum Hoffnung habe, und die Eltern des Kranken waren bestürzt.

Als der Arzt das Haus dieses Sterbenden verließ, ging er zu seiner Patin und sagte zu ihr:

«Warum hast du mich diesen Kranken nicht retten lassen?»

Die Patin antwortete ihm, daß nichts zu machen sei, sobald es Zeit wäre zum Scheiden, und daß diese Stunde im voraus schon bestimmt sei. Dann lud sie ihr Patenkind ein, mit ihr in ihrem Heim zu speisen. Dies war das erste Mal, daß sie den jungen Mann dort eintreten ließ. Sie führte ihn in ein großes dunkles Zimmer, wo eine große Zahl von Kerzen brannte, Kerzen in allen Größen, manche fast neu, die anderen fast ganz abgebrannt. Der junge Arzt fragte seine Patin, was dieses Zimmer und diese brennenden Kerzen zu bedeuten hätten. Die Patin antwortete ihm leise:

«Diese Kerzen sind das Leben von allen Menschen auf der Welt. Die einen gehen bald zu Ende, die anderen werden noch lange halten, aber alle müssen eines Tages ausgehen.»

«Hier ist eine, die ist bald zu Ende», sagt das Patenkind.

«Das war die deine, mein Kind», antwortete die Patin. «Und ich bin dich holen gekommen, weil du ja mein Patenkind bist. Wir können niemanden davor bewahren, weder du noch ich.»

Wir müssen wohl oder übel unseren Koffer packen und zum Scheiden bereit sein, wenn unsere Stunde naht.

45

Das unverdiente Kleid

E*s war einmal* ein Mann und eine Frau, und die hatten eine Tochter. Sie waren so arm, ärmer geht es gar nicht. Bei der Mutter ging's ans Sterben, und da der Vater nicht genug Arbeit hatte, um seine Tochter bei sich zu behalten, mußte er sich von ihr trennen, und er schickte sie fort, sich ihr Brot zu erbetteln.

Eines Tages kam sie vor eine Tür:

«Übt Barmherzigkeit, um der Liebe Gottes willen!»

«Du bist so groß und so stark, mein Kind, und du bettelst dein Brot?»

«Leider, es muß wohl so sein. Meine Mutter ist gestorben, und mein Vater hat keine Arbeit, um mich daheim beschäftigen zu können; und so mußte ich gehen.»

«Nun gut, wir brauchen eine Magd. Wenn du also hier bleiben willst und gut arbeitest, behalten wir dich.»

«Ach, mit Freuden», sagte das Mädchen. «Gern will ich bleiben.»

Und bei diesen Leuten blieb sie. Sie war fleißig und von gutem Benehmen, so daß sie sie sehr gern hatten. Und da das arme Kind fast unbekleidet war, kaufte ihr die Herrin ein Kleid. Sie streckte ihr das Geld vor, das sich die Kleine verdienen sollte.

Aber bald danach wurde die Magd krank. Ihr Leiden wurde von einem Tag auf den anderen schlimmer, bis sie schließlich starb. Als sie tot war, war es der Herrin plötzlich um das Kleid leid, das sie ihr gekauft hatte.

«Das Mädchen ist tot! Und jetzt stehe ich mit dem Kleid da, das sie sich nicht einmal verdient hatte!»

Und so weiter; sie hörte nicht mehr auf zu brummen.

Am übernächsten Tag aber zeigte sich ein Mädchen an ihrer Tür:

«Braucht Ihr nicht zufällig eine Magd? Ihr würdet mir einen großen Gefallen tun, wenn Ihr mich beschäftigen könntet.»

«Doch, Mädchen, du kommst gerade recht. Wir hatten nämlich eine, die gerade starb, und an ihrer Statt werden wir dich nehmen. Noch dazu glich sie dir aufs Haar! Man würde meinen, du wärst mit ihr verwandt.»

Und so blieb sie also in diesem Haus. Sie war genau das, was sie brauchten, und sie hatten ihr nichts vorzuwerfen. So hatten sie sie sehr gerne. Was sie aber überraschte, war, daß sie sie weder essen noch trinken sahen, weder bei Tisch noch sonst. Und jeden Abend, wenn alle zu Bett gingen, kniete sie sich neben das Feuer und betete zu Gott.

Nun war in diesem Haus auch ein Knecht. Er hatte bemerkt, daß das Holz, das er nach seinem Tagewerk für den nächsten Tag hackte, am Morgen fast ganz verschwunden war, und er wollte wissen, wovon das käme.

Eines Abends tat er so, als ginge er ins Bett. In Wirklichkeit aber spähte er durch ein Loch in seiner Zimmertür.

Als sich alle außer der Magd hingelegt hatten, sah er, wie sie einen großen Armvoll Holz holte, es in den Herd legte und anzündete. Dann zog sie ihre Kleider aus und fing an, über dem Feuer zu tanzen. Sie hüpfte von einer Seite auf die andere, mitten durch die Flamme durch, ohne auch nur einen Augenblick zu unterbrechen oder die geringste Klage hören zu lassen. Und so ging es dahin, bis das Feuer erlöschte. Es war ein schreckliches Schauspiel, und am nächsten Tag nahm der Knecht die Herrin zur Seite.

«Wüßtet Ihr nur, was ich gestern gesehen habe!»

Und er erzählte ihr alles, wie ihm auffiel, daß Holz fehlte, und wie er die Magd beobachtet hatte, und was er dabei gesehen habe. Die Herrin konnte sich vor Schreck kaum noch fassen.

Sofort rief sie das Mädchen zu sich und sagte ihr, was der Knecht ihr gerade berichtet hatte. Sie fragte sie, ob es stimme und warum sie das, wobei man sie überrascht hatte, täte.

«Ja, das stimmt», sagte sie. «Das ist meine Buße. Ihr habt eine Magd gehabt, die hier gestorben ist. Und diese Magd bin ich. Ihr habt mir von dem Geld, das ich hätte verdienen sollen, ein Kleid gekauft, aber seither habt Ihr es bereut. Ihr habt es mir zum Vorwurf gemacht und gesagt, daß ich es keineswegs verdient habe. Deshalb habe ich auf die Erde zurückkommen müssen und kann ins Paradies nicht zurück, solange ich es auf diese Weise nicht gebüßt habe und Ihr mir sagt, daß ich mein Kleid verdient habe.»

«Du armes Kind», antwortete die Frau ganz bekümmert, «vergib mir, was ich gesagt habe! Du hast dein Kleid verdient, und zwar wohl verdient! Du kannst gehen, wenn du willst. Ich werde dir nichts mehr vorwerfen.»

Und sobald sie diese Worte zu Ende gesprochen hatte, verschwand das Mädchen vor ihren Augen.

46

Die bestrafte Königin

Es war einmal ein König, der war lauter wie Gold und stark und kühn wie Samson. Jeden Morgen nach der Messe teilte er Almosen aus und sprach Recht, den Armen so gut wie den Reichen. Die Königin aber glich ihm leider wenig. Sie war geizig und böse wie keine andere Frau vor ihr oder nach ihr.

Der König und die Königin hatten einen einzigen Sohn. Den hielt der König bis zu seinem einundzwanzigsten Jahre in strenger Zucht. Wenn er etwas verbrochen hatte, ließ er ihn zu sich kommen.

«Höre», sagte er zu ihm, «nach meinem Tode wirst du befehlen an meiner Stelle. Es wird dann niemand da sein, der dich züchtigt. Solange ich lebe, will ich meine Pflicht tun.» Und der König nahm einen Stock, holte weit aus und schlug auf ihn ein. Dann schickte er seinen Sohn ins Gefängnis. Dort mußte er auf dem Fußboden schlafen und Wasser trinken und schwarzes Brot essen. Darum wurde der Jüngling schon früh so besonnen und so brav, daß alle Leute sagten:

«Der Sohn ist seines Vaters wert, und der Vater ist des Sohnes wert. Wenn der König einmal tot ist, dann wissen wir wohl, wer dem Lande das Recht und den Frieden erhalten wird.»

Eines Abends, beim Abendessen, sagte der König zu seinem Sohn:

«Höre. Ich habe dich gern, denn du bist brav, gerecht, stark und kühn. Morgen wirst du genau einundzwanzig Jahre alt. Ich bin betagt. Bald werde ich dich zum König machen an meiner Statt. Bis dahin nimm soviel Pferde, soviel Hunde und soviel Geld, wie du willst. Geh auf die Jagd, geh auf die Kirchweih, und genieße das Leben. In sechs Monaten sollst du dich verheiraten. Wähle dir ein rechtes Mädchen, das dir gut gefällt. Ich werde keine Ruhe haben, bis ich sie als Herrin im Königsschloß befehlen sehe.»

«Ich danke Euch, Vater, und will Euch gehorchen.»

Die Königin hörte zu, ohne ein Wort zu sagen. Aber sie dachte: ‹Aha, in sechs Monaten soll ich nicht mehr Herrin sein im Schloß. Das wollen wir sehen.› Nach dem Abendessen nahm sie ihren Sohn beiseite. «Höre, mein Sohn. Geh auf die Jagd, geh auf die Kirchweih, genieß das Leben. Aber zum Heiraten bist du noch zu jung. Nimm dir die hübschen Mädchen, die dir gefallen, zu Geliebten, es gibt ihrer genug.»

Der Jüngling ließ den Kopf sinken und antwortete nicht. Am andern Morgen ging er vor Tagesanbruch auf die Jagd und kam erst in der Nacht wieder heim. Tag für Tag tat er das. Der König war nicht zufrieden, und oft sagte er:

«Mein Sohn, du kommst jeden Abend mit Hasen und Rebhühnern beladen heim. Wann wirst du uns eine brave und hübsche Schwiegertochter heimbringen?»

«Habt Geduld, mein Vater. Es hat ja keine Eile.»

Am Ende konnte der König sich nicht mehr halten.

‹So›, dachte er, ‹du willst dir also keine Frau aussuchen. Dann werde ich sie für dich aussuchen.›

Und wirklich, sieben Tage danach kam der König eines Nachbarlandes zu Besuch aufs Schloß, mit seiner Tochter, die war eine Prinzessin, schön wie der Tag und sanft wie eine Heilige. Die Prinzessin sang, sie sang wie eine Sirene alle Arten von Liedern. Da vergaß der Königssohn die Jagd. Vom Morgen bis zum Abend saß er bei seiner Schönen:

«Singt, Prinzessin, singt!» Und die Prinzessin sang, sie sang so süß, so süß, daß der Königssohn, in ihren Anblick versunken, zu sich selber sagte: «Die muß deine Frau werden. Wenn nicht, bin ich imstande, großes Unglück anzurichten.»

Endlich reisten die Besucher wieder heim. Da wurde der Königssohn sehr traurig. Aber der alte König war nie in seinem Leben so zufrieden gewesen.

«Nun sind sie also weg», sagte er am Abend beim Essen. «Gott möge sie geleiten und es fügen, daß sie lange nicht wiederkommen.»

Der Königssohn wurde bleich wie ein Toter.

«Vater, ich bitte Euch, sprecht nicht so. Ich liebe die Prinzessin mehr, als ich es Euch sagen kann. Wenn Ihr sie mir nicht zur Frau gebt, so bin ich imstande, großes Unglück anzurichten.»

«Du Narr du, die Verlobung ist ja beschlossen – hast du es denn nicht gemerkt? Morgen abend reisen wir alle nach dem

Schloß deiner Schönen. In acht Tagen will ich sie hier befehlen sehen.»

«Ich danke Euch, Vater. Gott segne Euch.»

Die Königin hörte zu, ohne ein Wort zu sagen. Sie ging hinaus und kam bald darauf wieder herein. Vater und Sohn stießen fröhlich miteinander an.

«Prost, mein Freund! Auf die Gesundheit deiner Schönen.»

«König», sagte die Königin, «warum stoßt Ihr nicht auf meine Gesundheit an?»

«Auf deine Gesundheit, Frau!»

«Auf deine Gesundheit, Mutter!»

«Danke. Stoßen wir noch einmal an.»

Alle drei leerten ihr Glas. Fünf Minuten darauf wurde der König grün wie Gras.

«Was ist Euch, Vater?»

Der König sank unter den Tisch. Er war tot. – Man begrub ihn am andern Tage. Sein Sohn teilte viel Gold und Silber aus als Almosen und für Gebete. Als er vom Friedhofe zurückkam, sagte er zu seinen Bedienten:

«Ihr Leute, schlagt mir mein Bett im Gemach meines unglücklichen Vaters auf.»

«König, wir gehorchen Euch.»

Der neue König schloß sich in dem Gemach seines unglücklichen Vaters ein. Er kniete nieder und betete lange zu Gott. Dann warf er sich, noch völlig angekleidet, auf das Bett und schlief ein. Um Mitternacht weckte der erste Glockenschlag ihn auf. Ein Geist sah ihn an, ohne ein Wort zu sagen. – Der Tote nahm den König bei der Hand und führte ihn in die Nacht hinaus, ans andere Ende des Schlosses. Er öffnete ein Versteck und wies mit dem Finger auf ein halbleeres Fläschchen.

«Deine Mutter hat mich vergiftet. Du bist König. Räche mich!» Der Tote verschloß das Versteck wieder und verschwand. Der König schwitzte vor Angst. Und doch war er ein starker und kühner Mann. Leise, ganz leise stieg er hinunter in den Stall, sattelte sein bestes Pferd und galoppierte hinaus in die schwarze Nacht. Als der Morgen graute, klopfte er heimlich an die Tür seines besten Freundes.

«Höre: Unglück verfolgt mich. Ich gehe weg, wohin, weiß ich nicht. Geh morgen zu meiner Schönen ins Schloß ihres Vaters, und sprich zu ihr: ‹Unglück verfolgt Euren Freund. Er ist weggegangen, wohin, weiß ich nicht. Niemals, niemals könnt Ihr seine Frau werden. Aber er wird mit keinem Mädchen mehr sprechen, und er wird Euch nicht vergessen. Geht in ein Kloster. Nehmt den schwarzen Schleier, und betet zu Gott für Euren Freund, bis man Euch auf den Friedhof tragen wird.›»

«König, ich gehorche Euch.»

Der König galoppierte wieder in die schwarze Nacht hinaus. Am andern Tage war er in einer Stadt, die war siebenmal so groß wie Toulouse. Er verkaufte seinen Degen, seine schönen Kleider, sein Pferd und gab das Geld den Armen. Dann ging er wie ein Bettler fort, den Bettelstab in der Hand, den Bettelsack auf dem Rücken. Er gelangte schließlich auf einen Berg, der war so hoch, so hoch, daß nur die Adler ihn erfliegen konnten. Auf diesem Berge baute der König sich eine Hütte. Wenn er Durst hatte, trank er aus den Quellen. Wenn er Hunger hatte, aß er Kräuter und Beeren.

Eines Abends betete der König in seiner Hütte. Lange, lange betete er, dann schlief er ein. Als er erwachte, zeigten die Sterne die Mitternacht an. Ein Geist blickte auf ihn.

«Deine Mutter hat mich vergiftet. Du bist König. Räche mich!» Der Tote verschwand. Der König schwitzte vor Angst. Und doch war er ein starker und kühner Mann. Er floh in die schwarze Nacht hinaus. Als der Morgen graute, war er am Fuße des Berges. Ein ganzes Jahr lang wanderte der Unglückliche, wanderte immer geradeaus, ohne je nach dem Weg zu fragen. Endlich kam er in sein Land. Am Abend klopfte er heimlich an die Tür seines besten Freundes.

«Guten Abend, mein Freund. Erkennst du mich nicht wieder?»

«Ihr seid der König.»

«Ja, ich bin der König. Gib mir Nachricht von meiner Schönen.»

«Eure Schöne ist gestorben in ihrem Kloster.»

«Gib mir Nachricht von meiner Mutter.»

«Eure Mutter ist wie immer im Schloß, und sie hat die Herrschaft übernommen, zum Unglück für das Land.»

«Ich weiß genug. Führe mich in ein Zimmer. Ich bin müde, ich will schlafen. Wecke mich in der Frühe vor Morgengrauen.»

«König, ich gehorche.»

Der König ging zu Bett und schlief ein. Um Mitternacht weckte der erste Glockenschlag ihn auf. Ein Geist sah ihn an.

«Deine Mutter hat mich vergiftet. Du bist König. Räche mich!»

«Vater, ich will Euch gehorchen.»

Der Tote verschwand. Der König schwitzte vor Angst. Und doch war er ein starker und kühner Mann. Bevor der Morgen graute, kam sein bester Freund in das Zimmer.

«Höre: Heute abend werde ich das Land verlassen, um niemals, niemals wiederzukehren. Hier ist ein Schreiben, darin habe ich niedergelegt, daß ich dich zum König mache an meiner Statt. Und jetzt bring mir einen Degen, schöne Kleider, und stell mir im Stall ein gutes Pferd bereit, gesattelt und gezäumt.»

«König, ich gehorche Euch.»

Der König sprengte im Galopp davon. Als die Sonne unterging, klopfte er an das Tor seines Schlosses.

«Guten Abend, Mutter, arme Mutter.»

«Guten Abend, mein Sohn. Wo kommst du her? Ich will es wissen.»

«Mutter, arme Mutter, beim Abendessen will ich es Euch sagen. Zu Tisch, ich bin hungrig.»

Sie setzten sich zusammen zu Tisch. Als sie allein waren, sagte der König:

«Mutter, arme Mutter, Ihr wollt wissen, woher ich komme. Ich habe mir die Welt angesehen. Ich habe meine Liebste geheiratet. Morgen wird sie hier sein.»

Die Königin hörte zu, ohne etwas zu sagen. Sie ging hinaus und kam bald darauf wieder herein.

«Deine Frau kommt morgen. Sehr gut. Stoßen wir auf ihre Gesundheit an.»

Da zog der König seinen Degen und legte ihn auf den Tisch.

«Hört zu, Mutter, arme Mutter. Ihr wollt mich vergiften. Ich verzeihe Euch. Aber mein Vater, er verzeiht Euch nicht. Dreimal ist er zurückgekehrt aus der andern Welt und hat zu mir gesagt: ‹Deine Mutter hat mich vergiftet. Du bist König. Räche mich!› Gestern habe ich geantwortet: ‹Vater, ich will Euch gehorchen.› Mutter, arme Mutter, betet zu Gott, daß er Mitleid habe mit Eurer Seele. Seht diesen Degen. Schaut ihn gut an. Es bleibt Euch die Zeit für ein Vaterunser. Wenn Ihr bis dahin nicht das Gift getrunken habt, das Ihr mir eingeschenkt, schlage ich Euch den Kopf ab. Trinkt, trinkt es aus bis zum Grund, Mutter, arme Mutter.»

Die Königin leerte das Glas bis auf den Grund. Fünf Minuten darauf war sie grün wie Gras.

«Verzeiht mir, Mutter, arme Mutter.»

«Nein». Die Königin sank unter den Tisch. Sie war tot. Da kniete der König nieder und betete zu Gott. Dann stieg er leise, leise hinunter in den Stall, schwang sich auf sein Pferd und galoppierte in die schwarze Nacht hinaus. Niemals, niemals hat man ihn wiedergesehen.

47
Der Berggeist als Taufpate

In *Aix-les-Termes* hat einmal ein armer Taglöhner gewohnt. Als ihm seine Frau einen Sohn gebar, ging er im Dorf herum, um für seinen Sohn einen Paten zu suchen, aber niemand wollte die Patenstelle übernehmen, weil der Mann im Dorf nicht viel galt.

Wie nun der Mann so verzweifelt am Ufer der Ariège entlang ging, denn er wollte sehen, ob er in Le Pech einen Verwandten als Paten gewinnen könne, hat ihn aus einem Gebüsch heraus ein Herr mit einem langen grauen Bart angerufen: «He, wo gehst du hin?» Da hat ihm jener Mann alles erzählt und sein Leid geklagt. Jener Herr – er war vornehm, aber altmodisch gekleidet, so wie ein spanischer Graf – hat gesagt: «Hier hast du den Patengroschen, den nimm! Morgen wird dann schon jemand kommen, um den Paten zu machen.»

Der arme Mann ist voll Freude heimgelaufen, hat den Pfarrer bezahlt und die Taufe vorbereitet. Und wie sie am nächsten Tag zur Kirche gegangen sind, da stand da ein Herr, nicht jener, den der Mann gesehen und gesprochen hatte, sondern ein anderer. Das war der Pate.

Viele Jahre später, das Kind war ein stattlicher junger Bursche geworden, erzählte ihm sein Vater, wie er seinen Paten gefunden habe und daß an jedem Geburtstag ein Dukaten abgegeben worden sei. Der Bursche wollte sich nun bedanken und seinen Paten kennenlernen. Er ließ sich von seinem Vater beschreiben, wo der den Herren getroffen habe, nahm ein junges Schaf als Geschenk mit und machte sich auf den Weg.

Als er die Ariège entlang ging, wurde er an der gleichen Stelle wie sein Vater aus einem Gebüsch heraus angerufen. «Wo gehst du hin?» – «Herr, ich suche meinen Paten. Seid

Ihr das?» «Nein», sagte der alte, vornehme Herr, «aber mein Kastellan.» «Ich würde ihn gern sehen», sagte der Bursche, «und ihm dieses Geschenk bringen.» – «Warte ein wenig!» sagte der Herr und verschwand. Nach wenigen Augenblikken kam ein zweiter Herr mit einem Diener: «Gott grüß dich, Gesundheit und Glück, mein lieber Sohn!» – «Gesundheit und Glück Euch, Herr Pate! Seht, was ich Euch gebracht habe!» Da befahl der Herr, das Jungschaf dem Diener zu geben, und den Burschen lud er ein, zu seinem Geburtstag wiederzukommen.

An seinem Geburtstag machte sich der Bursche auf den Weg, und als er zu der Stelle kam, wo er das letztemal seinen Paten getroffen hatte, stand dort bereits der Diener und erwartete ihn. Er führte ihn durch dickes Gebüsch hindurch, und auf einmal tat sich eine Höhle vor ihnen auf. Als sie durch den Eingang gegangen waren, schloß sich der Fels hinter ihnen wieder. Der Bursche sah, daß die Höhle erleuchtet war und wie ein Schloß eingerichtet. An einem Tisch saßen sein Pate und der vornehme Herr. Sie winkten ihn zum Tisch, und der Diener trug sogleich allerlei Speisen und die besten Weine auf. Nach dem Essen sagte der vornehme Herr: «Du darfst jeden Geburtstag hierher kommen. Aber verrate niemand das Geheimnis und zeige niemand den Weg!» Dann erhielt er von seinem Paten einen Dukaten und einen Schlauch mit Wein und wurde vom Diener wieder bis an die Straße gebracht.

Einige Jahre hindurch kam der Bursche jedes Jahr zu seinem Paten. Und die Dukaten brachten ihm Glück, so daß er sich ein Anwesen kaufen konnte. Er nahm sich eine hübsche Frau, die hatte nur einen Fehler, sie war sehr neugierig. Als der Bursche zum erstenmal nach seiner Hochzeit an seinem Geburtstag zu seinem Paten ging und am Abend mit einem Dukaten und einem Weinschlauch nach Hause kam, wollte sie wissen, wo er gewesen sei. «Bei meinem Paten.» – «Und wo wohnt denn dein Pate?» – «In den Bergen.» – «Und warum kommt er nie hierher?» Darauf wußte der Mann nichts zu sagen.

Und nachdem er es im nächsten Jahr wieder so gemacht hatte, wurde die Frau ungeduldig. Sie sagte: «Ich glaube dir nicht, daß du zu deinem Paten gehst. Du gehst und trinkst mit deinen Freunden. Und den Dukaten hast du nur im Spiel erworben.» – «Nein», sagte er, «ich könnte ja ein ganzes Jahr spielen und würde nicht so viel Geld gewinnen.» – «Und wer ist denn dein Pate überhaupt, daß er so reich ist?»

Da verriet der Mann, daß sein Pate ein Bergherr sei. Und im nächsten Jahr bedrängte ihn die junge Frau so lange, bis er sie mitnahm. Aber als er an die Stelle kam, wo ihn der Diener immer erwartet hatte, war niemand da. Und sosehr er auch den Eingang zur Höhle suchte, er hat sie nie mehr gefunden.

48

Pierre Lis

Pierre Lis nannte man ihn, weil er an einem 29. Juni, dem Fest des heiligen Petrus, mitten unter Lilien in einem Garten von Estagel aufgefunden worden war.

Die Leute behielten ihn, weil er ein schönes Kind war und weil auf der Decke, in der er eingehüllt lag, eine Karte mit folgenden Worten gesteckt war: «Behaltet ihn nur, denn er wird euch Glück bringen!»

Nie hat man erfahren können, wer ihn so zurückgelassen hat und was seine Abstammung war.

Er glich niemandem. Er wuchs heran und wurde ein sehr lieber, zärtlicher und sanfter Bub. Seine Zieheltern waren stolz, daß sie ihn aufgezogen hatten, und liebten ihn, als wäre er ihr eigenes Kind.

Er war etwas mehr als zwanzig Jahre alt, als er seine Pflegeeltern verlor. Er ließ ihnen ein prächtiges Grab errichten, und da er in Estagel nichts mehr zu tun hatte, wanderte er nach Perpignan.

In Perpignan waren die Mädchen zu dieser Zeit hübsch wie Engel, und die schönste und hübscheste von allen war ein Waisenkind, das vor der Kathedrale Blumen verkaufte. Als er sie sah, war Pierre wie geblendet und dachte von diesem Augenblick an nur mehr an sie.

Er wagte es schließlich und warf ganz kleine Zettel in ihre Körbchen. Und auf diese Zettel hatte er geschrieben:

«Als ich von Estagel wegging, weissagte mir eine Alte, daß mich die Mädchen der Stadt betören würden. Dann bin ich hierher gekommen und habe schöne, strahlende Mädchen getroffen, aber im Herzen haben sie mich nicht betört. Aber an dem Tage, wo ich dich zum erstenmal gesehen, fing ich an zu wanken, als wäre ich betrunken.»

«Gestern bist du nicht vor die Kathedrale gekommen, und der ganze Tag ist vergangen, ohne daß ich dich gesehen habe. Ein Tag ohne dich ist länger als ein ganzes Jahr. Ohne dich verkümmere ich wie eine Pflanze ohne Sonne. Dich zu lieben, das ist mein Schicksal. Ich glaube, daß ich nur dazu geschaffen wurde, um dich zu lieben.»

«Gestern hast du mich das erste Mal angelächelt, aber dann warst du weg, und ich weiß nicht, wohin du gegangen bist. Ich bin wie ein Bettler durch alle Straßen gezogen auf der Suche nach einem Schatz. Ich hab dich nicht wiedergefunden und bin in mein Zimmer zurück. Da hab ich die Augen zugemacht und nichts mehr vor mir gesehen als dein Lächeln.»

«Diese Nacht bin ich durch die Gärten am Flußufer gewandelt. Es war Vollmond, und als ich gerade an einer Zypressenhecke vorbeikam, fing eine Nachtigall an zu schlagen. Es war mir, als hörte ich deine Stimme und vernähme Liebesgeflüster.»

«Ich besitze keine Seele mehr. Du hast sie mir geraubt.

Ich bin nicht mehr ich selbst, sondern dein Schatten. Um dich zu besitzen, würde ich auf meinen Anteil im Paradies verzichten. Und wirst du nicht mein, so will ich sterben.»

Da erbarmte sich das Mädchen, denn es hatte Mitleid mit ihm und wollte ihn nicht sterben lassen.

Sie heirateten in der Kathedrale von St. Jean, unter deren Tor sie so viele Blumen verkauft hatte, und sie waren sehr glücklich.

Leider war ihr Glück aber nicht von langer Dauer. Erst sechs Wochen war sie seine Frau, als sie plötzlich von einem geheimnisvollen Leiden dahingerafft wurde.

Er war verzweifelt. Man mußte ihn zurückhalten, sonst hätte er sich in das Grab geworfen, in das man den Sarg seiner Geliebten senkte.

Er blieb mehrere Tage ohne Essen und Trinken, und dann hatte er eine Erscheinung, die ihm sagte:

«Willst du deine Frau sehen, so gehe in das Tal von Ravaner. Dort wirst du in den Ruinen der Abtei unter Dornen und Gestrüpp ein klaffendes Loch sehen. Steig hinunter und geh ruhig hinein. Nimm die drei Saphire mit, die du auf der Schwelle deiner Tür findest, denn das ist der Preis für die Überfahrt in das Reich des Jenseits und für die Wiedervereinigung mit deiner Geliebten im Lichte.»

Sofort stand er auf und fand die drei Edelsteine. Voller Hoffnung zog er in das Tal von Ravaner. Er sah das Loch und stürzte sich hinein. Blitzschnell ging's hinunter, was ihn nicht überraschte.

Endlich war er am Ufer eines morastigen und schwarzen Flusses. Ein alter Mann wartete dort auf einem Schiff.

«Schiffer, fährst du mich hinüber?»

«Ich führe nur die Toten, und du bist lebendig.»

Da gab Pierre Lis dem Schiffer einen Saphir, und der verbeugte sich und sagte:

«Herein, mein Herr, kommt in mein Schiff.»

Am anderen Ufer war ein großes Land. Es gab dort viele

Zypressen, und davor standen lila verhüllte Straßenlaternen. Der Boden war ganz mit gefallenem Laub bedeckt.

Pierre Lis ging in dem Land umher, um seine Frau zu suchen. Er konnte sie lange nicht finden, aber nach langem Herumirren in den stillen Straßen entdeckte er sie schließlich: Sie trug ein weißes Kleid und auf ihrem Haupt einen Kranz aus Rosen. Sie dachte an ihn und weinte.

Als sie ihn plötzlich erblickte, warf sie sich in seine Arme und sagte zu ihm:

«Auch du bist tot, mein Geliebter?»

«Nein, ich bin gekommen, um dich zu holen und dich zum Leben zurückzuführen.»

Liebevoll nahm er sie bei der Hand, und bald standen sie am Fluß.

Der Schiffer erkannte den großzügigen Herrn und sagte:

«Wollt ihr mir diesmal zwei Saphire geben, wenn ich euch alle zwei hinüberfahre?»

«Da sind sie», sagte Pierre Lis.

Der Schiffer verbeugte sich und sagte zu ihnen:

«Steigt ein in mein Schiff!»

Als sie am anderen Ufer ankamen, sah Peter die Öffnung, durch die er heruntergekommen war. Er trat durch das Tor und führte seine Frau an der Hand. In einem Augenblick waren sie an der Erdoberfläche. Und als sie sich gerade darüber freuten, wieder den hellen Tag zu sehen, hörten sie ein wildes Gebell. Schnell liefen sie fort. Pierre Lis aber drehte sich um und sah riesige Hunde am Eingang in die andere Welt. Sie waren die Wächter der Toten, und Pierre Lis warf Steine auf sie. Heulend verschwanden die Hunde in der Tiefe.

Da wollte er nach seiner Frau greifen; sie war jedoch verschwunden. Er ging den Weg entlang, auf dem sie geflohen war. Die Leute, denen er begegnete, fragte er:

«Seid ihr keiner Frau in weißem Gewand und mit einem Rosenkranz begegnet?»

«Niemand haben wir gesehen», bekam er zur Antwort.

Einmal hörte er, wie sie flüsterten: «Armer Verrückter!»

Plötzlich schien ihm, als sehe er sie von weitem. Da fing er an zu laufen und zu laufen und kam schließlich bis nach Perpignan.

Er sah deutlich, wie sie in seine Straße einbog. Aber dort blieb sie nicht. Sie verließ die Stadt durch das Tor Unserer lieben Frau, überquerte die Brücke, lief an Rivesaltes vorbei und ging das Tal des Agly hinauf.

«Ah, sie will in das Dorf, wo ich meine Kindheit verbracht habe!» dachte er bei sich.

Sie lief an Estagel vorbei, immer im Laufschritt. Und nie konnte er sie einholen.

Am Paß von Lapradelle meinte er, er könnte sie endlich erreichen, aber sie entwischte ihm, lief auf Axat hinunter und bog rechts in die Schluchten der Aude ein.

Dann sah er sie nicht mehr. Erschöpft vor Müdigkeit und Erregung fiel er um, da, wo die Schluchten am schmalsten und düstersten sind und die man heute im Andenken an ihn «den Steig Pierre Lis» nennt.

NOVELLENMÄRCHEN

49

Pierre und Magaloun

Man erzählt sich, daß vor langer Zeit ein Graf lebte, der Pierre geheißen hat. Da er keine Frau hatte, wollten die Leute seines Landes, daß er sich verheirate, denn sie fürchteten, es könne nach seinem Tode ein Krieg entstehen, wenn keine Erben da wären. Der Graf konnte sich nicht recht zum Heiraten entschließen, bis ihm ein Bild der Tochter des Königs von Neapel in die Hände kam. Er verliebte sich in die Prinzessin, ehe er sie überhaupt in Person gesehen hatte, und beschloß, nach Neapel zu ziehen und um sie zu freien.

Als er aber auf der Reise nach Neapel durch einen Wald ritt, begegnete ihm ein alter Einsiedler. «Ach, Graf», sagte der Alte, «wo reitet Ihr denn hin?» – «Ich bin unterwegs nach Neapel, um die Tochter des Königs zu heiraten.» – «Und Ihr glaubt, daß Euch der König seine Tochter geben wird?» – «Das hoffe ich.» «Ach», sagte der Einsiedler, «ich weiß nicht, ich weiß nicht. Ob Ihr da nicht zuviel erwartet? Aber schenkt Ihr mir armen alten Mann etwas?» – «Ei freilich», entgegnete der Graf, der als sehr freigebig bekannt war, «Ihr sollt die Hälfte von allem haben, was ich besitze.» – «Gut», sagte der Eremit, «und ich will Euch auch helfen und raten.»

Und damit stieg der Graf vom Pferd, öffnete seine Satteltaschen, nahm alles heraus und teilte es in zwei Hälften, die eine gab er dem Einsiedler, die andere packte er wieder ein.

Als er wieder weiterreiten wollte, sagte der Alte: «Wartet ein wenig, denn auch ich habe Euch etwas zu schenken, ich muß es nur erst aus der Truhe in der Hütte holen.» Und damit ging er in sein Häuschen hinein, und als er wieder herauskam, hatte er zwei Ringe in der Hand, einen mit einem Rubin und einen mit einem Smaragd.

«Hier, nehmt!» sagte er, «Ihr müßt jedoch wissen, mit den beiden Ringen und ihren Steinen hat es eine besondere Bewandtnis: diese Steine wollen immer zusammen sein. Wenn Ihr es dahin bringt, daß Eure Geliebte den Ring mit dem Rubin an den Finger steckt, so wird sie sich in Euch verlieben, wenn Ihr selbst den Ring mit dem Smaragd tragt. Wenn Ihr aber dann heiratet und Eurer Frau untreu werdet, so wird der Smaragd seine grüne Farbe verlieren, und die Frau, die den Rubin am Finger hat, wird Euch nicht mehr lieben.»

Der Graf bedankte sich, steckte beide Ringe zu sich, schwang sich auf sein Pferd und ritt davon.

Nach vielen Tagen und Nächten kam er nach Neapel. Er begab sich in den Palast des Königs, und er sah, daß die Prinzessin noch schöner war als auf dem Bild. Da nahm er seinen Mut zusammen und warb beim König um seine Tochter. Der König aber sagte: «Graf, Ihr seid ein tapferer Mann, und Ihr würdet mir gefallen. Aber ich kann meine Tochter nur einem Mann geben, der entweder ein Königssohn ist oder der so viel besitzt, daß er einem Fürsten gleichkommt. Zieht also aus und versucht Euer Glück! Und wenn dann meine Tochter noch frei ist, und wenn sie Euch will, so werde ich mit der Hochzeit einverstanden sein.»

Da ging Pierre traurig davon. Aber es kam ihm der Einfall, es doch mit den Ringen zu versuchen. Und er steckte sich also den Ring mit dem Smaragd an den Finger, und gab einer der Hofdamen ein Geldgeschenk, damit sie den Ring mit dem Rubin der Prinzessin überreiche.

Kaum hatte die Prinzessin den Ring an den Finger gesteckt, da erinnerte sie sich des Grafen, den sie bei der Tafel gesehen hatte, und sie verliebte sich in ihn. Und sie schickte ihre Zofe und ließ dem Grafen ausrichten, er solle sich doch am Nachmittag, wenn sie mit ihren Fräuleins im Garten spazierenginge, dort einfinden. Und als sie ihn im Garten sah, begrüßte sie ihn freundlich und beschied ihn für den nächsten Nachmittag wieder in den Garten. Und als sie ihn abermals begrüßte, gab sie ihm heimlich einen Zettel in die Hand.

Als der Graf in sein Quartier zurückgekehrt war, zog er den Zettel heraus, und da stand: «Kommt heute um Mitternacht in den Garten!»

Der Graf fand sich dort pünktlich ein, und die beiden Liebenden beschlossen, zusammen zu fliehen. Der Graf sattelte sein Pferd, setzte die Prinzessin, die Magaloun hieß, auf sein Packpferd und ritt mit ihr davon.

Sie ritten mehrere Tage und Nächte, ohne anzuhalten. Dann aber waren die Pferde so erschöpft und auch Magaloun so müde, daß sie rasten mußten. So ließen sie sich in einem dichten Wald nahe bei einer Quelle nieder. Pierre richtete für seine Frau ein Lager, und während die Prinzessin gleich einschlief, wusch sich der Graf an der Quelle, nachdem er die beiden Pferde versorgt hatte. Um sich aber besser die Hände waschen zu können, zog er den Ring mit dem Smaragd vom Finger und legte ihn auf einen flachen Stein. Und während er sich wusch, sah er einen Raben kommen und den Ring stehlen. Sogleich sprang er auf, denn er dachte an den Zauber des Ringes und daran, daß sich Magaloun in einen andern verlieben könnte, wenn jemand den Ring gewänne.

Er verfolgte den Vogel bis zu einer Flußmündung, wo der bedrängte Rabe den Ring ins Wasser fallen ließ. Pierre stieg hinein, um nach dem Ring zu suchen, aber als er den Grund absuchte, wurde er von einer Barke voll Seeräuber überrascht, die von einem großen Schiff gerudert kamen, um frisches Wasser zu holen. Ehe er sich zur Flucht wenden konnte, war er umzingelt, und da er seine Waffen nicht bei sich hatte, war er wehrlos. Er wurde ergriffen, auf das Schiff gebracht und nach Algier verschleppt, wo man ihn auf dem Markte als Sklaven verkaufte.

Pierre kam in das Haus eines alten, reichen Mannes, und eine Weile ging es ihm nicht schlecht. Aber die junge Frau des reichen Kaufmanns verliebte sich in Pierre, und eines Tages, als ihr Gatte außer Hauses war, sagte sie zu Pierre: «Komm zu mir und zeige mir, wie lieb du mich hast!» – «Nein», sagte Pierre, «das wäre ein Unrecht an Euerm Gatten.» – «Du bist dumm, und du hast Angst», sagte die junge Frau, «aber weißt du was: wir werden heute abend meinem Mann einen Schlaftrunk mit Opium geben, dann können wir uns ungestört vergnügen.» Aber Pierre ließ sich nicht verführen und wollte dem Alten alles erzählen. Als jedoch die junge Frau merkte, was Pierre vorhatte, verleumdete sie selbst den Sklaven und sagte zu ihrem Gatten: «Hier dieser Sklave, den du gekauft hast, wollte mich verführen. Laß ihn auspeitschen und in den Kerker werfen!»

Und der Kaufmann glaubte seiner falschen Frau und ließ Pierre prügeln und dann einsperren. Als der Graf traurig in seinem finstern Loch saß, das nur hoch oben ein kleines, vergittertes Fensterchen besaß, merkte er, daß jemand ein Steinchen durchs Fenster warf. Erst wollte er sich nicht darum kümmern, aber dann zog er sich in die Höhe und sah durchs Fenster den Einsiedler, den er im Walde getroffen hatte.

«Vater, wie kommt Ihr hierher?» rief er aus. – «Ich bin gekommen, um Euch freizukaufen», erwiderte der Eremit, «denn Ihr habt Euch nicht nur freigebig, sondern auch treu erwiesen. Habt nur etwas Geduld, dann werde ich Euch aus diesem Loch herausholen.»

Der Einsiedler ließ sich bei dem Kaufmann melden, und als man ihn vor den Herrn des Hauses geführt hatte, sagte er: «Habt Ihr da nicht vor wenigen Tagen einen Sklaven gekauft?» – «Ja, das ist ein ganz schlechter Kerl, der meine Frau verführen wollte.» «Das muß er sein. Ich suche nämlich einen Sklaven, der mir entlaufen ist. Verkauft ihn mir, und ich werde ihm beibringen, wie man sich in einem Lande des Propheten zu betragen hat.» – «Ihr könnt ihn um wenig Geld haben, denn ich bin froh, wenn er aus dem Hause ist.»

So wurde Pierre frei, und als er mit dem Einsiedler bei einem fränkischen Schiffe angekommen war, sagte der Alte: «Ihr wollt zu Eurer Frau zurück. Sie wird Euch jedoch nicht erkennen, weil Ihr den Ring mit dem Smaragd nicht mehr habt. Wenn Ihr mir versprecht, all Euern Besitz mit mir zu teilen, wenn ich einmal zu Euch komme, so will ich Euch einen Bruder des Smaragden schenken.» – «Ich schwöre Euch, daß die Hälfte von allem, was mein ist, Euch gehören soll!» Da gab ihm der Alte einen Ring, der dem ersten gleichsah wie ein Ei dem andern, und verabschiedete sich, weil er im Morgenlande noch zu tun habe.

Doch sehen wir, wie es indessen Magaloun ergangen ist! Als sie aus dem Schlaf erwachte, glaubte sie, Pierre habe sie verlassen. Sie weinte bitterlich, sattelte dann die Pferde und ritt in die Heimat ihres Gatten. An eine Brücke an der Rhone ließ sie ein Wirtshaus bauen, und sie bewirtete dort alle Vorüberziehenden. Eines Tages kam ein Fischer, der bot ihr zum Dank für die Beherbergung einen Fisch an, den er im Meer gefangen hatte. Und als Magaloun den Fisch aufschnitt, um ihn auszunehmen und zu kochen, fand sie darin den Ring mit dem Smaragd. Da er sein Grün nicht verloren hatte, erkannte Magaloun, daß Pierre ihr nicht untreu geworden war, aber sie glaubte, er sei ertrunken, und vergoß bittere Tränen.

Eines Tages jedoch, als sie den Gästen das Essen zutrug, sah sie einen Pilger sitzen. Und wie sie ihn so sah, fühlte sie sich zu ihm hingezogen, ohne daß sie erkannt hätte, daß es ihr Gatte war. Und nach dem Essen setzte sie sich zu den Gästen, um mit ihnen zu plaudern. Und als sie zu Pierre kam, fragte sie ihn: «Ihr kommt wohl recht weit her?» – «Ja, ich komme aus dem Morgenlande, aus maurischer Gefangenschaft.» – «Und wo seid Ihr daheim?» – «Dort, wo der Bruder dieses Ringes ist», sagte Pierre und hielt ihr die Hand hin. Da erkannte die Prinzessin ihren Mann und umarmte ihn freudig. Und da Pierre eine Kiste mit Gold und Perlen mitgebracht hatte, die der Eremit ihm auf dem Schiffe übergeben hatte, stimmte auch der König von Neapel der Hochzeit von Pierre und Magaloun zu, und er verzieh ihnen, daß sie ihn hintergangen hatten.

Nachdem die beiden einige Jahre verheiratet waren, meldeten die Diener eines Abends, es stünde draußen vor dem Tore ein alter Klausner, der wünsche den Grafen zu sprechen. Und als Pierre hinausging, erkannte er seinen Befreier. Er führte ihn ins Schloß und nahm ihn als Gast auf. Aber nach einigen Tagen sagte der Alte: «Nun muß ich weiterziehen. Erinnert Ihr Euch noch, Graf, was Ihr mir versprochen habt?» – «Freilich erinnere ich mich: daß Ihr von all meinem Hab und Gut die Hälfte haben sollt.» – «Nun denn, wenn Ihr die Güte haben würdet zu teilen, dann kann ich meinen Anteil mitnehmen.»

Da ließ Pierre seine Schätze holen und in zwei Hälften teilen, und er ließ auch eine Urkunde ausstellen, die dem Eremiten die Hälfte der Provence zusprach. Und als alles geordnet war, fragte er: «Ist es so recht?» – «Nein», sagte der Alte, «Ihr habt vergessen, daß Ihr auch noch einen Sohn habt. Und von dem beanspruche ich auch die Hälfte.» – «Aber ehrwürdiger Vater, was soll Euch die Hälfte meines Sohnes nützen?» – «Habe ich einen Anspruch darauf oder nicht?» – «Den Anspruch habt Ihr, und Euer Recht soll euch werden!» sagte der Graf verzweifelt, zog sein Schwert und wollte das Kind zerschneiden. «Halt!» rief der Eremit, «ich sehe, daß Ihr es ernst nehmt. Aber so habe ich es nicht gemeint. Mir soll einmal seine Seele gehören, so habe ich meinen Teil.» Und damit verschwand der Alte vor ihren Blicken.

Da verstanden Pierre und Magaloun, was der Alte gewollt hatte; sie ließen eine Kirche bauen und den Ältesten Priester werden. Sie hatten aber später noch viele andere Kinder und lebten lange Jahre glücklich und zufrieden.

50

Der König von Frankreich

Es war einmal ein König von Frankreich, welcher noch sehr jung war und heiraten wollte. Er ließ um die Hand der Königstochter von England anhalten, die so hübsch war. Die Prinzessin gab ihm zur Antwort, sie wolle ihm nicht einmal seine Stiefel putzen. Das tat dem König wehe, und er sprach zu sich selber: «Ich werde sie trotzdem bekommen!» Er begab sich nach London, das die Hauptstadt von England ist, und richtete es so ein, daß man ihn als Lehrling des Perückenmachers der Prinzessin einstellte. Er war ein hübscher Bursch. Er führte sich dort so auf, daß er der Liebhaber der Prinzessin wurde und sie schwanger machte. Die Königin fragte ihre Tochter, wer der Vater wäre. Als sie sagte, es sei der Perückenmacher, da wurde sie vor die Türe gesetzt.

Nun führte sie der König von Frankreich, ohne sich zu erkennen zu geben, nach Paris. Sie verheirateten sich, und er ließ sich als Perückenmacher nieder. Eines Tages sagte er zu seiner Frau:

«Arme Frau, ich verdiene nicht viel Geld. Du mußt irgend etwas arbeiten.» Er kaufte ihr Geschirr und ließ es in den Winkel eines Platzes stellen, damit sie es verkaufen könne. Am ersten Tage verkaufte sie viel, und als ihr Gemahl heimkam, sagte sie zu ihm:

«Ich bin viel losgeworden; es sind Soldaten gekommen, die mir viel abgekauft haben.» Am nächsten Tag ritt eine Schwadron Dragoner vorüber und zerbrach ihr ihr ganzes Geschirr.

Sie weinte unaufhörlich, und abends erzählte sie ihrem Gatten, was sich zugetragen habe.

«Wir müssen es anders anstellen», sagte ihr Mann zu ihr. Er gab ihr eine Stelle als Weinwirtin. Am ersten Tage verkaufte sie viel an die Soldaten, aber am dritten Tage befahl der König den Artilleristen, sie sollten in einer ganzen Schar hingehen, eine große Zeche machen, nichts bezahlen und alles zerschlagen.

So taten sie, und die arme Frau war darüber ganz trostlos. Abends berichtete sie ihrem Mann, was ihr zugestoßen sei. Er sagte, sie hätte kein Glück, aber er wüßte einen Beruf, bei dem sie eine Menge Geld verdienen würde, sie solle nämlich den Offizieren des Königs die Stiefel putzen. Sie ging hin, aber niemand ließ sich von ihr bedienen. Der König hatte nämlich seinen Offizieren verboten, sich bei ihr die Schuhe putzen zu lassen. Da begab sich der König in seinen Stiefeln an eine recht schlammige Stelle, ging dann bei seiner Frau vorüber und bat sie, sie möge ihm seine Stiefel putzen.

«Ja, gerne», sagte sie. Sie putzte sie ihm nach allen Regeln der Kunst. Als das Geschäft beendet war, zog der König eine ganze Handvoll Louisdors und Sous aus der Tasche und gab ihr zwei Sous.

Abends sagte sie zu ihrem Mann:

«Armer Mann, ich habe nur dem König die Schuhe geputzt, und er hat mir nicht mehr als die zwei Sous gegeben, der Schweinskerl!» Sie begann zu weinen. Der Perückenmacher tröstete sie und sagte ihr, es gäbe ein großes Essen beim König, und man würde sie zum Dienst bei der Tafel anstellen.

«Wenn du hingehen willst, wirst du sicher etwas verdienen.»

Sie war einverstanden. Er ließ eine große Tasche an ihrer Schürze anbringen, wo sie alles, dessen sie habhaft werden könnte, hineinstecken sollte.

«Aber», sagte seine Frau zu ihm, «wie soll ich es machen, daß ich hinkomme?»

«Ich kenne viel Leute am Hof und werde veranlassen, daß man dich nimmt.»

Sie ging hin und schob alles, was sie ergattern konnte, in die Tasche. Man bemerkte sie dabei und schimpfte sie aus.

Darauf erhob sich der König; er ließ seine Frau in eine Kammer treten und als Königin kleiden. Dann stellte er sie dem versammelten Hof vor und sagte, sie sei eben angekommen. Seitdem sind sie sehr glücklich, und er liebt seine Frau sehr. Aber manchmal sagt der König zu der Königin:

«Du hast mir doch meine Stiefel geputzt, meine Liebe!»

Das geschah diesem eitlen englischen Mädchen ganz recht.

51

Der Hufschmied von Barbaste

E*s waren einmal* ein König und eine Königin, denen der Himmel nur ein sehr zartes Mädchen als Kind geschenkt hatte, dem seine Mutter starb, als es noch in der Wiege lag.

«Was für Glück», dachten die Untertanen, die nicht immer gleicher Meinung sind wie jene, die sie beherrschen.

«Und warum sprecht ihr von Glück?»

«Weil wir weniger Prinzen haben werden, die wir ernähren müssen.»

«Um so schlimmer», sprach der König weiter, «denn ihr werdet nicht glücklicher sein. Meine Tochter ist nämlich mit einer Krankheit auf die Welt gekommen, die es ihr unmöglich macht, die Stirn zu entrunzeln. Aus diesem Grund hat man ihr den Beinamen «Longue-Mine» (Schiefes Gesicht) gegeben.

«Recht habt Ihr, es ist um so schlimmer!» sagten die Untertanen.

«Warum um so schlimmer?»

«Dieses traurige Gesicht wird sie daran hindern, an Abwechslung und Unterhaltung zu denken und wir werden gezwungen sein, der Traurigkeit nachzugeben, um ihr zu gefallen!»

«Um so besser, meine Freunde», fügte der König hinzu.

«Warum um so besser?»

«Ihr werdet weniger Geld ausgeben für Geiger und Musiker, und mehr Münzen werden euch im Beutel bleiben.»

«Um so besser», sagten die Familienväter, die sich auf die Heller freuten.

«Warum um so besser?»

«Weil wir unseren Kindern mit mehr Mitteln im Leben an die Hand gehen können.»

Der König setzte fort:

«Bravo! Dann werde ich keine Steuern auf Hochzeit und Erbschaft mehr einheben müssen.»

Mitten in diesem Streit, über um so besser und um so schlechter, fehlte es nicht an Anwärtern für die Prinzessin. Sie war nämlich hübsch wie ein Heller, blond wie ein Goldtaler und gut wie der Sommerregen, wenn die Pflanzen der Sonne überdrüssig sind, die sie zusammenbrennt.

Als Vater konnte der König sich jedoch nicht damit einverstanden erklären, eine Hochzeit so wie ein Leichenbegängnis zu feiern. Er lebte in einem etwas weniger schweigsamen Jahrhundert als dem unseren und lehrte den großen Grundsatz unserer Ahnen: eine langjährige Erfahrung überzeugt davon, daß Heiterkeit das Gemüt stärkt und den größten Teil aller Übel heilt, und der König wollte, daß seine Tochter guter Dinge sei. So erklärte er, daß sie erst dann zum Altar gehen solle, wenn sie lachen gelernt hätte. In der Hoffnung auf mehr Erfolg bot er ihre Hand demjenigen jungen Mann an, der ihre finstere Stirn entrunzeln könne.

Das war aber nicht das einzige Unglück, das über den Palast des Königs von Frankreich hereinbrach, denn diese Geschichte ereignete sich im Umkreis von Paris. Der König besaß einen prächtigen Gaul, welchen er gern zu seinem ständigen Reitpferd gemacht hätte. Jedoch hatte er es nie beschlagen lassen wollen, so sehr jagten dem Pferd der Lärm von Hammer und Amboß Schrecken und nervöse Gereiztheit ein. So versicherte der königliche Erlaß, der Longue-Mines Hand jenem jungen Mann versprach, dem es glückte, sie zum Lachen zu bringen, das eigenwillige Pferd demjenigen, der es beschlagen könne.

Ein Mann aus der Gascogne, der ein einfacher Hufschmied neben der Mühle der Barbaste war, schön, mutig und stark, faßte den Entschluß, Prinzessin und Pferd zu erobern. Er nahm seinen Ledergürtel mit den großen Taschen, füllte sie mit Nägeln, Eisen und mit einem Hammer. Dann zog er nach Paris, seine Nase war der einzige Vorbote, seine Gamaschen die einzige Gefolgschaft. Als er so auf dem Weg war, trifft er eine schwarze Grille.

«Wohin eilst du schnellen Schritts, Hufschmied von Barbaste?» sagte das kleine Insekt mit neugierigem und spöttischem Ton.

«Der König von Frankreich bietet seine Tochter demjenigen, der sie zum Lachen bringt, und sein Pferd demjenigen, der es beschlägt. Ich will versuchen, beides zu erobern.»

«Lieber Freund, deine Wünsche sind nicht sehr mäßig. Willst du mich mitnehmen, so wäre ich dir vielleicht nützlich.»

«Du armes Insekt mit deinem Zirpen!»

«Ich armes Insekt bin schwarz wie ein Maulwurf.»

«Dein lustiger Vorschlag bringt mich auf einen Gedanken: Brächte ich die Prinzessin nur zum Lachen, so wie du mich selber zum Lachen bringst!»

Nach einigem Wandern kehrt er in einer Herberge ein, und wie er sich auf ein Bett setzt, hört er eine kleine Stimme, die zu ihm spricht und ihm dabei den Ellbogen kratzt.

«Wohin gehst du so schnell, Hufschmied von Barbaste?»

«Der König von Frankreich bietet seine Tochter demjenigen, der sie zum Lachen bringt, und sein Pferd jenem, der es beschlägt. Ich will versuchen, beides zu erobern.»

«Das Unternehmen ist schwierig. Würdest du mich mitnehmen, könnte ich vielleicht zu deinem Erfolg beitragen.»

Der Hufschmied ist damit einverstanden, weil der Umstand zu drollig ist, und wie er der quietschenden Stimme anbietet, in seiner Tasche neben der Grille Platz zu nehmen, ist er sehr überrascht, denn er sieht, wie ein Floh hineinhüpft.

Der Schmied geht weiter.

Wie er in Tonnius an der Tabakfabrik vorbeikommt, stößt er auf eine große Ratte, die ihn so wie die Grille und der Floh fragt:

«Wohin gehst du, Hufschmied von Barbaste?» und unser Gascogner antwortet wie zuvor:

«Der König von Frankreich bietet seine Tochter demjenigen, der sie zum Lachen bringt, und sein Pferd jenem, der es beschlägt; ich will versuchen, beide Bedingungen zu erfüllen.»

«Du siehst so aus und bist angezogen danach, und es könnte dir gelingen, die Stirn der Prinzessin zu entrunzeln», gab das Tierchen zur Antwort. «Sollte aber irgend etwas dazwischenkommen, so tätest du vielleicht gut daran, die Fähigkeiten der Gevatterin Ratte auf die Probe zu stellen.»

«Möchtest du mich nicht begleiten wie die Grille und der Floh? So versteck dich in meiner Ledertasche, und wir leisten einander auf dieser Reise Gesellschaft!»

Nach einigen Tagen traf der Hufschmied in Paris ein, stellte sich beim Schloß vor und fragte, ob er die Hand der Prinzessin Longue-Mine erobern und das ungezähmte Pferd des Königs beschlagen dürfe. Der König ist mit dem Angebot des Lanzenbrechers einverstanden und geleitet den Gascogner in die Gemächer der Prinzessin. Das Mädchen hatte in ihrem Leben schöne Gesichter gesehen, sehr unbeholfene, die in schönen Gewändern steckten; sie hatte prächtige Herrscher betrachtet, die so vergoldet waren wie das Schloß, das sie bewohnten. Nie jedoch war sie einem Hufschmied begegnet mit struppigem Bart, schwarzem Gesicht und schwarzen Händen, der den Gürtel mit Taschen aus Leder wie einen Überwurf trug und eine Grille als Ringkragen, einen Floh als

Achselschnur und eine Ratte als Hutfeder hatte. Longue-Mine wird plötzlich von einem Lachanfall erfaßt, den sie nicht unterdrücken kann, und bricht vor ihrem verdutzten Vater in Gelächter aus. Oh, das unerwartete Wunder, die Prinzessin hat ihre Stirn entrunzelt!

Mit Trompetenblasen verkündet man die Neuigkeit. Und im Königreich lief nur mehr das Gerücht um vom Erfolg, den der Hufschmied bei der verschlossenen Prinzessin Longue-Mine errungen hatte.

Der Monarch sieht sich gezwungen, zum Reisenden so zu sprechen:

«Du bist nur ein Hufschmied, Gevatter. Aber du stammst von der guten Rasse Gascogner, und meine Tochter wird deine Frau sein, so wie ich mich dazu verpflichtet habe.»

Der Hufschmied macht ein Kreuzzeichen gegen den Himmel und bedankt sich beim König.

«Jetzt, nachdem ich die schöne Prinzessin zum Lachen gebracht habe, laßt mir das Pferd zeigen; ich will versuchen, es zu beschlagen und es mit meiner Verlobten zu besteigen. Ich kann sie nicht zu Fuß in die Kirche führen wie eine Bäuerin von Nérac.»

Der Gascogner wird in die Stallungen geführt. Beim Anblick des Hufschmieds wiehert das Pferd, schlägt aus und bäumt sich auf. Der Gascogner fürchtet schon für den Erfolg seines Unternehmens. Die Grille jedoch hüpft in das Ohr des Halsstarrigen und macht ein solches Gezirpe neben seinem Gehirn, daß das arme Tier schier taub wird und den Kopf wie ein Lamm senkt, das ein Nagelwurm überfällt. Im selben Augenblick wirft sich ihm die Ratte in die Nüstern und verbreitet einen so starken Tabakgeruch (das arme Tier hatte seit seiner Geburt nichts anderes als Tabak gefressen), bis das Pferd schließlich betäubt wird. Der Schmied nützt seine Unbeweglichkeit aus, hebt seine Füße, befestigt die Eisen mit den Nägeln, und das bisher wilde Tier wird zahmer als das Pferdchen des Vikars.

Seine Majestät, der König, hält Wort, was das Pferd angeht, so wie er auch mit der Prinzessin Wort gehalten hatte. Am nächsten Tag hielt der gascognische Hufschmied auf seinem Prunkroß im Schloßhof Einzug, er wollte seine Verlobte abholen und sie in die schönste Kirche von Paris führen, um dort den Ehesegen zu empfangen. Trotz seiner prachtvollen Gold- und Silberkleidung trug er hinten im Sattel versteckt die Grille, die Ratte und den Floh mit sich, weil er nicht wußte, was sich noch ereignen könnte, und dachte, daß er ihre kleinen Dienste brauchen könnte.

Die Vermählung wird gefeiert. Das Festmahl ist prunkvoll. Die Höflinge schmunzeln heimlich über den eigenartigen Gatten, den man der Kronprinzessin gegeben hatte. Die Kronprinzessin aber lacht frohen Herzens, nicht mehr nur Königstochter zu sein, und der Gascogner lacht mehr als alle miteinander, weil er der Schwiegersohn des Königs ist und im schönsten aller Paläste in Paris wohnen kann.

Alle Stunden des Tages gleichen einander nicht! Schon kommt dem Gascogner ein trauriger Gedanke in den Kopf.

«Jetzt bin ich der Gemahl eines so hübschen Mädchens», sagte er bei sich und rieb sich dabei den Bart, «Prinz einer sehr mächtigen Prinzessin. Alles läuft blendend bis jetzt, gewiß, bin ich jedoch nicht ein gar zu kleiner Bursche, um eine so große Rolle zu spielen? Käme meiner Frau plötzlich der Gedanke, sie erwiese mir zu große Ehre und wollte diese verringern? Wenn sie darauf kommt, daß ich so häßlich bin wie meine Ratte zum Beispiel, und wenn es ihr plötzlich einfiele, einen weniger unwürdigen Gatten ihres Standes sich auszusuchen? Zum Teufel! Zum Teufel! Das wäre dann wohl die Kehrseite meines Glückes!»

Der Gascogner verbrachte seine Nacht damit, von den finstersten aller Mißgeschicke zu träumen: bald krochen Schnecken in Prozessionen unter seinen Füßen, bald bissen ihn Hunde in seine Waden. Mehr als zehnmal glaubte er, er falle von einem Turm herunter in sein Zimmer.

Aus dieser Verlegenheit muß ich irgendwie herauskommen, dachte er beim Aufwachen. Ich will versuchen, einen Teil der Entfernung, die unser beider Vermögen trennt, auszufüllen. Ich will zu einer der Prinzessin weniger unwürdigen Aussteuer kommen, mehr als nur die Grille, die Ratte und den Floh, den einzigen Besitz, den ich aus meinem Reich der Gascogne mitgebracht habe. Dann werde ich meine Geißel so laut schnalzen lassen wie manch ein Herr!

Während der Gascogner so an seine Lage denkt, hört er, daß man an seiner Tür klopft, und sieht den Prinzen Bel-Accueil daherkommen, einen ehemaligen Bewerber um die Hand der Prinzessin. Dieser war über die Enttäuschungen, die seinen Hoffnungen widerfahren sind, sehr erbost.

«Wärest du gewillt, dir einen Scheffel voll Goldtaler zu verdienen, Hufschmied von Barbaste?» fragte er ihn ganz ernst.

«Euer Vorschlag entspricht genau dem Traum, den ich vorher hatte. Deshalb könnt Ihr Euch vorstellen, daß ich damit einverstanden bin.»

«Nun gut, diesen Scheffel von Goldtalern will ich dir anbieten, wenn du mir versprichst...», und der Prinz neigt sich zum Ohr des Hufschmieds und macht Vorschläge, die ihn auf der einen Seite zum Lächeln, auf der anderen zum Gesichterschneiden bringen. Auf jeden Fall, da die Sache leicht und wenig ermüdend war und da das Gold angenehm im Ohr klingt, ergriff der Hufschmied die Hand des Prinzen und antwortete:

«Wie Ihr es wünscht, mein Herr, wie Ihr es wünscht.»

Nach der Vermählung geht es auf die Hochzeit zu. Der Hochzeitstag vergeht. Es wird Mitternacht, und die Eheleute werden ins Hochzeitszimmer geführt. Die Zofen waschen die Braut und bringen den Neuvermählten eine Brühe. (Ein alter Brauch verpflichtete das junge Paar, eine Brühe zu trinken, die ihnen die Trauzeugen bringen.) Der junge Mann aus der Gascogne bleibt allein, und anstatt daß er den Blick auf das Bett wirft, fängt er an, im Zimmer mit großen Schritten auf und ab zu gehen und die Klage des Heiligen Alexius zu singen:

«Am Abend nach dem Mahl
muß man ruhn.»

Die junge Frau verspürte nicht die geringste Lust, die zweite Strophe zu singen. Sie stöhnt leise und fällt in ihre Traurigkeit zurück, von der man sie so schwer geheilt hat. Ihr Mann läßt sie stöhnen und heulen ohne Erbarmen. Er begnügt sich damit, sie zu fragen, wieviel Goldtaler in einen Scheffel hineingehen. Die Prinzessin Longue-Mine findet eine Antwort nicht am Platze, und der Schmied läßt den Tag herannahen, ohne an die Traurigkeit zu denken, von der zu erlösen er beauftragt war.

Die Sonne geht auf. Der Bräutigam steht auf und verläßt das Zimmer.

Seine Majestät der König stattet der jungen Ehefrau einen Besuch ab. Welche Überraschung! Sie ist wieder in die Traurigkeit der früheren Tage zurückversunken.

«Nun denn, meine Tochter! Was hältst du von deinem Mann?»

«Sehr unerfreuliche Dinge, mein Vater! Was sagt Ihr dazu, daß er die ganze Nacht damit verbrachte, auf und ab zu gehen und mich danach zu fragen, wieviel Goldtaler in einen Scheffel hineingingen!»

«Ist das wirklich die Wahrheit, meine Tochter?» schrie der königliche Vater in aufgebrachtem Ton.

«Ich sage die Wahrheit, als würde mich Jesus Christus selber fragen.»

«Haben wir noch zwei Tage Geduld, mein liebes Kind. Aber wenn sich in den folgenden Nächten die Schande der ersten wiederholt, werde ich diese Unehrerbietigkeit wohl zu bestrafen wissen und die Ehe als ungültig erklären, um dir einen würdigeren Gemahl zu suchen, den Prinzen Bel-Accueil zum Beispiel.»

Der gascognische Hufschmied hatte inzwischen beim Prinzen vorgesprochen, um ihm über sein Verhalten Rechenschaft abzulegen. Jener war über Longue-Mines Unzufriedenheit entzückt und machte nicht die geringste Schwierigkeit, ihm seinen Scheffel voller Goldstücke zu geben. Im Gegenteil! Er bot ihm zwei weitere, wollte er in den beiden darauffolgenden Nächten im Zimmer auf und ab gehen und auf den Terrassen des Schlosses. Er war davon überzeugt, daß nach solch einem Vergehen die junge Ehe aufgelöst und die Prinzessin seine Frau werden würde.

Am darauffolgenden Tag stattete seine Majestät der König seiner Tochter einen Besuch ab. Er fragte sie aus und erhielt die gleiche Antwort wie am Tag zuvor. Der Gascogner hatte die Nacht damit verbracht, die Sterne zu zählen und sie zu fragen, wieviel Goldtaler zwei Scheffel fassen könnten.

Am nächsten Tag noch einmal die Frage des Königs und die gleiche Antwort von Longue-Mine. Die einzige Veränderung, die der Hufschmied in seinen Fragen vornimmt, ist, daß es sich nicht mehr um zwei, sondern jetzt um drei Scheffel handelt.

Der König von Frankreich geht zum Burschen aus der Gascogne. Er ist vor Zorn rot wie ein Hahn und erklärt ihm, die Ehe mit seiner Tochter sei ungültig. Da er sich dennoch sichtlich rächen will, führt er den Prinzen Bel-Accueil zu seiner Tochter und sagt zu ihm:

«Seht, meine liebe Prinzessin Longue-Mine, hier ist der Gemahl, den ich beauftrage, das unwürdige Verhalten des Hufschmieds wiedergutzumachen!»

Am nächsten Tag wird in der Kapelle eine neue Hochzeit gefeiert, und sobald es Nacht wird, gehen die Eheleute in ihre Gemächer.

Der Hufschmied besaß drei Scheffel voll Gold. Er gedachte nun, seine Frau zurückzuholen. Er hält großen Rat mit seiner Ratte, der Grille und dem Floh, die mit ihm zusammen sind. Er teilt ihnen seine Pläne mit und stützt auf ihr Eingreifen, so wie er sagt, die größten Hoffnungen. Aufmerksam hören ihm die Tierchen zu und nehmen auf ihrem Posten Stellung.

Was geschieht aber einige Stunden später im Schloß? Sobald sich die Eheleute zur Ruhe legten, schlüpft der Floh unter die Leintücher und beginnt mit seinem Tanz auf den Beinen des Prinzen Bel-Accueil. Dieser fühlt sich von einem unsichtbaren Feind angegriffen, kratzt sich, schlägt mit den Beinen aus, dreht sich hin und her und springt schließlich aus dem Bett heraus, und angespornt vom Stachel des Insekts fängt er zu diesem ungelegenen Augenblick an, auf und ab zu rennen, wie es der Gascogner aus materiellem Interesse getan hatte. Die bestürzte Prinzessin glaubt schon, daß ihr Leben verhext wäre. Sie ruft ihren zärtlichen Gatten, der sich an den Fuß ihres Bettes setzt und der Prinzessin besorgte, wenn auch feurige Blicke zuwirft. Der Floh war müde und stach ihn nicht mehr. Aber die Ratte von Tonnius löste ihn ab und springt auf die Schulter des Prinzen. Mit ihrem Schwanz, der noch voller Tabak ist, streift sie ihm um die Nase. Den Prinzen überkommen unerklärliche Anfälle zu nießen, er wirft sich neuerdings auf den Boden und verbringt die restliche Nacht damit, mit den Füßen zu schlagen und zu stampfen, um den Floh zu bekämpfen und seinen Kopf unter kaltes Wasser zu halten, um sein Nießen zu lindern.

Was tat der junge Mann aus der Gascogne während all dieser Kämpfe? In das bescheidene Zimmerchen seiner Herberge zurückgezogen, zählte er seine drei Scheffel voller Taler und schlief bei ihrem angenehmen Geklirre ein.

Seine Majestät der König, der in den Gemächern unterhalb von denen seiner Tochter schlief, verstand, als er den Lärm und die Schritte über seinem Kopf hörte, daß sich die Belustigung im Hochzeitszimmer nicht geändert hatte. Sobald es Tag wird, stürzt er zu Longue-Mine und erhält die gleiche Antwort wie damals beim Gascogner. Von neuem droht er die Schande zu rächen, wenn sich das ungehörige Verhalten nicht ändern würde. Am nächsten Tag der gleiche von Floh und Ratte ausgedachte Angriff, das gleiche Auf- und Abgehen des jungen Prinzen unter Nießen und deshalb die Verzweiflung der Prinzessin, der Zorn des Königs, die schmähliche Entlassung von Bel-Accueil und die Auflösung der Ehe.

Die Rückkehr des Gascogners war ein Triumphzug. Er erschien in prunkvollen Gewändern, mit einem schönen Troß von sechs Pferden, die er sich mit Bel-Accueils Geld gekauft hatte, und die Prinzessin fand das Lächeln wieder, das ihr schönes Gesicht niemals wieder verlassen sollte. Eine dritte Hochzeit wurde gefeiert. Diesmal war der Gascogner von seinen drei Goldscheffeln so aufgemuntert, weil er der reichste Mann am Hofe war, daß er sich ernstlich damit befaßte, die Prinzessin von Zorn und Langeweile zu verschonen. Sein Verhalten war so vorbildlich, daß Gott ihn dafür belohnte. Nach einigen Monaten wurde ein kleiner Prinz geboren. Er war frisch wie der Tag und zart wie das Morgenrot und sollte dem König beweisen, daß die Gascogner in allem, was sie unternehmen, Erfolg haben.

Nach allem, was ihr gehört habt, glaubt ihr noch, daß es viele Franzosen gibt, die geschickter sind als sie? Und seid ihr noch überrascht, daß Heinrich IV, der Müller von Barbaste, König von Frankreich geworden ist, so wie unser Hufschmied der Gatte der Prinzessin Longue-Mine? Könnt ihr noch erstaunt sein, daß er Spanier und Hugenotten überlistete, so wie der Hufschmied von Barbaste, der das störrische Pferd eines alten Königs beschlagen und gezähmt hat?

52

Der Arzt von Turlande

Es lebte einmal ein Landarzt, der ein ganz außergewöhnliches Mittel erfunden hatte, ein Mittel, von dem man heute nicht mehr spricht. Im Märchen heißt er der «Arzt von Turlande». Turlande ist kein Schloß mehr, es ist auch kein Dorf, es ist kaum mehr als ein Felsen. Turlande – ein Weiler, von dem nurmehr zwei Häuser übrigblieben. Einst war in Turlande ein Schloß, welches mehrmals während des Hundertjährigen Krieges belagert worden war und welches unter Ludwig VIII dem Carladès, dem Grafen Grimaldi, geschenkt worden war. Von diesem Schloß blieb nichts mehr, und Turlande scheint eher im Reich der Phantasie zu liegen. Soll das heißen, daß es meinen Arzt gar nicht gegeben hat?

Eigentlich hätte es ihm an Arbeit nicht fehlen sollen, und dennoch konnte er sich kaum durchschlagen.

Die Ärzte von heute bringen uns mit ihren Künsten ins Staunen, und der eine ist klüger als der andere. Da haben sie so Apparate, kleine und große, und geben euch Verschreibungen, die niemand lesen kann, und Medikamente zum Einnehmen. Der eine sticht euch am Schenkel mit einer Glasspritze, wenn ihr Kopfweh habt, der andere durchschaut euren Körper mit eigenartigen Lampen. Ein Zauberer verhielte sich nicht anders: und der Chirurg verlängert und verkürzt schnurstracks alle diese kleinen Dinge, die man im Körper hat, als wären wir Tiere. Er schneidet euch auseinander und näht euch wieder zusammen, und wenn er euch überall gut geflickt hat, seid ihr wie altes, gut repariertes Werkzeug und haltet es so lange aus wie das neue. Aber kein Arzt, kein Chirurg, mitsamt seinem Thermometer und seinen Spritzen, mit seinen Lampen und seinen kleinen Messern, bringt zustande, was der Arzt von Turlande fertiggebracht hat, denn er hatte ein Pulver erfunden, welches Tote erweckt.

Der Arzt von Turlande zog durch seine Dörfer, den Eisenstab in der Hand und seine Pulverbüchse auf dem Rücken. Im ersten Dorf, das auf seinem Weg lag, besuchte er die Catounette, eine arme, gebrochene Witwe. Die Alte zog ihr Taschentuch aus der Tasche und fing an, ihre Leiden aufzuzählen.

«Ach, Herr Doktor! Seitdem ich meinen alten Loïe (Gott hab ihn selig!) verloren hab, werde ich dumm wie ein Schaf. Ich bin ganz wirr. Ich habe bereits einen Fuß im Grab, und hoffentlich holt mich der liebe Gott bald zu meinem armen Verstorbenen, der ein so guter Mann zu mir war.»

«Catounette, du brauchst nicht zu weinen», sagt der Arzt, «laß mich meine Büchse herunterholen, und dein Loïe wird dir zurückgegeben werden.»

«Damit könntet Ihr wohl ein wenig warten, Herr Doktor. Loïe wird nämlich nicht mit mir zufrieden sein: ich habe nämlich seine Stiefel und seine Sensen, die so gut schneiden, verkauft, und ich habe seinen Tabaksbeutel verschenkt. Wie ein Besessener würde er toben.»

Dann kam der Arzt zum August, einem Mann so mittleren Alters. Er war noch gut beisammen und hatte ein schönes Haus. Vor ungefähr einem Jahr hatte er seine Frau verloren.

«Ach!» sagte der August, «ich schleppe mich elendiglich dahin, seitdem meine arme Rose tot ist. Sie war so emsig, so sauber, sparsam und gut in allem. Das Haus erscheint mir zu groß, und die Sorgen, die ich mir aus allem mache, bringen mich noch ins Grab.»

«Laß mich nur meine Büchse herunterholen», sagte der Arzt, «und deine Rose wird zurückkommen.»

«Wartet noch ein paar Tage damit, Herr Doktor. Ich habe nämlich ihren Goldschmuck, ihre Uhrkette und ihre Ohrgehänge der Berthoune geliehen, ebenso ein wenig Wäsche. Wenn meine Selige nicht alle ihre kleinen Dinge im Schrank fände, würde sie mir eine schöne Predigt halten, noch dazu, wo sie die Berthoune nicht allzu gerne gemocht hat!»

Der Arzt ging weiter und besuchte die Finette, eine junge, entgegenkommende und saubere Witwe. Sie war blond gelockt, wie ein kleines Schaf. Sie trug Trauerkleidung, aber behielt ihre Bänder im Haar, und wenn die Männer sie ansahen, senkte sie nicht allzu gerne den Blick.

«Ich hatte das Unglück, meinen Antoine zu verlieren, der ein so gutes Herz hatte. Seitdem er fort ist, dünkt mich das Leben schwer, und ich finde keine Freude mehr, an nichts. Jede Nacht träume ich von meinem seligen Mann (wir liebten uns so sehr!), und alle Tage weine ich ihm nach. Ich fühle, daß ich mich für ihn verzehre und daß ich dem Kummer, den ich habe, nicht lange werde widerstehen können.»

«Laß mich nur meine Büchse herunterholen, Finette, und dein Antoine wird bald zurück sein.»

«Oh, Herr Doktor! Macht ihn nicht heute wieder lebendig. Mein seliger Mann wäre mit mir nicht zufrieden. Seine Jagdweste und seine Flinte habe ich Pierre geschenkt, und wenn der arme Antoine (Gott hab ihn selig!) zurückkäme, wäre er ganz außer sich. Sofort würde er Pierre den Kopf einschlagen.»

Der Arzt ging dann noch zu Frédéric, einem kräftigen Mann in bestem Mannesalter, der eine Trauerschleife an seiner Weste trug und zu ihm sagte:

«Die Arbeit trabt den ganzen Tag hinter mir her, und nie komme ich damit zu Ende. Als mein seliger Vater noch in dieser Welt war, ging alles besser im Stall und auf den Feldern. Überall kannte er sich aus, und zum Kühekalben und Schweineschlachten fand man keinen Besseren. Das ist ein großes Unglück, daß er weg ist, und seitdem ich ihn nicht mehr habe, weiß ich nicht mehr, wie ich mich anstellen soll.»

«Laß mich nur meine Büchse herunterholen, Friedrich, und dein Vater wird zurückkommen.»

«Damit, Herr Doktor, wartet noch ein wenig! Ich habe Bäume gefällt, die mein Vater behalten wollte, und habe die alte Scheune decken lassen. Ich habe mir ein Auto gekauft, wo er von Mechanik nichts hätte hören wollen, und er würde zu mir sagen, daß ich dabei bin, das Grüne und Verdorrte zu verspeisen. Er war wohl etwas eigen, der arme Mann.»

Der Arzt zog seines Weges weiter, zu all denen, die einen Verwandten verloren hatten. Im letzten Haus wohnte eine junge Frau, und ihr Kind war gerade gestorben. Die Arme war noch nicht gekämmt, und ihre Augen waren noch rot von Tränen.

«Ach, wie bin ich nur unglücklich, Herr Doktor, seitdem meine arme Kleine gestorben ist. Sie war so lebhaft und so sanftmütig. Sie erzählte viel und küßte mich und legte ihre kleinen Arme um meinen Hals. Nie sollte man seine kleinen Kinder verlieren dürfen.»

«Laß mich nur meine kleine Büchse herunterholen», sagt der Arzt, «und deine Kleine wird zurückkommen.»

«Oh, das könntet Ihr wirklich tun?» sagte die Mutter. «Gott segne Euch und vergelte Euch all das Gute, das Ihr mir getan habt!»

Die Kleine kam frisch und fröhlich auf die Erde zurück, aber der Arzt von Turlande hatte den ganzen Tag nur einen Patienten gehabt und damit nur einen Heller verdient. Das ganze Leben ist er so arm geblieben, daß er im Armenhaus gestorben ist.

SCHWÄNKE

53

Der kluge Meister Jean

Auf dem Hang, den ihr dort drüben seht, lebte einst ein junger Mann. Er war immer fein gekleidet und meinte, er sei besonders klug, weil er lange auf der Schule gewesen war, viele Bücher las, Briefe schreiben und in Abwesenheit des Herrn Pfarrers Religionsunterricht geben konnte. Dieser junge Mann, namens Jean, heiratete ein junges, etwas einfältiges Mädchen namens Jeanne. Aber er hütete sich wohl, sich über ihre Einfalt zu beklagen, die ihm auf ewig die Überlegenheit in der Ehe sicherstellte. Er wollte jedoch nicht, daß diese Einfalt zur Dummheit würde.

Als die Hochzeitsgäste das Weinfaß geleert und den Weinkrug gekippt hatten, begab sich Jeanette am Morgen nach der Hochzeit an den Brunnen, um frisches Wasser zu holen, so wie ihr Mann, der sehr durstig war, sie gebeten hatte.

Wir haben vergessen euch zu sagen, daß ihr Haus auf einem Hang lag, während der Brunnen ganz unten in einem kleinen, tiefen Tal floß. Jeanette steigt also zum Brunnen hinunter. Eine Viertelstunde vergeht, ebenso eine halbe, und der arme Jean, der am Verdursten ist, sieht weder frisches Wasser noch seine Frau daherkommen.

«Bièbe», sagt er zu seiner Mutter, «geh doch nachschauen, was Jeanne dort unten macht; sie weiß, daß ich auf den Krug warte und tut, als wäre ihr mein Durst einerlei.»

Bièbe steigt den Pfad entlang ins Tal hinunter und findet Jeanne am Brunnenrand sitzen, die Ellenbogen auf den Knien.

«Was machst du denn hier, meine Schwiegertochter? Dein Mann wird schon ungeduldig. Er braucht unbedingt eine Erfrischung, so wie ein Mäher, der drei Felder gemäht hat, und deine Verspätung vergrößert nur seinen Durst.»

Bièbe schaut sehr sorgenvoll.

«Mutter, ich fragte mich, ob du eine Wiege hast, und da ich im Hause keine sah, dachte ich darüber nach, wie ich zu einer kommen könnte, und wäre sie nur aus Weiden- oder Schilfrohr.»

«In der Tat fehlt uns so etwas», antwortete Bièbe, «jene, die ich für Jean hatte, als er klein war, wurde von den Ratten zernagt, und sie endete elend als Winzerkorb. Ich weiß wirklich nicht, wie und wo wir sie ersetzen können. Sie war sehr schön, das versichere ich dir; der Pate, der sie mir schenkte, wußte, daß er mir damit etwas Besonderes gab. Aber da der arme Mann vor kurzem auf den Friedhof getragen wurde, werde ich nicht damit rechnen können, eine zweite von ihm zu bekommen.»

Während sich die beiden Frauen so unterhalten, sah Jean, der inzwischen noch durstiger und zorniger geworden war, seinen Vater im Hof vorbeigehen und ruft ihn.

«Ach, was für dumme Frauen haben wir geheiratet», sagt er, «jetzt sind sie beide am Brunnen; seit einer Stunde warte ich auf frisches Wasser mit der Ungeduld des bösen Reichen im Fegefeuer und wie Blaubart's Weib ‹sehe ich nichts daherkommen›.»

Der arme Vater ist über den Ärger seines Sohnes betrübt und rennt schnell zum Brunnen hinunter. Außer sich vor Zorn fragt er die beiden Frauen, wie sie so gemächlich dahintratschen können, wenn Jean schon stampft, verdurstet und so sehr vor Zorn wütet, daß er ganz laut von Blaubart redet!...

«Wir werden hinaufgehen», antwortete Bièbe, ohne von ihren Gedanken loszukommen. «Aber deine liebe Schwiegertochter ist in großer Verlegenheit. Sie fragt mich, ob wir nicht eine Wiege hätten für die Zeit, wo sie gebraucht wird... Was konnte ich ihr zur Antwort geben? Daß die unsere nicht mehr verwendbar ist und daß man mit dem alten Paten nicht mehr rechnen kann, um sie zu ersetzen.»

«Es stimmt, der liebe Benoît hatte uns da die schönste Wiege der Welt geschenkt», antwortete der Mann, und mit einem Seufzer gab er zum Ausdruck, wie sehr er am Verlust des kleinen Bettes Anteil nahm. «Die verdammten Ratten haben sie ruiniert, und ich kenne keinen Korbflechter, der uns eine ebenso gute Wiege liefern könnte.»

«Denkst du nicht, Schwiegervater», erwiderte Jeanne...

«Oh»! schrie zur gleichen Zeit der erzürnte junge Ehemann, «das ist ein allzu starkes Stück... So was! Ich schicke sie alle zum Brunnen und bekomme nicht einmal ein Glas Wasser von ihnen.»

Er läuft bis ganz ins Tal hinunter und sieht, nicht ohne Überraschung, seinen Vater so ruhig wie seine Mutter, seine Mutter ebenso ruhig wie seine Frau. Saumselig sitzen sie alle auf einem Baumstumpf und plaudern gemächlich mit der Gelassenheit eines Faulen, der nicht weiß, wie er den Tag totschlagen soll.

«So bringt ihr mir also das Wasser, auf das ich seit einer Stunde warte, ihr unglaublichen Leute, die ihr daran Vergnügen findet, mich zu quälen!»

«Wir machten uns um die Wiege Sorge, mit deiner Mutter und deiner Frau», antwortete der Vater, «und ich sagte, daß ich in der Umgebung niemanden kenne...»

«So dumme Leute, wie ihr alle drei es seid...» erwiderte Jean und beendete den Satz dem gereizten Zustand seines Gemüts entsprechend. «Ihr laßt mich vor Durst umkommen, mich Lebenden, mich Leidenden und macht euch Sorge um eine Wiege, die wir vielleicht niemals brauchen... Welche

Schande für einen Mann, der lesen, schreiben, rechnen und chorsingen kann, an derartige Dummköpfe gebunden zu leben! Ich kann dieses verdummte Dasein nicht mehr aushalten!... Bleibt alle drei zu Hause! Ihr seid alle gleich viel wert... Ich jedoch werde fortgehen, weil ich das Zusammenleben mit drei Dummköpfen nicht mehr ertragen kann, und ich schwöre, daß ich zu euch nicht zurückkommen werde, ehe ich drei Leute entdeckt habe, die ebenso dumm sind.»

Auf diese schöne Erklärung seiner Grundsätze hin wendet Jean ihnen den Rücken, ohne Adieu zu sagen. Vater, Mutter und Frau, in Tränen aufgelöst, flehen ihn vergebens an, seine Drohung nicht auszuführen, er verschwindet im Wald und entzieht sich ihren Blicken.

Als der Flüchtling am äußersten Waldessaum ankommt, vernimmt er Geräusche; er sieht sich um und bleibt stehen: eine alte Frau war damit beschäftigt, ein Ferkel an einer Leine zu halten und ihm mit einem Stock wilde Schläge zu versetzen. Jean konnte die Ursache dieser Züchtigung nicht begreifen.

«Was tust du mit diesem Schwein»? fragte er sie, «welche Missetaten hat es sich zuschulden kommen lassen, um diese Behandlung zu verdienen?»

«Du willst doch nicht, daß ich es mit doppelten Hieben schlage!» antwortete die Alte. «Seit mehr als einer Stunde fordere ich es auf, auf diese Eiche zu steigen, damit es die Eicheln herunterhole, und der eigensinnige Einfaltspinsel versteift sich, am Fuß des Baumes zu verhungern, anstatt meinen guten Ratschlägen zu folgen. O dieses dumme Ferkel, dieses böse Vieh von einem Schwein!»

«Ich hätte wohl den Einfall, jemandem alle Eigenschaftswörter an den Kopf zu werfen, mit denen du diesen unschuldigen Vierbeiner beschimpfst. Wie willst du ihn dazu bringen, daß er auf diese hohen Zweige hinaufklettert? Er ist weder ein Marder noch eine Katze, die so etwas gewöhnt sind. Gib mir deinen Stock, auf daß ich damit die Eiche schlagen kann, und du wirst sehen, wie die Eicheln im gierigen Maul des Ferkels verschwinden, ohne daß es sich unnütz abmüht, einen Stamm hochzuklettern, was nach Gottes Plan nicht zu seiner Natur paßt.»

Jean führte aus, was er angekündigt. In Massen fallen die Eicheln herunter, und hastig frißt das Ferkel sich den Bauch voll unter dem erstaunten Blick der Alten, die sich das Vorgefallene zu Herzen zu nehmen verspricht.

Jean geht seinen Weg weiter. Der Himmel bedeckt sich mit Wolken, das Unwetter zieht heran. Er ist gerade dabei, in einem Hause Zuflucht zu nehmen, als er eine junge Frau sieht, die, mit einer Gabel bewaffnet, sich vergebens bemüht, junge Nüsse in einen Verschlag zu laden.

«Was machst du denn da, Nachbarin?» fragt er sie neugierig.

«Siehst du nicht», antwortet sie ihm mit Zorn und zugleich unter Tränen, «daß es gleich regnen wird und daß ich diese Nüsse unter Dach bringen möchte?»

«Und zu dieser Arbeit nimmst du eine Mistgabel?»

«Ich glaube, daß diese verdammten, heimtückischen Nüsse verhext sind. Schon mehr als dreißig Mal habe ich mit der Gabel hineingestochen, ohne nur eine einzige hinaufzubekommen. Die Pest möge sie vertilgen! Der Hagel möge die Nußbäume verwüsten!»

«Hättest du daran gedacht, statt der Gabel eine Schaufel zu nehmen, so wäre die Arbeit seit langem verrichtet, meine Gute.»

«Die Schaufel ist auf dem Dachboden; ich habe genommen, was ich gerade unter der Hand hatte.»

«So mußt du wenigstens wissen, daß man nie Zeit verliert, wenn man das richtige Gerät aussucht, das man gerade zur Arbeit braucht.»

Jean läuft auf den Dachboden, kommt mit einer Schaufel ausgerüstet zurück, und mit fünf oder sechs Schaufeln bringt er alle Nüsse im Verschlag unter Dach.

Das Unwetter geht vorüber; Jean geht weiter auf seiner Reise, beladen mit den Segenssprüchen der alten Frau mit dem mageren Ferkel und der jungen Frau mit den grünen Nüssen. Kaum hat er zweihundert Schritte gemacht, trifft er eine dritte Frau, die gerade dabei ist, einen gebrechlichen und einfältigen Greis zu verfluchen, der nicht imstande war, sich seine Hosen anzuziehen. Mit dem geöffneten Kleidungsstück in der Hand stand sie da. Sie war selber genauso dumm wie der Alte, ließ den armen Mann auf eine Truhe steigen, hielt ihm die offene Hose hin und wollte, daß er mit beiden Beinen zugleich in die Hose hineinspringe, und dies in der Absicht, Zeit zu gewinnen. Der arme Alte jedoch konnte nicht in die beiden Öffnungen richtig hineinzielen, sprang immer daneben, und diese mühevolle Übung fing immer wieder von neuem an, unter dem Geschimpfe und den Vorwürfen der Frau, die den Greis genauso streng behandelt wie die erste ihr Ferkel und die zweite die Nüsse mitsamt den Nußbäumen.

Nachdem Jean die ungeschickten Versuche des kopflosen Paares verfolgt hat, nähert er sich ihnen und sagt:

«So leicht es sein mag, eine Hose anzuziehen, und als Beweis führe ich die große Zahl der Sterblichen an, die diese Arbeit jeden Morgen ausführen, die Angelegenheit erledigt sich jedoch nicht von allein: und der Versuch kann einem sogar mißlingen: als Zeuge dient der alte König von Frankreich, der aus diesem Grund in einem Lied besungen wird... Die einfachsten Sachen werden nur dann geläufig, wenn sie nach gewissen Regeln ausgeführt werden.

Hättest du es weniger eilig, in diese Hose mit einem Ruck hineinzuschlüpfen, und nähmst du dir die Zeit, ein Bein nach dem anderen hineinzustecken, hätte dieser Alte schon seit langem seine Hosen an, und dein Gewissen hätte sich die schwere Last all der wenig christlichen Wörter ersparen können, die du von dir gegeben hast.»

Sobald er diese feierliche Rede zu Ende gesprochen hatte, nahm der schlaue Jean die Beinkleider, steckt den rechten Fuß des Gebrechlichen in ein Rohr, den linken in das zweite. Er zieht das ganze Kleidungsstück hoch, macht die Schlaufe zu, und der Alte ist besser angezogen als der würdige König Dagobert, von dem im Lied die Rede ist. Aber mit der Lehre an die ungeschickte Frau gab er sich zugleich selber eine.

«Ach, mein Herrscher und Herr!» sagte er, «jetzt kann ich ruhig nach Hause gehen. Bei den ersten Schritten, die ich fern von daheim gemacht habe, bin ich mehr Dummheit begegnet als in meiner eigenen Familie. Ferkel auf Bäume klettern lassen, Nüsse mit Gabeln schöpfen, in Hosen mit beiden Beinen zugleich hineinspringen wollen, ist bei weitem dümmer, als sich am Brunnen vergessen und neun Monate vor der Geburt eines Kindes von einer Wiege reden. Vergebens rennen wir auf die Suche nach Leuten mit Geist, wir finden ja doch eher eine große Zahl von Dummköpfen, bevor wir einem klugen Kerl begegnen. Begnügen wir uns also damit, selbst ein überlegener Mensch zu sein, in jeder Art von Buch zu lesen, chorzusingen und Briefe zu schreiben, und gestatten wir denen, die uns umgeben, daß sie nicht soviel Geist haben wie wir. Dummheit hin oder her, besser erträgt man am eigenen Herd diejenigen Menschen, die uns lieben, als man strauchelt auf dem Weg und in dem Wald über die großen Tölpeleien der Leute, die uns gleichgültig sind und denen wir keine Nachsicht schuldig sind.»

54

Janoti

Es war einmal ein junger Mann, der Janoti hieß. Eines schönen Morgens kam Janoti zu seiner Mutter und sagte:

«Mutter, gib mir eine Kichererbse!»

«Na, was willst du denn damit anfangen, mein Kind?»

«Mein Glück will ich damit versuchen und reich werden.»

«Du Dummkopf!»

«Mutter, ich bin kein Dummkopf, gib mir eine Kichererbse, und ich sage dir, du wirst es sehen, daß ich mit ihr reich werde.»

«Da hast du sie also, deine Erbse!»

Und mit seiner Kichererbse zieht Janoti also los. Bei Nachteinbruch kommt er an die Tür eines Hofes.

«Guten Abend, ihr braven Leute! Wollt ihr mir eure Gastfreundschaft schenken, mir und meiner Erbse?»

«Warum nicht», antwortete der Herr. «Du kannst in der Tenne schlafen, und deine Erbse, du Kerl, wird in deiner Tasche übernachten.»

«O nein! Wenn es Euch nichts ausmacht, will ich meine Erbse über die Nacht zu Euren Hühnern bringen.»

«Dann bleibt sie also mit unseren Hühnern.»

Sie bringen die Erbse in den Hühnerstall, und unser Bursch geht und schläft im Heu. Am nächsten Morgen steht Janoti auf und geht gleich in den Hühnerstall, um dort seine Erbse zu holen. Jedoch mein Erbschen, leb wohl!... es war nämlich verschwunden, und Janoti geht zum Bauern.

«Eure Hühner, sagt Ihr da was, haben meine Erbse geschluckt. Und jetzt, mein Herr, will ich, daß Ihr mir die schönste Eurer Hennen gebt, sonst zünde ich Euren Hof an.»

«Böser kleiner Kerl, böser Feigling!»

«Da hilft kein Kerl, ich habe Euch gesagt, was ich will, und du wirst sie mir geben, sonst nimm dich in acht!»

Der Bauer bekommt es mit der Angst zu tun und gibt ihm eine seiner Hennen.

Janoti zieht weiter mit seiner schönen Henne. Bei Nachteinbruch kommt er an ein Gut.

«Guten Abend, ihr braven Leute, könnt ihr mich und meine Henne aufnehmen?»

«Ja, warum nicht?» antwortete der Herr. «Du kannst im Stall schlafen, und deine Henne, du Kerl, kann mit den unseren schlafen.»

«O nein, wenn es Euch nichts ausmacht, so hätte ich gern, daß meine Henne mit Euren Schweinen schläft.»

«Dann soll sie halt mit unseren Schweinen schlafen.»

Sie bringen die Henne in den Schweinestall, und unser Bursch geht in den Pferdestall schlafen. Am nächsten Morgen steht Janoti auf, geht in den Schweinestall und will seine Henne holen. Dort war jedoch keine Spur von ihr. Janoti geht und sucht den Herrn:

«Eure Schweine, sagt einmal, haben meine Henne gefressen, Herr. Jetzt werdet Ihr mir das schönste Eurer Schweine geben, sonst werde ich diese Nacht noch Gift ausstreuen.»

«Böser Feigling! Böser kleiner Nichtsnutz!»

«Da hilft kein Feigling! Ich hab Euch gesagt, was ich will, und sonst nehmt Euch in acht!»

Der Bauer bekommt es mit der Angst zu tun und gibt ihm ein Schwein.

Janoti zieht mit seinem Schwein weiter. Bei Einbruch der Dunkelheit kommt er zu einem andern Bauernhaus.

«Guten Abend, ihr braven Leute! Könnt ihr mir und meinem Schwein Unterkunft geben?»

«Und warum nicht?» antwortete der Herr. «Du wirst mit den Knechten schlafen, und dein Schwein, du Kerl, wird mit unseren Schweinen schlafen.»

«O nein, wenn es Euch nichts ausmacht, möchte ich, daß mein Schwein mit Euren Ochsen schläft!»

«So schläft es also mit unseren Ochsen.»

Sie führen das Schwein in den Rinderstall, und unser Bursch geht mit den Knechten schlafen. Am nächsten Morgen steht Janoti auf und geht in den Rinderstall, um dort sein Schwein zu holen. Mein armes Schwein jedoch, leb wohl! Mit den Hörnern hatten es die Ochsen durchstoßen. Janoti kommt und holt den Herrn.

«Eure Ochsen, sagt einmal, haben mein Schwein durchbohrt. Und jetzt, mein Herr, wirst du mir den schönsten Ochsen deiner Herde geben, sonst werde ich eure Ochsen verwünschen, so daß sie alle umkommen!»

«Böser kleiner Nichtsnutz! Böser kleiner Kerl!»

«Da hilft kein Nichtsnutz. Ich habe Euch gesagt, was ich will, und sonst nehmt Euch in acht.»

Der Ochsenhirt bekommt es mit der Angst zu tun und gibt ihm den Ochsen.

Janoti zieht mit seinem Ochsen weiter. Da begegnet er einem Totengräber, der gerade eine Frau beerdigte.

«Mann, willst du deine Tote gegen meinen Ochsen tauschen?»

«Elendiger Sünder», antwortete der Totengräber, «wie kannst du dich über so etwas nur lustig machen?»

«Ich mache mich nicht lustig! Wenn du willst, daß wir tauschen?»

«Tauschen wir denn!»

Sofort lädt Janoti die arme Tote auf den Rücken. Und weiter geht er, solange er nur kann. Und plötzlich kommt er zu einem Schloß, hinter dem ein Graben voller Wasser rinnt. Und was macht Janoti? Er beugt die Tote kniend über das Wasser, gibt ihr in eine Hand ein Tuch, in die andere einen Waschknüppel. Und so läßt er sie hier, gebückt wie eine Frau, die wäscht. Danach geht er ins Schloß.

«Gott grüße Euch! Könntet Ihr einen Gärtner brauchen?»

«Ja», antwortet der Herr.

«Wenn Ihr mich und meine Frau einstellen wollt, so sind wir zu Euren Diensten.»

Sie kommen überein, und der Herr nimmt sie beide auf. Als es Essenszeit wird, verläßt der Bursche seine Arbeit und kommt an den Tisch.

«Aber Eure Frau, wo habt Ihr sie gelassen?»

«Ach, ich habe nicht mehr daran gedacht», antwortete Janoti. «Sie muß dort unten sein, wo sie am Graben die Wäsche wusch.»

«Dort unten?» sagte das Schloßfräulein. «Ich gehe sie holen, die Arme, was muß sie nur Hunger haben!»

«Geht nur und ruft sie!»

Das Fräulein geht sofort an den Graben, und als sie die Wäscherin sieht, ruft sie ihr zu:

«Wäscherin, Wäscherin, kommst du nicht zum Essen?»

Keine Antwort, das Fräulein dreht sich zu Janoti:

«Ich habe deine Frau gerufen, aber sie hat nicht geantwortet.»

«Ach, mein Gott», schrie Janoti, «ich hab Euch nicht gesagt, daß sie taub ist. Mein schönes Fräulein, da könnt Ihr sie bis morgen rufen! Sie ist taub wie ein Pflug. Wenn Ihr wollt, daß sie Euch hört, verzeiht mir, aber dann braucht Ihr nicht davor Angst haben, ihr stark auf die Schulter zu stoßen.»

Das schöne Fräulein geht zum Waschplatz hinunter und klopft der Toten auf die Schulter, und pluff, fällt die Tote ins Wasser.

«Hilfe, Hilfe, Janoti, komm her»! schrie das arme Fräulein, «Eure Frau ist ertrunken!»

Janoti kommt, mit der Hand an der Stirn.

«Du Unglückliche, hast mir meine Frau ertränkt! Was soll aus mir werden, was soll ich sagen, was soll ich tun? Ich bin ein verlorener Mann!»

Der Schloßherr, die Schloßherrin, alle kamen.

«Schloßherr, du hast mir meine Frau ertränkt, und so wirst du mir deine Tochter geben, sonst werde ich das Gericht verständigen!»

Der Schloßherr bekommt es mit der Angst zu tun und verheiratet seine Tochter mit Janoti. Und als Janoti zu seiner Mutter heimkommt, um sie zur Hochzeit zu führen, sagt er:

«Also, hab ich es Euch nicht gesagt, meine Mutter? Mit meiner Erbse bin ich reich geworden!»

55

Der Makkaroni-Regen

Es war einmal ein Mann aus Mentone, der in der Rue du Palmier wohnte und Bartoumé hieß. Er hatte eine schwachsinnige Frau, die ihn schier zur Verzweiflung brachte. Jeden Tag, bevor sich Bartoumé zu seiner Arbeit begab, empfahl er seiner Frau, keine Dummheiten zu machen.

Und jeden Samstag verbarg er in einem Schrank, der in der Wand eingelassen war, den Gewinn seiner Woche.

«Warum tust du dein ganzes Geld dort hinein?» fragte seine Frau. – «Es ist für Madjou-long (für den langen Mai)», antwortete der Mann.

Eines Tages mußte Bartoumé für zwei bis drei Tage fortgehen, um auf dem Lande nach seinen Zitronenbäumen zu schauen. So blieb seine Frau allein daheim, setzte sich in einen Stuhl und strickte.

Als sie so durchs Fenster schaute, sah sie eines Tages einen langen Mann vorbeigehen. Da kam ihr plötzlich ein Einfall, und sie sagte: «Guter Mann, seid Ihr vielleicht Madjou-long?»

Der Mann, der ein Abenteuer witterte, antwortete: «Jawohl, schöne Frau, aber warum diese Frage?» – «Dann kommt nur gleich herein! Es ist schon seit einiger Zeit, daß mein Mann für Euch Geld auf die Seite gelegt hat.»

Und sie öffnete den Schrank, wo das Geld war, und gab es ihm. Und der Mann machte sich schleunigst wieder aus dem Staube.

Als am Abend der Mann heimkam, sagte die Frau zu ihm: «Weißt du schon, daß ich heute den Madjou-long gesehen habe?» Der Mann schrie: «Unglückliche! Was hast du wieder angestellt?» Und er lief zu seinem Geldschrank und fand alles leer.

Da beschloß er, seine Frau loszuwerden. Als sie schlief,

verklebte er ihr die Augen mit Pech, und am andern Morgen nahm er sie bei der Hand und führte sie in die Gegend von Cap Martin. Und als sie dort angekommen waren, hieß Bartoumé seine Frau auf einen Nußbaum steigen und verließ sie.

Die arme Blinde wußte weder, wo sie war, noch was sie tun sollte. Plötzlich kamen zwei Strauchdiebe, die sich unter den Nußbaum setzten, um ihr Geld zu zählen, nachdem sie einige trockene Äste angezündet hatten. Durch die Hitze des Feuers begann das Pech flüssig zu werden, das die Augen der Frau verklebte. Und als sie ein Auge frei hatte, schrie sie: «Und eins!» – Da fuhren die beiden Diebe zusammen, und einer fragte: «Was ist das?» – «Ein Teufel», sagte der andere.

Und da die Wärme anhielt, wurde auch das zweite Auge der Frau vom Pech frei. Da schrie sie: «Und zwei!»

Da erschraken die beiden Diebe so sehr, daß sie ihre Beute im Stich ließen und davonliefen.

Nachdem die Frau ihre Augen ganz vom Pech befreit hatte, stieg sie vom Baum herunter, und als sie das Geld sah, das da im Gras verstreut war, sammelte sie es ein und ging damit nach Hause.

Der Mann saß geruhsam daheim und rauchte Pfeife; auf einmal hörte er klopfen und rufen: «Bartoumé, mach auf! Ich bin's.» – «Scher dich zum Teufel!» schrie er wild, als er merkte, daß seine Frau wieder da war.

Aber als die Frau ihr Klopfen verdoppelte, machte er endlich auf. – «Schau, was ich dir mitgebracht habe!» sagte sie und leerte den Sack mit Goldstücken aus. Da ließ sie Bartoumé herein und machte sich daran, das Gold zu zählen. Dabei sprach er für sich: «Sie ist schwachsinnig, und sie wird die Geschichte in der ganzen Stadt herumtratschen. Und ich muß auf jeden Fall dafür sorgen, daß ihre Zunge keinen Schaden mehr anrichtet.»

Und er verschloß die Tür und ging fort. Es war schon dunkel, aber er ging trotzdem noch in einen Laden und kaufte dort zehn Kilo Makkaroni. Dann kehrte er nach Hause zurück und schickte seine Frau ins Bett. Nachdem sie eingeschlafen war, kochte er alle Makkaroni, und dann hängte er sie auf alle Bäume seines Gartens. Am nächsten Morgen aber schaute seine Frau zum Fenster hinaus und rief: «Oh, Bartoumé, komm schnell und schau! Es hat Makkaroni geregnet!» – Ihr Mann antwortete: «Was erzählst du da wieder für Geschichten! A..., du hast wirklich recht.»

Nachdem einige Zeit verstrichen war, erzählte seine Frau – wie es Bartoumé vorausgesehen hatte – allen Leuten, daß ihr Mann sie nun nicht mehr schlüge, weil sie einen Sack voll Gold nach Hause gebracht habe.

Ein Richter hörte nun diese Geschichte und ließ den Gatten vorführen und auch die Frau mit ihm zusammen. «Ihr seid angeklagt, Geld zu verhehlen, das euch nicht gehört», sagte der Richter. – «Was? Ich?» rief Bartoumé aus. «Herr Richter, ich bin ein armer Mann, der sich mühsam mit Arbeit sein Leben verdient.» Aber seine dumme Frau rief dazwischen: «Du weißt recht gut, daß es wahr ist, was ich sage! Ich habe dir selber das Geld gebracht, das ich im Wald gefunden habe.» – «Und wann hast du es mir gebracht? – Ich schwöre Ihnen, Herr Richter, meine Frau ist verrückt!» – «Du weißt es recht gut, es war die Nacht, bevor es Makkaroni geregnet hat!» sagte die Frau. – «Herr Richter», rief der Mann, «haben Sie jemals gesehen, daß es Makkaroni geregnet hat?» – «Nein, mein Freund», entgegnete der Richter lachend, «und ich sehe jetzt recht gut, daß deine Frau verrückt ist. Du bist freigesprochen!»

Da zog sich Bartoumé zurück und führte seine Frau mit sich. Es gab keinen Streit mehr zwischen ihnen, und sie lebten lange Jahre glücklich und zufrieden.

56
Die Wiedergutmachung

Zu einem Pfarrer auf dem Lande kam einmal ein Mann zum Beichten. Und er beichtete so: «Heute nacht bin ich bei einem reichen Kaufmann durchs Fenster gestiegen, um ihm dreihundert Goldstücke zu stehlen, von denen ich wußte, daß er sie gestern eingenommen hat. Aber wie ich seine Geldkassette aufgemacht habe, da fand ich sie leer. War das nun eine Sünde?»

Der Pfarrer kratzte sich hinterm Ohr, dachte nach und sagte schließlich: «Mein Sohn, der böse Wille ist so viel wie eine böse Tat. Du hast gesündigt, und du mußt es wiedergutmachen. Was du gestohlen hast, mußt du zurückgeben, und zur Buße sollst du einen armen Menschen zu Tisch laden.»

Da sagte der Dieb: «Gut, ich will es so machen, wie Ihr mir auferlegt, Herr Pfarrer. Aber da ich keinen Armen im Ort kenne, darf ich da gleich Euch zu Tisch laden?» – «Ja, wann willst du, daß ich komme?» – «Morgen Mittag. Dann kann ich auch gleich berichten, wie ich meine Sünde wiedergutgemacht habe.»

Am nächsten Mittag kam der Pfarrer zeitig zu dem Dieb ins Haus, und dieser führte ihn zu Tisch. Alles war gedeckt, vielerlei Teller, Gläser und Besteck war aufgelegt. Der Dieb wartete, bis der Pfarrer die Serviette umgebunden hatte, dann nahm er eine leere Suppenschüssel, ergriff einen Schöpflöffel und stellte sich, als ob er aus der Schüssel Suppe auf den Teller gäbe. Anschließend nahm er eine Flasche, die nicht aufgekorkt war, und tat, als ob er dem Pfarrer daraus eingösse.

Der Pfarrer wurde immer verwunderter und konnte sich schließlich nicht zurückhalten zu sagen: «Freund, willst du mich zum besten halten? Was treibst du da? Siehst du denn nicht, daß die Schüssel leer und die Flasche verschlossen ist?» – «Aber Herr Pfarrer», antwortete der Dieb, «habt Ihr nicht selbst gesagt, daß es auf den Willen ankommt? Wenn der böse Wille eine Sünde ist, so kann doch auch der gute Wille nur eine gute Tat bedeuten.» – «Ja, hast du denn wenigstens das Unrecht gutgemacht, das du begangen hast?» – «Herr Pfarrer, ich wollte heute nacht das Geld, das ich neulich nicht gefunden habe, zurückbringen. Als ich zum Haus des Kaufmanns kam, da war das Fenster verschlossen, denn es war eine kühle Nacht. Da habe ich die Scheibe eingedrückt und bin eingestiegen. Als ich in die Kammer kam, in welcher der Kaufmann seine Kassette aufbewahrt, mußte ich erst dem Hund die Kehle durchschneiden, der heute dort schlief. Und da die Kassette verschlossen war, habe ich das Schloß aufgebrochen, und dann habe ich das hineingetan, was ich entnommen hatte: nichts.»

Da erkannte der Pfarrer, daß es nicht allein auf den Willen ankommt.

57

Die Geschichte von dem Goldmacher

Es war einmal ein schlauer Kerl, der lebte von der Dummheit der Leute und wurde reich dabei. Aber das alles ging ihm viel zu langsam, und er wollte auf einmal zu viel Geld kommen. Was also tat er?

Er nahm hundert Goldstücke, die seinen bisherigen Gewinn ausmachten, bestrich sie mit Pech, ließ es trocknen und steckte alles in einen Beutel. Dann machte er sich auf in die nächste Stadt und pries sich als Goldmacher an. Und außer seinen Goldmünzen verkaufte er jedem, der Gold machen wollte, was man eben sonst noch dazu braucht: einen Schmelztiegel, wertloses Blech und andere Dinge. Und da die Leute verlangten, er solle ihnen erst zeigen, wie man Gold macht, tat er unter anderm seine Pechklümpchen in den Tiegel, und er arbeitete damit so lange herum, bis er etwas Gold gewonnen hatte.

Als der König hörte, es sei da ein Goldmacher, dem alles Volk nachlaufe, ließ er ihn an den Hof rufen. «Ich höre, du kannst Gold machen?» sagte der König. «Was ist dazu nötig?» – «Eure Majestät, ja, ich kann Gold machen. Man braucht dazu verschiedene Dinge, vor allem aber mein Zaubermittel.» – «Und wie heißt dieses Zaubermittel?» fragte der König. – «Es heißt ‹Cacaur›», sagte der Betrüger.

Nun, der König war zunächst mißtrauisch. Er wollte sehen, was der Mann alles in den Schmelztiegel gab, und es fiel ihm auf, daß er schwarze Klumpen hineinwarf. Aber am Ende fand sich wirklich in dem Tiegel Gold, und der König dachte, der Mann habe den Stein der Weisen entdeckt.

Und der König sagte: «Verkaufe mir so viel Cacaur, daß ich eine Million Goldstücke machen kann!» – «Majestät», antwortete der Gauner, «ich habe nur noch einen kleinen Rest Cacaur bei mir, da mir die Leute unterwegs alles abgekauft haben.» – «Und wieviel Cacaur braucht man, um eine Million Goldstücke herzustellen?» wollte der König wissen. – «Man braucht für fünfzigtausend Francs Cacaur», antwortete der Betrüger. – «Und wo kann man es bekommen?» fragte der König weiter. – «Ach, Majestät», entgegnete jener, «ich bin bis nach China gefahren, um das Cacaur einzukaufen. Die Reise ist lang, teuer und gefahrvoll.» – «Und würdest du wieder nach China fahren, um für mich diesen kostbaren Stoff zu kaufen?» – «Ja, aber ich müßte dann hunderttausend Francs bekommen.»

Der König rechnete im Kopf nach, wieviel er bei der Sache gewinnen würde, und er kam zu dem Ergebnis, daß ihm da noch neunhunderttausend Francs bleiben würden. Und so ging er darauf ein und ließ dem Schwindler hunderttausend Francs auszahlen. Der aber strich die Summe ein und machte sich aus dem Staube. Und er wurde nie wieder gesehen.

58

Turlendu

Es war nun einmal Turlendus Schicksal, nichts als eine Laus zu besitzen.

Er ging mit ihr in ein Haus, um zu sehen, ob dort wohl jemand auf seine Laus aufpassen wollte.

Und man sagte ihm: «Legt sie dorthin auf den Tisch!»

Nach einigen Tagen kam er dort wieder vorbei, um seine Laus zu suchen.

Man sagte ihm: «Mein Lieber, eine Henne hat deine Laus gefressen.» – «Ich werde klagen und ich werde schreien, wenn ich nicht mit dieser Henne davongehe!» – «Ihr braucht nicht zu klagen und Ihr braucht nicht zu schreien, nehmt die Henne, und macht Euch davon!»

Er nahm die Henne und ging in eine andere Herberge.

«Guten Tag, Turlendu. Kommt, Euch aufzuwärmen!» – «Ich friere nicht. Aber ich komme, um zu schauen, ob Ihr mir die Henne hier hüten würdet, wenn ich Euch darum bitte?» – «Aber ja! Setzt sie nur in den Hühnerstall!»

Nach einigen Tagen kam Turlendu, um seine Henne zu suchen.

Man sagte ihm: «Mein Lieber, die Henne ist in den Schweinestall gefallen, und ein Schwein hat sie gefressen.» – «Ich werde klagen und ich werde schreien, wenn ich nicht mit diesem Schwein weggehe!» – «Ihr braucht nicht zu klagen und Ihr braucht nicht zu schreien, nehmt das Schwein und macht Euch davon!»

Er nahm das Schwein und ging in eine andere Herberge.

«Guten Tag, Turlendu. Kommt, Euch aufzuwärmen!» – «Ich friere nicht. Aber ich komme, um zu schauen, ob Ihr mir dieses Schwein hüten würdet, wenn ich Euch darum bitte?» – «Aber ja! Stell es nur in den Schweinestall!»

Nach einigen Tagen kam Turlendu, um sein Schwein zu suchen.

«Mein Lieber, am andern Tag ist das Schwein in den Maultierstall gegangen, und das Muli hat ihm einen Schlag mit seinem Huf versetzt und das Schwein erschlagen.» – «Ich werde klagen und ich werde schreien, wenn ich nicht mit diesem Maultier davongehe!» – «Ihr braucht nicht zu klagen und Ihr braucht nicht zu schreien, nehmt das Muli, und macht Euch davon!»

Turlendu nahm das Maultier und ging in eine andere Herberge.

«Guten Tag, Turlendu. Kommt, Euch aufzuwärmen!» – «Ich friere nicht. Aber ich komme, um zu schauen, ob Ihr mir das Maultier hütet, wenn ich Euch darum bitte?» – «Aber ja! Laßt es nur hier!»

Nach einigen Tagen kam Turlendu, um sein Maultier zu fordern.

«Mein Lieber, einmal hat das Mädchen Euer Muli zum Tränken geführt, und da ist das Muli in den Brunnen gefallen.» – «Ich werde klagen und ich werde schreien, wenn ich nicht mit dem Mädchen davongehe!» – «Ihr braucht nicht zu klagen und Ihr braucht nicht zu schreien, nehmt das Mädchen, und macht Euch davon!»

Turlendu nahm das Mädchen und steckte es in einen Sack. Den Sack nahm er auf den Rücken und ging damit in eine andere Herberge.

«Guten Tag, Turlendu. Kommt herein, Euch aufzuwärmen!» – «Ich friere nicht. Aber ich komme, um zu schauen, ob Ihr mir auf meinen Sack aufpaßt, wenn ich Euch darum bitte?» – «Aber ja! Stellt den Sack hinter die Türe!»

Turlendu stellte den Sack ab und ging davon.

Unter der Zeit, da Turlendu nicht da war, ließ man das Mädchen heraus und steckte einen großen Hund in den Sack hinein.

Nach einiger Zeit kam Turlendu, um seinen Sack zu verlangen. Er nahm ihn auf den Rücken und ging damit davon.

Nachdem er den Sack aber ein gutes Stück geschleppt hatte, wurde er müde. Und da sagte er: «Lauf nun selber ein wenig, denn ich habe es satt, dich immer zu tragen!»

Als er aber seinen Sack aufmachte, sprang der große Hund heraus, biß ihm die Nase ab und lief damit davon.

Da rief Turlendu: «Von einer Laus zu einer Henne – von einer Henne zu einem Schwein – von einem Schwein zu einem Muli – von einem Muli zu einem Mädchen – von einem Mädchen zu einem großen Hund, der mir die Nase abgebissen hat und damit davongelaufen ist!»

D'un pezoulhet à uno pouleto –
d'uno pouleto à un pourquet –
d'un pourquet à uno miouleto –
d'uno miouleto à uno felheto –
d'uno filheto à un chinas, –
que m'a empourtat lou nas!

Nachwort

Et a Leon trobiei fon
on sorzon var vestimen
et aurs mesclatz ab argen,
et en estiu, can neus fon.
i nais temprada freidors
et entorn nadal calors,
ex si vilans en bevia,
cortes et adretz seria,
e'ill marrit e li consiros
en tornon alegre ioios
e'ill paubre manent qui la van.

Und in Leon fand ich eine Quelle,
aus der verschiedene Kleidungsstücke hervorquellen,
und Gold vermischt mit Silber,
und im Sommer, wenn der Schnee schmilzt,
geht dort angenehme Kühle aus,
und um Weihnachten Wärme,
und wenn ein Bauer aus ihr tränke,
würde er höfisch und gewandt sein,
und die Traurigen und die Bedrückten
kehrten von ihr heiter und froh zurück,
und die Armen werden reich, die zu ihr gehen.

In diesen Versen des Troubadours Guillem Magret klingen zweifellos Erinnerungen an Märchenmotive an, so wie wir auch aus dem Munde anderer provenzalischer Troubadours teils Reminiszenzen an und teils Umformungen aus der volkstümlichen Erzähltradition besitzen. Aus dem alten, indischen Requisitenschatz stammt sowohl bei Arnaut von Carcasses die Geschichte vom Papagei als Liebesboten wie bei Peire Cardinal der Schwank vom Zauberregen, der in einer Stadt alle Leute verrückt macht bis auf einen Mann, der den Regen zu Hause verschlafen hat. Als einziger Vernünftiger unter lauter Narren gilt dann er selber als verrückt.

Aber über diese Namen hinaus ließen sich noch weitere Geschichten von berühmten und von kaum bekannten altprovenzalischen Dichtern zitieren, aus denen wir entnehmen dürfen, daß auch die höfische Dichtungsepoche zwischen dem 11. und 13. Jahrhundert Märchenmotive nicht verschmähte. Das war zu jener Zeit, als der provenzalischen Sprache ein geradezu internationaler Charakter zukam und die provenzalische Kunstliteratur an den abendländischen Fürstenhöfen von Sizilien bis nach Portugal und Deutschland bewundert und nachgeahmt wurde. Schon damals war der Begriff «provenzalisch» nicht an die gleichnamige Provinz an der Rhône-Mündung gebunden.

Die Troubadours nannten ihre eigene Sprache teils «lemosi» (nach der Landschaft Limousin), teils «Lenga romana» (oder einfach «romana» als Gegensatz zum Latein), und schon bei Historikern des 1. Kreuzzuges finden wir den Ausdruck «provensal» (aus provincialis).

Wir müssen aber auch heute noch unterscheiden zwischen der Provinz «Provence» und dem über diese Landschaft hinausreichenden südfranzösischen Sprachraum. Es mag für manchen verwirrend sein, zwei Bedeutungen unter einem Begriff zu finden, aber in anderer Weise ist es mit «deutsch» ja ähnlich. Und die Verwirrung wird nicht geringer, wenn heute ein Teil der Wissenschaftler, vor allem in Frankreich, unser Sprachgebiet mit «occitanisch» umschreibt. Damit ist zwar gegenüber dem Französischen als der «Langue d'oil» genauer der Gegensatz aufgedeckt, der eben für «ja» das Wort gebraucht, das der «Langue d'oc» ihren Namen gegeben hat; aber man muß letzten Endes auch beim Occitanischen zwischen der Landschaft der Languedoc im engeren Sinne und dem gesamten Idiom des Midi unterscheiden.

Wir sind bei «provenzalisch» geblieben, weil die großen internationalen Forschungswerke diesen Terminus ebenso verwenden wie die deutschen Konversationslexika. Wir verstehen so unter provenzalisch die zweite große in Frankreich gesprochene galloromanische Sprache, die freilich im Unterschied zum Französischen nie offizielle Staatssprache wurde und der auch ein Zentrum fehlt, das – wie Paris für das Französische – die Einheit gesichert hätte.

Der Band soll Märchen aus den verschiedenen Dialekten des Midi bringen, so daß die Sprache das Kriterium bildet, nach dem die Grenzen zu ziehen sind. Wir folgen dabei der üblichen Einteilung, wie sie auch von der wohl größten romanischen Chrestomathie (Bukarest 1971) vorgenommen wurde, und die den provenzalischen Sprachraum aufgliedert in:

Provenzalisch (im engeren Sinne der so benannten Provinz), Auvergnatisch (Auvergne), Limousin, Occitanisch (Languedoc) und Gascognisch.

Darüber hinaus haben wir auch das Francoprovenzalische berücksichtigt, das von der genannten Chrestomathie als zwischen dem Französischen und dem Provenzalischen stehendes Idiom geführt wird. Diese Dialekte umschreiben zugleich den Raum, der sich zwischen den Pyrenäen und Savoyen erstreckt und der im Norden fließend verläuft und nur vage mit der allgemeinen Linie, die dem Rhône-Lauf von der Schweizer Grenze bis Lyon und etwa dem Lauf der Charente entspricht, angedeutet wird. So halten wir etwa die Mitte zwischen den «Groß-Occitanisten», die wie Henri

Espieux (Histoire de l'Occitanie, Agen 1970) auch noch das Katalanische umfassen und so den Raum von Valencia bis Cuneo ausdehnen, und den «Kleinprovenzalisten», die das Gascognisch-Béarnesische als eigene Sprache betrachten und ebenso wie das Francoprovenzalische ausschließen.

Soweit die Grenze nicht im Gebirge verläuft, läßt sich als Kennzeichen des Südens von Frankreich die Olivenkultur anführen. Aber zum umschriebenen Raum müssen wir eine große Einschränkung machen: die größeren und mittleren Städte sind längst französisiert. Das provenzalische Idiom wurde schon seit längerer Zeit fast nur noch auf dem Lande gesprochen, wenn man von einigen Orten absieht, wie sogar Marseille, wo man immer noch Viertel findet, in denen unser Dialekt in der Umgangssprache zu hören ist, auch wenn das Französische die Schriftsprache bildet.

Wichtiger als solche Sprachfragen mag für unsere Leser das Problem sein, inwieweit sich das provenzalische Märchen vom französischen unterscheidet. Die Verschiedenheit der Volkserzählungen beider Sprachen hat mehrere Ursachen. Zunächst einmal fehlt der Volksliteratur des Midi trotz der altprovenzalischen Dichter und der neuprovenzalischen Literaturschule des Felibrige jenes Gegenüber, das bei der französischen Volksliteratur evident ist. In dieser Hinsicht stehen die provenzalischen Märchen etwa den bretonischen näher, die auch mehr Distanz zum sogenannten «Buchmärchen», um eine Formulierung von Max Lüthi zu gebrauchen, gewahrt haben. Der Einfluß des «conte de fée» aus der Zeit von Perrault, d'Aulnoy, L'Héritier usw. ist in vielen französischen Märchen zu erspüren; dem provenzalischen Märchen stehen dagegen die alten spanischen und italienischen Quellen auf literarischer Ebene – das heißt Petrus Alfonsi, Juan Manuel, Cento novelle antiche, Straparola und Basile – näher.

Unterschiede ergeben sich aber auch, weil innerhalb der einzelnen provenzalischen Idiome der Volksliteratur gegenüber der Dichtung eine wesentlich größere Rolle zukommt als im Norden Frankreichs. Wer sich mit der Differenz zwischen Dichtungssprache und Umgangssprache beschäftigen will, findet bei Fausta Garavini («L'empèri dóu soulèu – La ragione dialettale nella Francia d'oc», Milano 1967) nähere Aufschlüsse.

Und endlich ist nicht zu übersehen, daß sich auch die Unterschiede zwischen dem stärker industrialisierten Norden und dem mehr rustikalen Süden und zwischen den verschiedenen Temperamenten und Mentalitäten in der Volkserzählung bemerkbar machen müssen. Nicht nur das landschaftliche Gepräge des Südens, seine Pflanzenwelt, seine Haus- und Siedlungsformen sind anders.

Die Menschen unter diesem südlichen Himmel haben seit jeher andere Lebensformen gehabt, einen anderen Rhythmus in ihrem Blute gespürt. Heute kommt noch hinzu, daß man – zumal im Gebirge – Gegenden im Süden finden kann, die wohl nicht stärker besiedelt sind als im Mittelalter. Die Abwanderung hat manche Ortschaften in eine Stille zurücksinken lassen, bei der die Idylle über den wirtschaftlichen Notstand hinwegtäuscht. Nicht alle Gegenden haben aus dem touristischen Interesse am Süden den Nutzen ziehen können.

Es ist aber nicht nur die Landschaft und mit ihr der Mensch anders als im Norden Frankreichs. Die starke dialektale Zerklüftung des Provenzalischen und das Fehlen eines kulturellen und politischen Zentrums und einer einheitlichen Schriftsprache hat die Volkserzählung weniger dem Einfluß der Literatur ausgesetzt und ihrem Stil gewisse archaische Eigenheiten, wie Tempussprung und adjektivistischen Reichtum, erhalten. Leider nivellisiert die Übersetzung die Unterschiede zwischen dem französischen und dem provenzalischen Erzähler, und man müßte sich schon die Originaltexte ansehen. Aber einige allgemeine Züge lassen sich vielleicht doch kurz charakterisieren. So steht etwa der Erzähler unseres Raumes jenem Italiens und der Insel Corsica und

Sardinien näher als jenem Nordfrankreichs, der Bretagne oder Spaniens. Seine besondere Freude gilt dem Dialog, wie es denn Geschichten gibt, die fast ausschließlich in direkter Rede erzählt werden. Diese Neigung zum Dialog führt dazu, daß manche Märchen auch teils von Puppenspielern, teils von Kindern gespielt wurden, wie wir es noch selbst beobachten konnten. Auffallend ist die Neigung zum Übertreiben, die rabelais-artige Ausmaße annehmen kann. Das Übertreiben und der Hang zum Phantastischen steht dabei in einem krassen Gegensatz zum sonstigen Nüchternheitssinn und zum realistischen Zug des provenzalischen Erzählers, einer Eigenart, die er mit dem Katalanen teilt. Alphonse Daudet, der große – französisch schreibende – Prosaist des Südens, sagte einmal, die «Lügenhaftigkeit» der Provenzalen sei dem Einfluß der Sonne und des Lichtes zuzuschreiben. Das klare Licht und die strahlende Sonne würden die Dimensionen der Landschaft größer scheinen lassen, die Durchsichtigkeit der Luft selbst entfernte Dinge in greifbare Nähe rücken, «ce beau soleil qui fait mentir ingénuement». Die Neigung zum Übertreiben, überhaupt die wuchernde Phantasie haben aber ihre Ursache auch in einer natürlichen Beredsamkeit. Ein Sprichwort behauptet, ein Südfranzose müsse sprechen, um denken zu können. (Derartige Züge wird man heute freilich leichter bei Politikern als bei Märchenerzählern beobachten können, soweit man nicht beide auf *eine* Stufe stellen will.)

Wenn Daudet den Südfranzosen als einen «Français exagéré» bezeichnet, so hat er indirekt damit auch etwas über die provenzalische Volksliteratur ausgesagt.

Wir haben diesen Band jedoch nicht wie sonst nach landschaftlichen Gesichtspunkten zusammengestellt, sondern einer Einteilung nach Gattungen den Vorzug gegeben. Auffallend ist die Häufung von Mischtypen wie Legenden- und Sagenmärchen sowie der starke Einfluß des Christentums auf die Erzähltradition.

Ferner vermerken wir die Tatsache, daß häufig Ortsnamen begegnen, während sonst Ort- und Namenlosigkeit dem Volksmärchen eigentümlich und das Vorkommen von Ortsbezeichnungen mehr der Sage entsprechend sind. In den provenzalischen Märchen aber stoßen wir immer wieder auf die Namen von Städten, Flüssen oder Bergen.

Für den Leser, dessen Interesse einer bestimmten Provinz gilt, stellen wir hier einen Schlüssel für die einzelnen Landschaften zusammen.

Provence (im engeren Sinne): Nr. 8, 9, 10, 11, 12, 21, 37, 41, 42, 49, 54, 55.
Francoprovenzalisch: Nr. 34, 35.
Auvergne: Nr. 3, 16, 18, 31, 32, 33, 36, 37, 45, 53.
Limousin: Nr. 2, 7, 20, 23, 27, 28, 44, 51.
Languedoc: Nr. 1, 6, 8, 26, 29, 30, 39, 48, 49, 57, 58.
Gascogne: Nr. 4, 14, 15, 17, 19, 21, 24, 25, 40, 41, 46, 47, 52, 54.

Für die Auswahl unserer Texte standen uns außer den in der Bibliographie angeführten Büchern und Zeitschriften, deren Material sehr unterschiedlich ist, auch mehrere teils private, teils halboffiziöse Archive zur Verfügung, für deren Benützung wir uns an dieser Stelle aufrichtig bedanken. Von besonderem Wert waren die Sammlungen des 1971 verstorbenen guten Kenners der südfranzösischen Volkskultur M. Henri Noël und der 1966 allzufrüh verschiedenen Thordis von Seuss-Wirwitz.

Monsieur Noël, von Beruf Weinhändler, hatte bereits in seiner Jugend Interesse vor allem an Volkskunst gefunden, vertauschte später das Studium der Geographie an der Universität Bordeaux mit dem der Kunstgeschichte, landete aber endlich beim Gewerbe seines Vaters. Seine älteren Märchenaufzeichnungen waren stenographiert und sind heute schwer zu entziffern, weil das Stenogramm eines umgangssprachlichen Dialekt-Textes notgedrungen zu eigenen, das heißt individuellen Kürzeln führt. Es sei hier auch Mlle Lucienne Gilly gedankt, die bei der Verifizierung einiger Texte eine unersetzliche Hilfe geleistet hat.

Die älteren Ausgaben provenzalischer Märchen sind leider teilweise – wie das meiste von Bladé – bereits in französischer Übersetzung. Bladé hat jedoch noch Leben und Eigenart seiner Erzähler im Ton gut getroffen, was anderen Sammlern weniger gelungen ist. Unter den jüngeren Sammlern und Forschern ist Charles Joisten der erfahrenste und sorgfältigste, so daß auch seine ins Französische übersetzten Texte dem Leser empfohlen werden können.

Dieser Band gelte als Dank und Gruß an Rodolphe und Georgia, unsern gemeinsamen Freunden in Frankreich und Österreich.

Februar 1974 — *Gertrude Gréciano*, Saverne — *Felix Karlinger*, Seekirchen

ANHANG

Anmerkungen und Quellennachweise

Bei Hinweisen auf andere Märchentitel der Reihe beziehen sich die Seitenangaben auf die gebundene Ausgabe der Diederichs Märchen der Weltliteratur.

1 Die neun Wölfe. (Joisten S. 129. – Aufgenommen im Oktober 1953, erzählt von Paul Coumes, 47 Jahre, aus Taurignan-Vieux. – Übersetzung: Karlinger.) Ähnliche Tierschwänke, in denen die schwächeren Tiere gegen die stärkeren triumphieren, sind in ganz Südfrankreich sehr beliebt. (M. Camelat, Contes d'animaux du Lavedan, in «Mélusine», X, S. 5.)

2 Karneval für vier kleine Tiere und vier große. (Roche S. 106. – Erzählt von Jean Fauvet. – Übersetzung: Gréciano.)

Dem Sammler sind noch mehrere limousinische Varianten hierzu bekannt. Gegenüber den Bremer Stadtmusikanten (KHM 27) ist hier, wie auch in unserer Nr. 1, die Freude an der Übertreibung und am Schwank stärker ausgeprägt. Die älteste Quelle ist wohl der «Ysengrinus» des Magister Nivardus aus dem 12. Jahrhundert.

3 Die Beichte der Tiere. (Sammlung Noël. – Erzählt durch Jean Bonnerot aus St. Saturnin. Aufgezeichnet 1936. – Übersetzung: Karlinger.) Zu diesem Tierschwank kennen wir keine unmittelbare Parallele; dagegen gehört er im weiteren Sinne zur Wallfahrt der Tiere, die ebenfalls auf den Ysengrinus zurückgeht, aber meist einen anderen Schluß hat. (Siehe etwa: Weber, Ital. Märchen in Toscana, Halle 1900, S. 36; Gonzenbach, Sicilianische Märchen, 1870, Nr. 66; Karlinger, It. Volksmärchen, 1973, S. 53!) – Charakteristisch ist der moralisierende Ton; so wird verständlich, daß die Sünde, Armen etwas gestohlen zu haben, keine Verzeihung erlangen kann. Dieser Zug bildet einen Kontrast zu den sonstigen Schwankelementen.

4 Die Geißlein und der Wolf. (Arnaudin S. 105. – Aus dem Munde von Jean Saubesty, aufgenommen 1886. – Übersetzung: Gréciano.)

Zu diesem Märchen existieren auch wesentlich breiter erzählte Varianten, die vor allem meist den Dialog betont ausspielen. – Unsere Fassung ist eine interessante Spielform von KHM 5. Schon von der Leyen hat den Stoff als «ein Lieblingsmärchen Frankreichs, es hat dort seine Heimat» (Das dt. Märchen und die Brüder Grimm, 1964, S. 315.) bezeichnet. Einerseits besitzt es ein hübsches Lokalkolorit und mit der Anspielung auf die Wallfahrt nach Santiago zweifellos auch höheres Alter, andererseits wirkt es entschärft und vom

Grausigen mehr ins Schwankhafte übertragen, sozusagen ein Gegenstück zu unserer schaurigen Nr. 25.

5 Die Geschichte von den Ziegen. (Joisten S. 138. – Aufgenommen im September 1953. Erzählt von Albert Ormière, 66 Jahre, der die Geschichte in seiner Jugend in Arvigna gehört hat. – Übersetzung: Karlinger.) In Varianten zu diesem Märchen werden die Schafe zwar wie im Tischleindeckdich (KHM 36) richtig zur Weide geführt, doch lügen sie wie die Grimmschen Ziegen. Dieses Lügen der Ziegen bzw. Schafe stellt wohl die ältere Form dar und bildet meist das Motiv für die Wanderschaft der Söhne oder Töchter; im vorliegenden Text bleibt das Motiv dagegen stumpf. Mit dem Kater wird das Element des Tiermärchens verstärkt, sein Kampf mit dem Bären erinnert an die Auseinandersetzung des Katers mit dem Dämon in Perraults gestiefeltem Kater.

6 Der Bär und der Wolf. (M. Henri Noël kannte diesen Tierschwank seit seiner Kindheit und erzählte, daß er gern auch durch Puppenspieler widergegeben wurde. Er lokalisierte diesen Typus des Dialogmärchens, der auch von Kindern gern nachgespielt worden sei, in den Bereich des Limousin. – Übersetzung: Karlinger.)

7 Die kleine Ameise. (Claude Seignolle, Le folklore du Languedoc, Paris 1960, S. 49. – Übersetzung: Gréciano.)

Auch Kettenmärchen fanden früher in Südfrankreich Aufnahme ins Kinderspiel, wie man es im Mittelmeerraum mehrfach finden kann. (Siehe Karlinger, Ein sardisches Kettenmärchen, in «Festschrift f. Wilhelm Giese», Hamburg 1972, S. 347.) Ferner: Martti Haavio, Kettenmärchen-Studien, 2 Bände, Helsinki 1929 und 1932. Originaltext unseres Märchens mit Erläuterungen auch bei Karlinger, Märchenerzähler und Nacherzähler in der Romania, in «Serta Romanica», 1968, S. 263.

8 Der König von England. (Andrews S. 8. – Erzählt von Gioanina Piombo, genannt La Mova. – Übersetzung: Karlinger.)

Dieses Märchen erinnert in Einzelzügen an KHM 126. (Siehe Bolte/Polivka III, 18.) Ebenso steht es einem balkanischen Märchenkomplex nahe, der in der Fassung von Ion Creangă unter dem Titel «Harap Alb» besonders bekannt geworden ist. (Siehe hierzu: Ovidiu Bîrlea, Antologie de Proză Populară Epică, Bukarest 1966, Band I, S. 168!) – Siehe auch unsere Nr. 9!

9 Der Bursche und das Zauberpferd. (Sammlung Noël. – Aufgezeichnet 1938 nach der Erzählung der Dienstmagd Marie Fourès, aus Saint-Rémy-de-Provence, geb. 1866. – Übersetzung: Karlinger.)

Vergleiche mit unserer vorhergehenden Nummer! – Häufig wird das Zauberpferd am Schluß entzaubert und erweist sich als verhexter Mensch. In unserm Text ist dieser Zug nicht enthalten, und das Zaubertier zählt so zu den Requisiten.

10 Der Sohn des Grafen. (Sammlung Noël. – Aufgezeichnet 1938 in Bourdeaux [Drôme] aus dem Munde von Joseph Gros. – Übersetzung: Karlinger.)

Zwar hat sicher auch diese Erzählung – wie unser Text Nr. 49 – Anleihen beim Volksbuch gemacht, doch schlagen sich in der Eigenart der Abenteuer stärker orale Traditionen nieder. Auffallend ist die Rolle, die das Wasser spielt: im Wasser wird das Kind (wie Moses) gefunden, um Wasser des Lebens wird der Held ausgesandt, über Meer und Fluß kommt er ans Ziel. Im Zusammenhang mit dem Moses-Motiv kommt sicher auch der Name des Flusses Nil in unsere Geschichte; als Fundort wird dagegen ausdrücklich die Rhone genannt und so wieder ein stärker lokalisierender Zug, wie ihn das provenzalische und katalanische Märchen liebt, aufgegriffen.

11 Die Geschichte von den drei Brüdern. (Aufgenommen 1964 durch v. Seuss in La Valette (bei Toulon) aus dem Munde eines Matrosen, von dem nur der Spitzname Le Nez zu erfahren war. – Übersetzung: Karlinger.)

In KHM 129 sind es vier «kunstreiche Brüder», bei Basile (V, 7) sogar fünf Söhne, die sich auf besondere Künste verstehen und damit die Abenteuer meistern. Als Hauptquelle kommt wohl Somadewa in Betracht, wo ein Mädchen demjenigen zuteil werden soll, der den Drachen erschlägt. Unser Text hängt wohl zumindest mittelbar mit Basile zusammen, wo ebenfalls nicht einer der Söhne, sondern der Vater die Prinzessin erhält. Durch diesen Schluß gerät die ganze Geschichte stark schwankhaft, obwohl sie sonst im Gegensatz zu Grimm das Groteske nicht so sehr betont. – Bei Basile verstehen sich die fünf Brüder auf folgende Künste: Meisterdieb, Schiffbaumeister, Scharfschütze, Arzt (der mit einem Wunderkraut Tote wiederbeleben kann), Tiersprachenkundiger. Bei Grimm wird der erste Bruder ein Dieb, der zweite ein Sterngucker (der alles sieht), der dritte ein Jäger (mit einer Flinte, die alles trifft) und der vierte ein Schneider (mit einer Nadel, die alles flicken kann). Der provenzalische Text verkürzt die Zahl der Brüder auf die traditionelle Drei und verzichtet auf die schwankhafte Grimmsche Vorgeschichte. Neu eingeführt wird als Requisit eine Fischhaut, die an die Stelle des Steines bei Basile tritt. – Von der Leyen (D. Dt. Märchen und die Brüder Grimm, 1964, S. 201) hat auf den Zusammenhang dieses Stoffes mit jenem [ebenfalls indischen] hingewiesen, in dem es ebenfalls um die schwierige Frage geht, wem ein Mädchen gehören soll: ein Meister hat es aus einem Baumstamm geschnitzt, ein zweiter hat es geschmückt, ein dritter ihm die nötigen Attribute gegeben und ein vierter es endlich lebendig gemacht. – Siehe Bolte / Polivka III, 45 und 485!

12 Der Diamant. (Andrews S. 86. – Erzählt von Irène Panduro aus Menton. – Übersetzung: Karlinger.)

Daß ein Mädchen mit magischen Hilfsmitteln Burschen zwingt, die ganze Nacht über bei einer unlösbaren Aufgabe zu bleiben, so daß sie nicht zu ihr ins Bett kommen können, begegnet auch in mehreren italienischen Märchen, doch spielt das Zauberrequisit selten eine so witzige Rolle wie hier: ein Kind mit dem Weinen aufhören lassen. Der schwankhafte Untergrund wird an den sich prügelnden Polizisten und Polizistinnen ablesbar. Der sonst so realistische Zug wird durch derlei Übertreibung abgeschwächt.

13 Die Flöte von Meyot, dem Hirten. (Moncaut S. 107. – Übersetzung: Gréciano.) Obwohl der Stil verrät, daß Moncaut stark eingegriffen hat, bleiben doch einige wichtige Eigenheiten der mündlichen Erzähltradition, wie der Tempussprung, erhalten. Inhaltlich kontaminiert das Märchen eine Reihe bekannter Motive: der kleine Däumling (KHM 35 und 45), Der Jud im Dorn (KHM 110), Hüon von Bordeaux usw.; das Schwankhafte gewinnt streckenweise die Oberhand.

14 Der Querpfeifenspieler. (Arnaudin S. 69. – Erzählt 1882 vom Schafhirten Jean Daurys, genannt Bourit, 65, gebürtig aus Parentis-en-Born, wohnhaft in Labouheyre. – Übersetzung: Gréciano.)

Das Märchen folgt dem verbreiteten Typus von drei dankbaren Tieren und drei schwierigen Aufgaben, das in der ganzen Welt verbreitet ist, ohne auffallende Eigenheiten.

15 Die Trillerpfeife, die Prinzessin und die Goldäpfel. (Méraville, IV, S. 21. – Erzählt durch ein Mädchen von Saint-Flour, das die Geschichte von seiner Großmutter gehört hatte. Aufgenommen 1930. – Übersetzung: Gréciano.)

Nach P. Delarue Type 570 (sh. Anmerkungen zu den «Contes du Nivernais et du Morvan», S. 263.) KHM 165.

Dieses Zaubermärchen betont einerseits die erotische Seite in nicht zu übersehender Weise und strapaziert andererseits außergewöhnlich die zu lösenden Aufgaben: Apfel auffangen, Hasen hüten, Erbsen und Linsen auseinanderlesen, einen Backofen voll Brot aufessen, einen Sack mit Lügen füllen. Gegenüber den sonst üblichen drei Aufgaben – in Südeuropa auf zwei (Hasen hüten und Sack füllen) verkürzt – stehen hier also fünf bzw. sechs Episoden, die der Held zu bewältigen hat.

16 Die schöne Jeanneton. (Bladé II, S. 26. – Erzählt von Mlle Marie Sant aus Sarrant (Gers). – Übersetzung: Lüthi S. 190.)

Daß auf der magischen Flucht die Flüchtlinge anscheinend zusammenhanglose oder unverständliche Worte murmeln, stellt wohl eine Art Abwehrzauber dar, der freilich in unserm vorliegenden Text weniger evident ist, weil die in Tiere Verwandelten auch die Sprache der Tiere aufgreifen. Der Zaubergegenstand, der durch sein Sprechen überhaupt die Flucht ermöglicht, besteht in der Regel aus Ingredienzien, die etwas vom Körperlichen des Flüchtenden an sich haben: Blut, Speichel, Nägel, Haare, ein Stück Haut, ja in einem Fall sogar ein abgehackter Finger. An seine Stelle kann in Ausnahmefällen eine helfende Pflanze (vor allem ein Baum oder eine Blume) oder ein Tier treten.

17 Die Tochter der Fee. (Sammlung Noël. – Aufgenommen 1950 in St. Donat aus dem Munde von Jean Chomton. – Übersetzung: Karlinger.)

Die Prinzen auf der Brautschau entsprechen dem üblichen Schema der Volkserzählung, aber daß unter ihnen kein Neid und keine Eifersucht besteht, sondern die Faulheit ihnen ihr Charakteristikum gibt, bringt mit sich, daß keine Spannungen entstehen, sondern die Brüder in Eintracht leben. An die Stelle des Zauberpferdes (siehe unsere Nr. 8 und 9) tritt hier ein Esel. Soll man auch darin einen Ausdruck des Witzes oder südliches Lokalkolorit erkennen? Die magische Flucht ist um eine sonst seltene Nuance bereichert, und der Schluß schlägt ins Schwankhafte um. – Das eingelegte Lied, von dem Noël zwar berichtet, daß es gesungen wurde, jedoch leider keine Noten vorliegen, erinnert uns textlich auffallend an das Lied des Astraleus in Franz Poccis Märchenstück «Aschenbrödel». Zufall? Oder hat Pocci noch in der Romania Märchen erzählen gehört? – Im Bild der in eine blinde Stallmagd verwandelten Feentochter liegt wohl eine Erinnerung an den Typus des Aschenputtels, wenn auch die Gestalt völlig passiv bleibt.

18 Der Schmied Elend. (Arnaudin S. 17. – Aus dem Munde des Harzsammlers Etienne Baleste, genannt Noun, 40 Jahre, gebürtig in Luë, wohnhaft in Labouheyre. – Übersetzung: Gréciano.)

In Südfrankreich gilt der Gruß «adieu» meist sowohl bei der Begegnung wie beim Abschied. – Zur vorliegenden Version der Geschichte gibt es in den Landes noch mehrere Varianten. In einer drückt sich der Teufel in seinem Vertrag sehr zweideutig aus und kommt bereits nach fünf Jahren wieder, und als der Schmied Elend dagegen protestiert, sagt der Teufel: «Ich rechne die Nächte gleich den Tagen. Es sind also fünf Jahre Tage und fünf Jahre Nächte vergangen, macht zusammen zehn Jahre.» So wird das Überlisten des Betrügers moralisiert. – In anderen Varianten tritt – wie in Nordfrankreich – ein Birnbaum oder – wie in Spanien und Italien – ein Orangenbaum an die Stelle des Apfelbaumes.

19 Der Spieler. (Roche S. 99. – Erzählt von Antoine Merle. – Übersetzung: Gréciano.)

Siehe die Anmerkung zur vorigen Nummer!

20 Gevatter Louison und die Mutter des Windes. (Arnaudin S. 37. – Aus dem Munde des Schafhirten Baptiste Sournet, genannt Pit, aus Commensacq, etwa 70 Jahre alt. – Übersetzung: Gréciano.)

KHM 36 = Tischleindeckdich. – In nord-, südfranzösischen und spanischen Varianten steigt der Held an einer Ranke zum heiligen Petrus ans Himmelstor hinauf, um von ihm die drei Zaubergaben zu erhalten. Die von uns ausgewählte Fassung hat eine besondere Vorliebe für drastische Effekte und für einen heiteren Schluß, und in diesem derbkomischen Effekt trifft sie sich mit einer apulischen Variante. (Karlinger, Ital. Volksmärchen S. 96.)

21 Die Jahreszeiten. (Aufgenommen 1964 durch v. Seuss in La Valette (Siehe Anmerkung zu Nr. 11!) – Übersetzung: Karlinger.)

Der Stoff ist uns von Basile her bekannt (V, 2), nur treten sonst meist die zwölf Monate auf, und je nach der Gegend gilt der Februar, März oder April als unbeliebt. Immer zeigt sich der Unbeliebte als freigebig, wenn er nicht beschimpft, sondern verteidigt wird wie in unserer Erzählung der Winter. Mit den Worten: «gib mir hundert» greift unser Erzähler auf Basile (oder beide auf eine gemeinsame Quelle) zurück. Dieser Satz aber macht die Lehre erst besonders drastisch und festigt die Wirkung beim Publikum.

22 Die Hornissen der Hexe. (Sammlung Karlinger. – Aufgenommen 1963 in Paris. Im Dialekt erzählt von Valère Rouard aus Limoges, der die Geschichte von seinem Großvater aus Meuzac gehört hatte. – Übersetzung: Karlinger.)

Daß ein Vater seine faule Tochter züchtigt, dem des Weges kommenden König jedoch erklärt, es geschähe wegen des zu großen

Fleißes der Tochter, ist ein vom Balkan bis Portugal beliebter Zug, der auch in Frankreich bereits im «Ricdin-Ricdon» der Mme l'Héritier (1706) begegnet. An die Stelle des gegen die Zusage, ihm das erste Kind zu überlassen, helfenden Dämons tritt in unserm Text eine Hexe. Ungewöhnlich ist die Art der Hilfe: eine Nuß, die helfende Hornissen enthält. Hornissen und Wespen treten sonst gelegentlich in südfranzösischen Sagen als Schatzhüter auf, während hilfreiche Geister (auch Engel unter der Gestalt von Insekten!) sonst eher als Bienen oder Hummeln begegnen. Siehe auch: Giuseppe Vidossi, Sa musca Macedda, in «Saggi e scritti minori di folklore», Torino 1959, S. 157!

23 Der Drache und die schöne Florine. (Perbosc. – Deutsche Übersetzung durch Helmi Heckelsberger in «Es war einmal – Märchen der Völker», herausgeg. und eingeleitet von Sigrid Massenbach, Baden 1958, S. 144.)

24 Das Schwert des Heiligen Petrus. (Bladé I, S. 148. – Erzählt von dem verstorbenen Cazaux. – Übersetzung durch Konrad Sandkühler in «Der Davidswagen», Stuttgart 1954, S. 38.)

Die Gascogne ist jene südfranzösische Landschaft, die wohl noch am stärksten Erinnerungen an die Maurenkriege erhalten hat. Nur in kalabrischen und katalanischen Varianten (Meier/Karlinger, Spanische Märchen Nr. 57 – Karlinger, Ital. Volksmärchen Nr. 33) stoßen wir auf Varianten hierzu. – Die Aufforderung, Speck und Eier einzusammeln, entspricht einem in den Pyrenäen lange verbreiteten Brauch, daß demjenigen, der ein Raubtier getötet hatte, ein Deputat in Naturalien von seiten der Bauern und Hirten zustand. – In Parallelen zu unserm Stoff kann sowohl ein Heiliger allein als Helfer des Helden auftreten, was die Variante dann mehr in den Bereich der Legende rückt, oder auch ein einzelnes Tier kann als Beschützer des Helden wirksam werden, was mehr dem Habitus des Zaubermärchens entspricht.

25 Das kleine Rotkäppchen. (E. Rolland in «Mélusine» III, S. 271. – Übersetzung: Ernst Tegethoff S. 259.)

Wir haben in dieser Variante des bekannten Märchens vermutlich eine vor Perrault liegende Fassung. Dafür spricht der anthropophagische Zug, der auch italienischen und griechischen Versionen zugrunde liegt. (Siehe z. B. Karlinger, Ital. Volksmärchen S. 91 und Anmerkung hierzu S. 273!)

26 Grosse-Botte und La Ramée. (Roche S. 135. – Aus dem Munde von Jean Fauvet. – Übersetzung: Gréciano.)

Vergleiche auch KHM 16! – Dieses mit so heterogenen Elementen durchmischte Märchen ist in ganz Frankreich, besonders in der Bretagne, sehr beliebt. Die Bestrafung des Verführers und der ungetreuen Gattin sowie die Wiederverheiratung des Helden finden sich bereits in indischen Märchen. In Europa wurde der Stoff besonders auch in der Form «Das Löwenkraut» (die sardische Variante bei Karlinger, Sardische Märchen S. 31) verbreitet und ist bis nach Rußland gedrungen.

27 Der Zauberer. (Roche S. 58. – Erzählt von Jean Fauvet. – Übersetzung: Gréciano). Der Kampf der Magier untereinander und gegeneinander führt uns bis zu den ältesten Zaubergeschichten zurück, die uns aus den altägyptischen Texten vertraut sind. (E. Brunner-Traut, Altägyptische Märchen, 1963, S. 192.) Bis herauf zum Gaudeif (KHM 68) ist das Thema in der Erzähltradition lebendig geblieben, und noch unsere limousinische Variante schließt sich relativ eng an den indischen Prototyp an.

28 Bärenhans. (Armana Prouvençau, 1908, S. 82. – Text im Original und in Übersetzung in Karlinger, Einführung S. 201.)

Das Bärensohn-Märchen gehört zu den beliebtesten Stoffen auf beiden Seiten der Pyrenäen. Außer in provenzalischer Fassung ist es auch in katalanischer, spanischer und baskischer belegbar. – Man denkt auch an KHM 166. In unsere Version, die wiederum durch das christliche Beiwerk auffällt, mischen sich mit dem Ewigen Juden auch Bestandteile des Volksbuches, dessen moralisierender Tendenz unser Märchen nahesteht. Der Bär, der das Kreuz schlägt, wird stark vermenschlicht und gibt die Züge des Walddämons auf. Dagegen schwächt der Erzähler durch starkes Übertreiben – «er befreite hundert Mädchen» – die realistischen Züge wieder ab. Der heilige Georg und Siegfried stehen unter den Ahnen dieses Bärensohnes.

29 Der starke junge Mann. (Romania, XII, S. 575. – Text im Original und in Übersetzung in Karlinger, Einführung S. 209.)

Die Vorstellung, daß die Kraft eines Helden daher rührt, daß ihn die Mutter zwanzig Jahre lang gestillt hat, ist in Asien gelegentlich belegbar, in Europa jedoch sehr selten. Man wird an Herakles erinnert, der neben seiner Abstammung von Zeus seine Kraft auch der Muttermilch der Hera verdankt.

Im Gegensatz zum vorhergehenden Märchen fehlen hier moralisierende Tendenzen und der Legendenstil; dafür treten schwankhafte Elemente in den Vordergrund.

30 Der heilige Johannes und der alte Soldat. (Sammlung Noël. – Aufgenommen 1950 in St. Donat aus dem Munde von Jean Chomton. – Übersetzung: Karlinger.)

Leider war nicht in Erfahrung zu bringen, ob irgendwo ein «Tour de St. Jean» existiert; es ist jedoch nicht ausgeschlossen, daß ein sagenhafter Turm, der nach einem anderen Heiligen benannt ist, vom Erzähler einfach umgetauft wurde. Parallelen zu dieser so frisch und humorvoll erzählten Geschichte lassen sich sonst nirgendwo nachweisen.

31 Der heilige Eligius, der Schmied. (Méraville XV, S. 104. – Aus dem Munde einer Großtante des Sammlers, einer Klosterfrau. Sie wurde 1842 in Concat geboren und starb in Saint-Flour 1922. Sie erzählte gemäß Méravilles Angaben mit viel Humor gern lustige Geschichten. – Übersetzung: Gréciano.)

Méraville verweist auf eine Synthese von Moulé in «Bulletin de la Société Française d'Histoire et de Médecine», Paris 1910.

32 La Pardonnée = Die, der vergeben wurde. (Méraville XVIII, S. 124. – Aufgezeichnet von Durif 1862 in Le Guide (Cantal). – Übersetzung: Gréciano.)

Als «Beatrix die Küsterin» ist uns die Legende seit Caesar von Heisterbach vertraut. Siehe hierzu auch: H. Watenphul, Geschichte der Marienlegende von Beatrix der Küsterin; Neuwied 1904! – Es ist interessant, daß diese tröstliche Legende von der Muttergottes, die für ein leichtsinniges Mädchen einspringt, hier in Südfrankreich lokalisiert wird. Vermutlich hat der Stoff über ein Erbauungsbuch des 17. Jahrhunderts den Weg zurück in die Volkserzählung gefunden.

33 Der Schatz. (Sammlung v. Seuss. – Aufgenommen 1962 in einem Kloster des Val d'Aosta. – Übersetzung: Karlinger.)

Dieses Legendenmärchen geht vermutlich auf eine Erzählung aus einem Buddha-Leben zurück, die schon zeitig im Mittelalter in christianisierter Form im Abendland heimisch wurde. Sie begegnet ähnlich in den «Cento novelle antiche» (bei Gualteruzzi Nr. 83) und bei Chaucer (Canterbury Tales, Erzählung des Ablaßhändlers) und in verschiedenen Exempla-Sammlungen.

34 Woher Gold und Silber kommen. (Sammlung v. Seuss. – Aufgenommen 1962 in einem Kloster des Val d'Aosta. – Übersetzung: Karlinger.) Gold wird bei manchen amerikanischen Naturvölkern als Sonnenblut gedeutet. Clive Staples Lewis hat diese mythische Deutung sogar in einem seiner Romane (Out of the Silent Planet) aufgenommen und als festen Terminus verwendet. – Der hl. Michael zählt zu den früh volkstümlich gewordenen Teufelsbekämpfern; zugleich ist er als Todesengel Geleiter und Schützer der Seelen. Am Sonntag nach dem Michaelsfest las man früher die «goldene Messe» für die Abgeschiedenen. – So treffen sich vorchristliche und christliche Vorstellungen in unserer Erzählung.

35 Der Paradiesvogel. (Sébillot S. 149. – Übersetzung: I. Übleis.)

Das Motiv ist im gesamten europäischen Raum sehr verbreitet und mehrfach untersucht worden. Lutz Röhrich, Erzählungen des späten Mittelalters und ihr Weiterleben in Literatur und Volksdichtung bis zur Gegenwart, Bd. I, 1962, S. 124–145 bringt dazu eine Reihe interessanter Belege. Die Legende gehört in den Bereich des Siebenschläfer-Motivs, das Michael Huber (Die Wanderlegende von den Siebenschläfern, Leipzig 1910.) gründlich erforscht hat. – Der Stoff von der Relativität der Zeit hat auch in Südfrankreich sein Gegenstück, indem für den Märchenhelden Jahre verstreichen, während er im Jenseits verweilt, zurückgekehrt stellt er jedoch fest, daß er nur eine Stunde von daheim weg war. Die Darstellung des zeitlichen Jenseits ist für den Erzähler einfacher, indem er das Abstrakte der Zeit in die konkrete Erfahrung umsetzt und bildhaft wiedergibt.

36 Die armen Seelen. (Revue des Traditions Populaires, III, S. 581. – Mitgeteilt von Antoinette Bon, 1888. – Übersetzung: I. Übleis.)

Der Originaltext enthält auch die Melodie des Liedes, das also wirklich gesungen und nicht nur gesprochen wurde. – Wir kennen das Motiv meist aus dem Bereich von Sagen über Zwerge oder Feen, die dem Mädchen zum Dank für die Vollendung des Liedes ein Geschenk machen (oder etwa einen Buckligen von seinem Leiden heilen). Unser Text ist aber nicht knapp und sagenhaft, sondern mehr märchenhaft in die Breite erzählt und mit Seitenzügen ausgeschmückt. Wenn hier Seelen an die Stelle der vorchristlichen Jenseitswesen treten, so zeigt sich wiederum der starke Einfluß christlichen Gutes im Rahmen der provenzalischen Erzählpraxis.

Siehe auch: Karlinger, Die Funktion des Liedes im Märchen der Romania, Salzburg 1968.

37 Der heilige Josef und die Säge. (Palazzi S. 170. – Übersetzung: Karlinger.) Dieser ätiologische Schwank vom geprellten, dummen Teufel stammt vermutlich aus der volkstümlichen Erbauungsliteratur. Man könnte ihn auch in unsere letzte Gruppe, unter die Schwänke, einordnen.

38 Gott wird es Euch lohnen. (Wörtlich «Dièu pagara = Gott wird zahlen». Armana Prouvençau, 1892, S. 53. – Text im Original und Übersetzung in Karlinger, Einführung S. 214.)

39 Der Mann in Weiß. (Bladé, II, S. 149. – Übersetzung: I. Übleis.)

Zu dieser Geschichte gibt es Varianten im Limousin und in der Auvergne, in denen der Reisende ein hartherziger und mitleidsloser Pfarrer ist. Meist kommt er am Ziel tot an, nur in einem mehr legendenhaft ausgeschmückten Märchen entgeht er der Strafe, indem er sich besinnt und umkehrt, nachdem er gewarnt wurde.

40 Die Messe der Wölfe. (Bladé, II, S. 360. – Erzählt von Mme. Bache aus Mauvezin (Gers). – Übersetzung: I. Übleis.)

Werwolf-Geschichten sind in Südfrankreich ziemlich verbreitet. (Siehe hierzu: Karlinger/Übleis Nr. 92–97 und Anmerkungen!) Auffallend ist dabei oft der Bezug zum christlichen Kult, wie ja auch die Schwarzen Messen und die Teufelsmessen in den Volkserzählungen Südwestfrankreichs eine Rolle spielen.

41 Der Kaufmann und seine ungetreue Frau. (Sammlung v. Seuss. – Aufgenommen 1963 in einem Kloster in Marseille. Übersetzung: Karlinger.)

Die Erzählung könnte einem alten Predigtexempel entsprungen sein. Zwischen Legende und Sage schwankend und schwankhafte Züge nicht vermeidend, erzählt sie gleichnishaft jene Geschichte, die wir im islamischen Milieu bereits aus «Tausend und ein Tag» (Ausgabe von Paul Ernst, Leipzig 1925, Band I, S. 720) kennen. Die orientalische Variante verzichtet freilich darauf, das Ganze am Ende als einen Traum hinzustellen. Im Südfranzösischen aber setzt sich die Tendenz zu realistischer Interpretation durch.

42 Der Kuß des verwunschenen Mädchens. (Archiv Nr. 290. – Aufgezeichnet 1930 in der Provence. Keine Ort- noch Personenangabe. – Übersetzung: Karlinger.)

Dieses Sagenmärchen ist auch aus mehreren iberischen Varianten bekannt. So steht z. B. eine Variante in Schulte Kemminghausen und G. Hüllen, Märchen der europäischen Völker, Münster 1961 S. 75. Dort erhält das betroffene Mädchen von einem Waldgeist den Rat, die Hexe selbst zu küssen, worauf diese stirbt. Unsere provenzalische Fassung folgt stärker dem Zug der Sage.

43 Das Mahl der Toten. (Der Text fand sich in französischer Sprache im Nachlaß von Hans Karlinger mit der Notiz: «In Limoges von É. Lambert erhalten, der mir auch das Grabrelief bei Exmoutiers (?) zeigen will.» – Übersetzung: Karlinger.)

Das Don-Juan-Motiv ist in Südfrankreich außerordentlich verbreitet. Siehe die Varianten bei Bladé (II S. 92) und in Karlinger/Übleis, Südfranzösische Sagen, Berlin 1974, Nr. 33! Unsere vorliegende Fassung gehört zu den Versionen mit gutem Ausgang, der durch eine Zwischenhandlung, während welcher sich der Held als mildtätig erweist, vorbereitet wird. Die Flucht des verfolgten Helden ins Grab des toten Gastgebers ist wohl eine selbständige Episode, eine Zutat aus einer Ballade. Falls wirklich im Limousinischen ein Grabrelief – vermutlich mit einer Mahlszene, bei der ein Toter zugegen ist – existiert, könnte sich unser Sagenmärchen an die bildliche Darstellung angeschlossen haben. Siehe auch: Leander Petzoldt, Der Tote als Gast. Volkssage und Exempel. Helsinki 1968.

44 Die Patin und ihr Patenkind. (Méraville XIV, S. 91. – Erzählt von Pierre Biron in auvergnatischem Idiom. Veröffentlicht 1934 in «Le Démocrate de Saint-Flours». Vermittelt durch Ludovic Pons 1954. – Übersetzung: Gréciano.)

Gevatter Tod (KHM 44). In den romanischen und slavischen Sprachen ist «Tod» weiblich, deshalb die Gevatterin. Der Stoff ist im ganzen europäischen Raum sehr verbreitet und kennt neben der tragischen Fassung seltener auch noch eine heitere, in welcher das Patenkind seinen Paten überlistet, indem es dem Tod die Zusage abnötigt, vor dem Sterben noch ein Vaterunser beten zu dürfen, nach den ersten Bitten jedoch das Beten abbricht, so daß der Tod ihm nichts anhaben kann, weil das Vaterunser nicht vollendet ist.

45 Das unverdiente Kleid. (Arnaudin S. 63. – Aufgenommen 1885 aus dem Munde von Jeanne Duport, Witwe Tartas, 61 Jahre, gebürtig aus Sabres, wohnhaft in Labouheyre. – Übersetzung: Gréciano.)

Die Sage, daß jemand «umgeht», weil er eine Schuld nicht beglichen hat, ist öfters belegbar. Die uns vorliegende Form hat jedoch Züge, die wir aus den Varianten nicht kennen: daß das Mädchen am Tage seinen Dienst tut und nachts im Feuer tanzen muß. Hier sprechen noch ältere Schichten an. – Es sei aber auch daran erinnert, daß in manchen Gegenden Südfrankreichs es bis in unsere Tage zu den Bestattungsbräuchen gehörte, zum Toten zu sagen: «Bist du mir etwas schuldig, so schenke ich es dir; bin ich dir etwas schuldig, so schenk es mir!»

46 Die bestrafte Königin. (Bladé I, S. 57. – Erzählt von Catherine Sustrac aus Sainte-Eulalie (Lot-et-Garonne). – Übersetzung: Lüthi, S. 199.)

Dieser düsteren Sage hat Max Lüthi eine Studie gewidmet unter dem Titel «Hamlet in der Gascogne» (Volksmärchen und Volkssage, Bern 1961, S. 97). Wir entnehmen daraus Lüthis Deutung: «Das christliche Gewand der Gascogner Erzählung, das Beten des Helden zu Gott, sein ‹Ich verzeihe Euch› mag auf den ersten Blick nur äußere Hülle scheinen. Bei näherem Hinsehen aber gewahrt man, daß diese christlichen Gebärden und Worte der inneren Haltung entsprechen. Der junge König ist nicht der wilde Rächer, so wenig wie er ein lustiger Lebemann war. Er ist der Einsame, zwischen Vater und Mutter gestellt, auf sich zurückgeworfen, und doch mit sich uneins, die Verbindung mit Gott suchend, nicht besitzend.» Böse Mütter sind im Märchen keine Seltenheit; böse Väter findet man weniger häufig, sie haben ihre Heimat mehr in balladesken Stoffen, die um Inzestmotive kreisen.

47 Der Berggeist als Taufpate. (Sammlung v. Seuss. – Aufgenommen 1964 in Foix von Mme Sant. – Übersetzung: Karlinger.)

Auch im katalanischen Raum ist eine freundliche Gestalt – an Rübezahl erinnernd – bekannt, doch schließt sie sich meist an historische Persönlichkeiten an. Meist handelt es sich um einen Grafen, der in einem Berg wohnt und als Helfer in der Not auftritt. –

48 Pierre Lis. (Valmigère S. 45. – Übersetzung: Gréciano.)

Die neuprovenzalische Bewegung des Felibrige brachte es mit sich, daß in Kreisen von Gebildeten vermeintliche Sagen und Märchen wieder populär gemacht werden sollten. Während es bei alten Schwänken und Novellen oft gelang, sie wieder beliebt zu machen, scheiterten die meisten Versuche um Neubelebung der Sagen- und Märchenwelt. Kalendergeschichten wie die von Pierre Lis können nicht das Retortenhafte abstreifen. Schon allein an ihrer Jenseitsdarstellung wird ablesbar, wie wenig volkstümliche Bilder und wie sehr klassische Quellen hier verwertet sind. So erhalten wir geradezu ein romantisches Gemälde billiger Sorte, wie es über manchem Bett gehangen haben mag. Mit der Volkssage hat es nichts zu tun – aber als Gegenstück dazu möge es hier seinen Platz finden.

49 Pierre und Magaloun. (Vermittelt durch Henri Noël, der die Geschichte in vier verschiedenen Varianten zwischen 1936 und 1938 im Gebiet Bouches du Rhône aufgezeichnet hat. Wir folgen dabei im wesentlichen einer Fassung aus dem Munde von René Paradou, gebürtig aus Aix. – Übersetzung: Karlinger.)

Die Sage von der schönen Magelone stammt zwar aus der Provence und wird mit der Stiftung einer Kirche auf der Insel Maguelone in Zusammenhang gebracht. In der mündlichen Erzähltradition Frankreichs hat sie nur geringe Spuren hinterlassen, während der Stoff sich sonst bis nach Ungarn hinein ausgebreitet hat und die Magelone auch in Zaunerts «Deutsche Märchen seit Grimm» (1912) nicht fehlt. Die älteste literarische Fassung ist wohl der Roman «Pierre de Provence et la belle Maguelonne» von 1453, von ihr aus war der Übergang zum Volksbuch nicht schwierig, und aus dem Volksbuch dürften die Rückbildungen in der mündlichen Erzähltradition stammen. – Noël erzählte, daß er die Geschichte zum erstenmal auf dem Zigeunerfest in S.tes-Maries-de-la-Mer 1936 hörte.

50 Der König von Frankreich. (J. Plantadis in «Revue des Traditions Populaires», XII, S. 538. – Übersetzung: Tegethoff, S. 239.)

Tegethoff verweist bei diesem Märchen des Drosselbarttypus (KHM 52) auf ein um 1300 in Frankreich entstandenes lateinisches Gedicht, das auch in der Isländischen Clarussage seinen Niederschlag hinterlassen hat und wo von einer fränkischen Königstochter und einem sächsischen Kaisersohn erzählt wird – Siehe auch Bolte/Polivka I, 443!

51 Der Hufschmied von Barbaste. (Moncaut S. 202. – Übersetzung: Gréciano.)

Die Erzählung greift eines der bedeutendsten historischen Ereignisse der Gascogne auf: die Erwerbung der französischen Königskrone durch Heinrich IV., dessen Gestalt durch den «Maréchal Ferrant» hindurchschimmert. Neben volkstümlichen Zügen (den hilfreichen Tieren, die auch eine Zuordnung unserer Geschichte zu den Zaubermärchen erlauben würden, der Aufgabe, eine Prinzessin zum Lachen zu bringen – «Longue-Mine» bedeutet wörtlich langes [trauriges] Gesicht) – finden wir auch Bestandteile der alten Schwanknovelle (die mißlungene Hochzeitsnacht) und ferner das Bemühen um Lokalhistorisches. So kommt auch der gascognische Brauch, dem Brautpaar um Mitternacht eine Suppe ans Bett zu servieren, in die Geschichte hinein.

52 Der Arzt von Turlande. (Méraville XXI, S. 143. – Erzählt in auvergnatischem Idiom von Ernest Valadier, Lehrer im Ruhestand in Mazerat (Cantal). Valadier hatte diese Geschichte von seinem Großvater übernommen, der 1831 in Bournoncles geboren wurde und 1923 starb. – Übersetzung: Gréciano.)

Anmerkung von Méraville: ‹Turlande ist ein Weiler, von dem nur mehr zwei Häuser übrig sind. Einst war Turlande ein Schloß, welches während des Hundertjährigen Krieges mehrfach belagert worden sein soll. Von den Ruinen des Schlosses ist heute nichts mehr erhalten, und Turlande scheint eher im Reiche der Phantasie zu liegen.›

53 Der kluge Meister Jean. (Moncaut S. 32. – Übersetzung: Gréciano.)

Diese Erzählung gilt als ein Musterbeispiel für jene Geschichten, die in der Gascogne als volkstümliche Lehrstücke erzählt werden, d. h. die didaktischen Elemente sind unübersehbar, aber alles wird heiter und verschmitzt vorgetragen, ohne den Anflug von Schulmeisterei. Der zuweilen stark gekünstelte Stil des Meisters «Jouan lou Finassé» widerspricht dem üblichen, schlichten Erzählton, ist jedoch hier bewußt eingesetzt, um den Überklugen zu karikieren.

54 Janoti. (Originaltitel «Lou Cese», Frédéric Mistral, Nouvelle Prose d'Almanach, Paris 1927, S. 110. – Übersetzung: Gréciano.)

In Umkehrung zum Hans im Glück (KHM 83) gewinnt der Held in diesem Schwank, der nicht nur in Südfrankreich sehr verbreitet ist, am Ende einer langen Kette eine reiche Braut.

55 Der Makkaroni-Regen. (Andrews S. 90. – Erzählt von Louise Aboou aus Menton. – Übersetzung: Karlinger.)

Der Schwank von der dummen Frau war zu allen Zeiten und in vielen Ländern ein beliebtes Thema. Varianten zu der vorliegenden Version finden sich bis nach Argentinien (Karlinger, Südamerikanische Märchen, 1973, S. 81) und in stärker abweichender Form auch in Ostasien. Statt der Makkaroni kann der schlaue Mann auch andere Lebensmittel verstreuen (wie etwa Krapfen in Argentinien), aber es können auch die Rollen vertauscht werden und an die Stelle der dummen Frau ein dummer Mann treten.

56 Die Wiedergutmachung. (Sammlung Karlinger. – Erzählt von Josep Combes, Pensionist aus Montpellier. Aufgenommen 1963. – Übersetzung: Karlinger.)

Im Talmud wie im Bereich der älteren italienischen und französischen Novelle (etwa Novellino Nr. 91) finden wir ähnliche Fragen, die spitzfindig formuliert werden, meist um einem Priester einen Streich zu spielen oder um einen Wirt zu betrügen.

57 Die Geschichte von dem Goldmacher. (Sammlung Karlinger. – Erzählt von Auguste Nelli aus Sault. Aufgenommen 1966. – Übersetzung: Karlinger.)

Der Schwank von dem Schwindler, der angeblich Gold machen kann, läßt sich bis zu Juan Manuels Conde Lucanor (Exempel 20) zurückverfolgen. Der geheimnisvolle Stoff, aus dem das Gold gemacht wird, heißt bei Juan Manuel allerdings «tabardit» (bzw. in anderen Manuskripten «tabardie»), was berberisch ist und soviel wie Lumpen oder Fetzen bedeutet. Lumpenzeug wird also schlau in einer Fremdsprache umschrieben, die der Einheimische nicht versteht. In unserm provenzalischem Text bedeutet das Wort hingegen «Goldscheißer».

58 Turlendu. (Revue des langues romanes, III, S. 209. Aufgezeichnet in der Languedoc. – Übersetzung: Karlinger.)

Im Vergleich zu unserer Nr. 54 wird hier der Gauner, der durch vorteilhaften Tausch seinen Besitz immer mehr steigert, am Ende doch selbst geprellt. Der Schwank hat sein Vorbild in italienischen Novellen, in denen es sich bei dem Geprellten meist um einen Priester oder einen Bettelmönch handelt, dessen Lüsternheit bestraft wird. Die Vorliebe für den Gebrauch stereotyper Formeln im Dialog verweist darauf, daß dieser Schwank zum Nacherzählen bestimmt ist.

Bibliographie

Aa Th	Aarne-Thompson: The Types of the Folktale, a Classification and Bibliography. Helsinki 1961.
Andrews	Andrews, James Bruyn: Contes ligures. Paris 1892.
Arnaudin	Arnaudin, Félix: Contes populaires recueillis dans la Grande-Lande, Le Born, Les Petites-Landes et le Mareusin. Paris 1887.
Bladé	Bladé, Jean-François: (1) Contes populaires de la Gascogne. Vol. I-III. Paris 1886. (2) Märchen aus der Gascogne, 2 Bände, aus Bladé übersetzt durch Konrad Sandkühler. Stuttgart 1954. (3) Contes de Gasconha. s. l. 1966. (4) Contes et proverbes populaires recueillis en Armagnac. Paris 1967. (5) Contes pop. rec. en Agenais. Paris 1874.
Brouillet	Brouillet, Félicie: Légendes, Contes et Récits de la Veillée en Périgord. Paris 1938.
Charles-Roux	Charles-Roux, J.: Légendes de Provence. Paris 1907.
Dauge	Dauge, C.: Fables Gascounes. Hossegor 1933.
Guillaumie	Guillaumie, Gaston: J. F. Bladé et les contes pop. de Gascogne dans anthologie de la littérature et du folklore gascon. Bordeaux 1943.
Joisten	Joisten, Charles: Contes populaires de l'Ariège. Paris 1965.
Karlinger	Karlinger, Felix: Einführung in die romanische Volksliteratur, I. München 1969. Europäische Legendenmärchen. Köln 1967.
Karlinger / Übleis	Karlinger, Felix und Übleis, Inge: Südfranzösische Sagen. Berlin 1974.
Lalanne	Lalanne, J. V.: Lou Prousey d'û Biarnés, Coundes e Histoerots. Pau 1911.
Lambert	Lambert, L.: Chants et chansons pop. du Languedoc. 2 vol. Paris 1906.

Légendes — Légendes méridionales. Contes du Pay Niçois. Paris s. a.
Lüthi — Lüthi, Max: Europäische Volksmärchen. Zürich 1951.
Massenbach — Massenbach, Sigrid von: Es war einmal. Märchen der Völker. Baden 1958.
Maugard — Maugard, Gaston: Contes de Pyrénées. Paris 1955.
Meraville — Meraville, M. E.: Contes d'Auvergne. Paris 1956.
Moncaut — Moncaut, Cénac: Littérature Populaire de la Gascogne. Contes, Mystères... rec. dans l'Astarac, le Pardiac, le Béarn et le Bigorre. Paris 1868.
Moulis — Moulis, Adelin: Countes del min Bosc. Toulouse 1952.
Palazzi — Palazzi, Fernando: Enciclopedia della Fiaba. 3. Band. Milano 1959.
Perbosc — Perbosc, Antonin: Contes de Gascogne. Paris 1954.
Pourrat — Pourrat, Henri: Le Trésor des Contes. Paris 1948 bis 1958.
Roche — Roche, Denis: Contes Limousins rec. dans l'arrondissement de Rochechouart. Texte patois et texte français. Paris 1908.
Sébillot — Sébillot, P.: Littérature orale de l'Auvergne. Paris 1898.
Seignolle — Seignolle, Claude: Le folklore du Languedoc. Paris 1960.
Tegethoff — Tegethoff, Ernst: Französische Volksmärchen. Aus neueren Sammlungen. Jena 1923.
Valmigère — Valmigère, Pierre: Les Sept Filles du Cannigou. Contes et Légendes du Languedoc et du Roussillon. Paris 1935.
Vinson — Vinson, Julien: Le Folklore du pays basque. Paris 1883.
Zeitschriften — «Mélusine», «Revue des Langues Romanes», «Revue de folklore», «Revue des Pyrénées», «Romania», «Revue des Traditions populaires», «Armana Prouvençau».

Typen- und Motivregister

erstellt von Kurt Ranke

AT = Aarne, A. und Thompson, St.: The Types of the Folktale. Helsinki 1961.

Mot. = Thompson, St.: Motif-Index of Folk-Literature. Bd. 1–6 Kopenhagen 1955–1958.

Nr. 1 = AT 125: Die Wölfe fliehen vor dem Wolfskopf.
Nr. 2 = AT 130: Die Tiere im Nachtquartier.
Nr. 4 = AT 123: Der Wolf und die sieben Geißlein.
Nr. 5 = AT 212: Die lügnerische Ziege.
Nr. 6 = AT 2014 A: Gut und nicht gut.
Nr. 7 = AT 2031: Stark und stärker (hier: böse und böser).
Nr. 8 = cf. AT 531: Ferdinand der Treue und Ferdinand der Ungetreue.
Nr. 9 = AT 532: Das hilfreiche Pferd.
Nr. 11 = AT 653: Die vier kunstreichen Brüder.
Nr. 12 = AT 425 N: Untertyp zu: Amor und Psyche.
Nr. 13 = AT 592: Der Jude im Dorn.
Nr. 14 = AT 554: Die dankbaren Tiere.
Nr. 15 = AT 570: Der Hasenhüter + AT 554: Die dankbaren Tiere.
Nr. 16 = AT 313 A: Die magische Flucht.
Nr. 18 = AT 330 A: Der Schmied und der Teufel.
Nr. 19 = Dass. + AT 330 C: Das magische Kartenspiel.
Nr. 20 = AT 563: Tischlein deck dich.
Nr. 21 = Mot. Z 122.4: Die vier Jahreszeiten sitzen als junge Männer um ein Feuer.
Nr. 22 = cf. AT 500: Rumpelstilzchen.
Nr. 23 = AT 403: Die schwarze und die weiße Braut.
Nr. 25 = AT 333: Rotkäppchen.
Nr. 27 = AT 325: Der Zauberer und sein Schüler.
Nr. 28 = cf. AT 650 A: Der starke Hans.
Nr. 29 = AT 650 A: Der starke Hans.
Nr. 31 = AT 753: Christus und der Schmied.
Nr. 32 = AT 770: Die Nonne, die die Welt sah.
Nr. 33 = AT 763: Schatzfinder ermorden einander.
Nr. 35 = AT 471 A: Der Mönch und das Vöglein.

Nr. 36 = cf. AT 503: Die Gaben des kleinen Volkes.
Nr. 37 = Mot. A 1446.1: Die Säge vom Teufel erfunden.
Nr. 41 = AT 612: Die drei Schlangenblätter.
Nr. 42 = Mot. T 81.4: Der tödliche Kuß.
Nr. 43 = AT 470 A: Don Juan.
Nr. 44 = AT 332: Gevatter Tod.
Nr. 45 = Mot. E 365: Wiedergänger bittet um Vergebung.
Nr. 46 = Hamlet.
Nr. 47 = Mot. F 460.4.7: Berggeist als Pate.
Nr. 49 = Die schöne Magelone.
Nr. 50 = AT 900: König Drosselbart.
Nr. 51 = AT 2014 A: Gut und nicht gut + AT 559: Der Mistkäfer.
Nr. 53 = AT 1450: Die kluge Else + AT 1384: Der Mann sucht drei Dümmere als seine Frau.
Nr. 54 = AT 1655: Der vorteilhafte Tausch.
Nr. 55 = AT 1541: Für den langen Winter + AT 1653: Die Räuber unter dem Baum + AT 1381: Die geschwätzige Frau und der gefundene Schatz.
Nr. 56 = AT 1804: Scheinbuße für eine Scheinsünde.
Nr. 57 = Mot. K 1966.2: Alchemist ergaunert sich Geld für sein «Zaubermittel».
Nr. 58 = AT 1655: Der vorteilhafte Tausch.

Inhalt

Tiermärchen und Tierschwänke

Zaubermärchen

Legenden- und Sagenmärchen

Novellenmärchen

Schwänke

Anhang

Die Märchen der Weltliteratur in bibliophiler Ausstattung

Seit 1912 sind mehr als 100 Bände dieser traditionsreichsten deutschsprachigen Märchensammlung erschienen. Diederichs Märchen der Weltliteratur sind in der fest gebundenen Originalausgabe eine bibliophile Kostbarkeit in bildschöner Ausstattung. Wissenschaftlich zuverlässig erarbeitet und übersetzt. Mit fremdsprachigen Textproben und einer Übersichtskarte der jeweiligen Region. Mit Informationen über Erzähler und Märchensammler. Ausführliche Kommentare sowie Hinweise auf weiterführende Literatur machen diese Buchreihe zu einer Fundgrube für den echten Märchenfreund.

Eugen Diederichs Verlag

DIEDERICHS MÄRCHEN DER WELTLITERATUR

Jetzt bei rororo

Es sind bereits erschienen:

Buddhistische Märchen (35014)
Spanische Märchen (35082)
Englische Märchen (35022)
Arabische Märchen 1 (35002)
Russische Volksmärchen (35075)
Altägyptische Märchen (35001)
Märchen der nordamerikanischen Indianer (35061)
Japanische Märchen (35037)
Italienische Märchen (35036)
Märchen aus der Südsee (35086)
Portugiesische Märchen (35071)
Türkische Märchen (35092)
Märchen aus Frankreich (35025)
Märchen Österreichs (35064)
Märchen der Azteken und Inka (35008)
Märchen der Niederlande (35060)
Märchen aus Tibet (35089)
Persische Märchen (35068)
Irische Volksmärchen (35033)

Galantes Frankreich

Fanny Deschamps
Jeanne in den Gärten
(rororo 5700)
Ganz Kind ihrer sinnlichen, freizügigen Epoche, tanzt Jeanne furchtlos durch ihr abenteuerliches Leben, in Seidenroben oder Männerhosen, vom Schloß der Kindheit in die königlichen Gärten von Paris.

Fanny Deschamps
Jeanne über den Meeren
(rororo 5876)
Jeanne wird durch das Schicksal von ihrem Traum-Mann, dem Korsaren Vincent, getrennt und gerät auf die Isles de France nahe Madagaskar. «...eine farbenreiche Rekonstruktion des Lebens in den Kolonien mit ihren Abenteurern, Aristokraten, Deserteuren, Plantagenbesitzern, Vizekönigen und Seeleuten.» Titel

Fanny Deschamps
Louison oder Die köstliche Stunde
(rororo 12872)
Ein neuer romantischer Roman der Erfolgsautorin Fanny Deschamps aus den Salons des vorrevolutionären Paris. «Beschwingt, widerspenstig und brillant geschrieben. Kurz, ein Roman wie Champagner.» Le Soir

Anne Golon
Angélique 1.Teil
(rororo 1883)

Angélique 2.Teil
(rororo 1884)

Angélique und der König
(rororo 1904)

Unbezähmbare Angélique
(rororo 1963)

3286/1

rororo Unterhaltung

Angélique, die Rebellin
(rororo 1999)

Angélique und ihre Liebe
(rororo 4018)

Angélique und Joffrey
(rororo 4041)

Angélique und die Versuchung
(rororo 4076)

Angélique und die Dämonin
(rororo 4108)
Angélique – dieser Name weckt in Millionen von Lesern und Kinogängern in aller Welt Erinnerungen an die atemberaubenden Abenteuer des «Mädchens mit den blaugrünen Augen und dem schweren goldkäferfarbenen Haar». Von verführerischer Schönheit und seltsam schillerndem Wesen führt Angélique im lebenstrunkenen Frankreich Ludwigs XIV. ihren tapferen Kampf gegen zahllose Verlockungen und Gefahren. Ein Leseabenteuer von bezwingender Farbigkeit – der spektakulärste Bucherfolg unseres Jahrhunderts.

Horizonte

Bruce Chatwin
In Patagonien *Reise in ein fernes Land*
(rororo 12836)
Bruce Chatwin hat auf einer langen Reise dieses malerisch schöne, wilde Land am Ende der Welt erkundet.

Jimmy Burns
Jenseits des silbernen Flusses
Begegnungen in Südamerika
(rororo12643)
Fünf Jahre lang lebte Jimmy Burns in Buenos Aires und bereiste Argentinien, Brasilien, Peru, Ecuador, Bolivien und Chile.
Burns war 1988 Preisträger des Somerset Maugham-Award.

Amos Elon
Jerusalem *Innenansichten einer Spiegelstadt*
(rororo 12652)

Eddy L. Harris
Mississippi Solo *Mit dem Kanu von Minnesota nach New Orleans*
(rororo 12646)

Katie Kickman
Im Tal des Zauberers *Innenansichten aus Bhutan*
(rororo 12651)
Es gibt nur noch wenige Gegenden auf der Erde, die Geheimnisse geblieben sind, und eine davon ist Bhutan. Als eine der ersten Europäerinnen gelang es Katie Hickman, das Land im Himalaya und das wilde Bergvolk der Bragpas zu besuchen.

Ursula von Kardorff
Adieu Paris *Streifzüge durch die Stadt der Bohème*
(rororo 13159)

rororo Unterhaltung

John Krich
Wo, bitte, liegt Nirwana? *Eine Reise durch Asien*
(rororo 12642)

John David Morley
Grammatik des Lächelns
Japanische Innenansichten
(rororo 12641)

Charles Nicholl
Treffpunkt Café «Fruchtpalast»
Erlebnisse in Kolumbien
(rororo 12582)
«Eines der spannendsten Reisebücher überhaupt – und brillant geschrieben!» *New York Times*
Im Goldenen Dreieck *Eine Reise in Thailand und Burma*
(rororo 13173)

Stuart Stevens
Spuren im heißen Sand
Abenteuer in Afrika
(rororo 12647)

Theodore Zeldin
«Ich liebe das Leben, und das Leben liebt mich» *Was es heißt, Franzose zu sein*
(rororo 12644)